Fakten statt Fakes

Julia Frohne • Alexander Güttler

Fakten statt Fakes

Wie Medien und Organisationen wieder glaubwürdig werden

Julia Frohne
Essen, Deutschland

Alexander Güttler
Düsseldorf, Deutschland

ISBN 978-3-658-40133-7   ISBN 978-3-658-40134-4 (eBook)
https://doi.org/10.1007/978-3-658-40134-4

Die Deutsche Nationalbibliothek verzeichnet diese Publikation in der Deutschen Nationalbibliografie; detaillierte bibliografische Daten sind im Internet über https://portal.dnb.de abrufbar.

Springer VS
© Der/die Herausgeber bzw. der/die Autor(en), exklusiv lizenziert an Springer Fachmedien Wiesbaden GmbH, ein Teil von Springer Nature 2023
Das Werk einschließlich aller seiner Teile ist urheberrechtlich geschützt. Jede Verwertung, die nicht ausdrücklich vom Urheberrechtsgesetz zugelassen ist, bedarf der vorherigen Zustimmung des Verlags. Das gilt insbesondere für Vervielfältigungen, Bearbeitungen, Übersetzungen, Mikroverfilmungen und die Einspeicherung und Verarbeitung in elektronischen Systemen.
Die Wiedergabe von allgemein beschreibenden Bezeichnungen, Marken, Unternehmensnamen etc. in diesem Werk bedeutet nicht, dass diese frei durch jedermann benutzt werden dürfen. Die Berechtigung zur Benutzung unterliegt, auch ohne gesonderten Hinweis hierzu, den Regeln des Markenrechts. Die Rechte des jeweiligen Zeicheninhabers sind zu beachten.
Der Verlag, die Autoren und die Herausgeber gehen davon aus, dass die Angaben und Informationen in diesem Werk zum Zeitpunkt der Veröffentlichung vollständig und korrekt sind. Weder der Verlag, noch die Autoren oder die Herausgeber übernehmen, ausdrücklich oder implizit, Gewähr für den Inhalt des Werkes, etwaige Fehler oder Äußerungen. Der Verlag bleibt im Hinblick auf geografische Zuordnungen und Gebietsbezeichnungen in veröffentlichten Karten und Institutionsadressen neutral.

Planung/Lektorat: Barbara Emig-Roller
Springer VS ist ein Imprint der eingetragenen Gesellschaft Springer Fachmedien Wiesbaden GmbH und ist ein Teil von Springer Nature.
Die Anschrift der Gesellschaft ist: Abraham-Lincoln-Str. 46, 65189 Wiesbaden, Germany

Vorwort

Fake News, PR-Skandal, Mainstream-Presse – diese Schlagworte kennzeichnen vor allem eines: den Vertrauensverlust der Öffentlichkeit in die Berichterstattung von Medien, Unternehmen und Politik. In einem nahezu unentwirrbaren Dschungel aus klassischen Kommunikationskanälen, Internetportalen und sozialen Plattformen wird es immer schwieriger, verlässliche und unseriöse Informationsquellen voneinander zu unterscheiden. Trotz dieses Vertrauensverlusts führt die enorme Vielfalt paradoxerweise dazu, dass Kommunikation als entscheidender Schlüsselfaktor von Problemlösungen angesehen wird. Wenn etwas nicht so läuft, wie wir uns das wünschen, wenn zerstrittene Parteien nicht zusammenfinden oder wenn Ergebnisse nicht optimal ausfallen, ist schnell von missglückter Kommunikation die Rede. Kommunikation scheint dann auf einmal das Allheilmittel zu sein, um Missverständnisse, Probleme oder Auseinandersetzungen aus der Welt zu schaffen. Wenn sie fehlschlägt, eskaliert das Thema bis schlimmstenfalls zu einer handfesten Krise. Statt über das strittige Thema geht es dann erneut vor allem um die Art und Weise der Kommunikation darüber.

Davon war zum Beispiel in der politischen Kommunikation während der Coronakrise viel zu beobachten: Zwar lernten die Deutschen eine Menge neuer Wörter, von Inzidenz über R-Faktor, mRNA-Impfstoffe bis hin zu Lockdown und Maskenpflicht, jedoch wurden genaue Bedeutung, Sinn und Notwendigkeit häufig nicht klar. Nicht einhaltbare Prognosen und Versprechungen, Beschlüsse und deren fast augenblickliche Rücknahmen (man denke zum Beispiel an die „Osterruhe" 2021) sowie eine nicht mehr durchschaubare Vielzahl von Regelungen und Ausnahmen führten neben einer subjektiv wahrgenommenen Bedrohlichkeitssteigerung zur erheblichen Verwirrung der Bevölkerung (MDR 2020). Da sollte man meinen, dass Kommunikationsprofis gefragter sein müssten denn je. Müssten wir uns nicht gerade bei ihnen besonders gut aufgehoben fühlen? Doch das Gegenteil ist der Fall. Es scheint, als schrieben die Menschen ihre Enttäuschung nicht den verpatzten Pandemiestrategien und das dem Föderalismus geschuldete Chaos in der Ministerpräsidentenkonferenz der Länder zu, sondern einer ganz anderen Gruppe von Akteuren: „Die Medien" haben schlecht informiert, überdramatisiert, sagen manche. Andere sind dagegen schon überzeugt, „die Medien" seien gar alle gleichgeschaltet und sollen, von der Regierung gesteuert, gezielte Desinformation betreiben. Die Wahrnehmung professioneller Kommunikation treibt seltsame Blüten: statt als Regulativ staatlicher Prozesse, als vierte Gewalt im Staate, wird der Journalismus als Manipulator der Massen angesehen, dem es grundsätzlich zu misstrauen gelte. Auf die Spitze getrieben wird das Ganze dann, wenn Menschen, die ihre Karriere ihrer Präsenz in den Medien verdanken, selbst aber keine Journalisten sind, diesen dann vorwerfen, sie wollten selbst Politik nicht nur kontrollieren, sondern „sie wollen sie *machen*" (Precht und Welzer 2022, S. 9). Offenbar kann man sich eine Meinung über die Qualität der Arbeit eines ganzen Berufsstandes erlauben, auch wenn man selbst ihm nicht angehört – und findet dafür viele geneigte Ohren. Es ist doch sehr fraglich, ob die Aussagen, sagen wir eines Soziologen und einer Juristin, die so über den Ärztestand schwadronierten, ernst genommen werden würden.

Die heftige Ablehnung macht bei der politischen Kommunikation nicht halt: egal, ob es um wirtschaftliche oder gesundheitliche Themen geht, um Klimawandel oder Diversity: den kommunikativen Botschaften von Medien und Unternehmen wird immer weniger geglaubt. Dabei wird nicht mehr unterschieden, woher kommunikative Botschaften kommen. Das private Fernsehen ist schon fast so unglaubwürdig wie die Boulevardpresse oder eine Meldung auf Instagram (WDR 2020). Stattdessen blüht der Einfluss unprofessioneller Botschafterinnen und selbst ernannter Meinungsmacher: Influencer haben als Markenbotschafter die klassischen Testimonials (etwa Sportler oder Schauspielerinnen) längst abgelöst, ihnen wird eine höhere Glaubwürdigkeit zugeschrieben und sie besitzen mittlerweile einen großen Einfluss auf die Kaufentscheidungen der Verbraucherinnen und Verbraucher. Dies bringt teilweise erhebliche Risiken mit sich. So sagten etwa bei einer Befragung von Schulkindern im Alter von 13 bis 18 rund 17 % aus, dass sie sich in den Sozialen Medien durch Idole und Influencer sehr unter Stress gesetzt fühlen (KKH 2019, S. 6)

Den Wettbewerb im Netz entscheidet die Quote: Wahr ist, was häufig angeklickt wird oder viele Likes erhält. Unwahr oder unwichtig ist dagegen, was wenig Beachtung findet. Kommunikativer Erfolg wird damit zu einer quantitativen Größe, die Qualität spielt kaum noch eine Rolle. Auch viele Medien lassen sich dazu verleiten, Aufmerksamkeit und damit Klicks und Page Views durch reißerische Überschriften zu generieren. Sinkenden Aufmerksamkeitsspannen stellen die Verlage und Sender immer kürzere Beiträge mit mehr Bildern beziehungsweise Videos sowie plakativen Headlines entgegen. Letztlich zählt auch hier der wirtschaftliche Erfolg: Je mehr Beachtung, umso besser die Möglichkeiten für den Absender, durch Abonnements, aber auch durch Werbung oder Product Placement weitere Einnahmequellen zu erschließen. Kein Wunder, dass viele Menschen selbst bei den etablierten Massenmedien fassungslos auf das Niveau schauen und sich zunehmend abwenden.

Die Folge: Um das Vertrauen in den Journalismus ist es nicht gut bestellt. Bei der internationalen Trust-in-Communicators – Studie sprachen nur 17 % der Befragten Journalistinnen und Journalisten, die über Organisationen berichten, ein hohes Vertrauen aus. Noch katastrophaler war es in der Umfrage um Pressesprecherinnen und -sprecher von Organisationen und Unternehmen bestellt – auch im internationalen Vergleich mit Großbritannien und Italien waren die Vertrauenswerte in Deutschland unterdurchschnittlich (Zerfaß et al. 2019). Entsprechend groß ist die Menge von Menschen, die professioneller Kommunikation mit Misstrauen begegnen und in ihr vor allem Einflussnahme oder gar Manipulation sehen (Jakobs et al. 2020). Aus den Augen gerät dabei oft, dass Deutschland über eines der freiheitlichsten und vielfältigsten Mediensysteme der Welt verfügt. Die Konzentration auf Schwächen im System versperrt den Blick auf das Wesentliche: die Möglichkeit der umfassenden und vielseitigen Meinungsbildung durch eine große Heterogenität an Medien und Inhalten. Genau das macht gute professionelle Kommunikation aus: Sorgfalt, solide Recherche und Ausgewogenheit im journalistischen Bereich, klar erkennbare Trennung von informativen und werblichen Inhalten in der Kommunikation von Unternehmen, Institutionen und Organisationen.

Hier möchten wir ansetzen: Dieses Buch möchte über die Unterschiede zwischen professioneller Kommunikation und ungefilterten Meinungen aufklären. Es zeigt auf, warum nicht alles ernstzunehmende Kommunikation ist, was als solche bezeichnet wird, wie man schlampige von seriösen Meinungsmachern unterscheidet, welche Rolle Fakten spielen und wie Medien und Unternehmen dazu beitragen können, dass Glaubwürdigkeit in der medialen Debatte wieder einen Stellenwert bekommt. Es legt aber auch den Finger in Fehler des Systems: wo nur nach der besten Quote gearbeitet wird, da sägt man an dem Ast, auf dem man sitzt. Jenseits populistischer Thesen wird die Begriffsverwirrung rund um Kommunikation systematisch analysiert und erläutert, warum wir gerade in einer Zeit, in der die Meinungsbildung zu jedem noch so komplexen Sachverhalt nur einen Klick entfernt zu sein scheint, professionelle Kommunikation mehr brauchen denn je. Das Buch gliedert sich dabei in zwei große Blöcke zu „Journalismus und Medien" sowie „PR und Unternehmenskommunikation". Anhand von typischen Aussagen und Fallbeispielen wird in das jeweilige Kapitel eingeführt, anschließend werden die Hintergründe und Zusammenhänge ausführlich erläutert.

Wir, die beiden Autoren, haben das Buch mit jungen Kommunikationsschaffenden zusammengeschrieben, die ihre berufliche Zukunft in der Welt der Medien und Kommunikation sehen: Sie sind Absolventinnen und Absolventen der Studiengänge „Journalismus und PR" sowie „Kommunikationsmanagement" der Westfälischen Hochschule in Gelsenkirchen, und mittlerweile zwischen einem und fünf Jahren im Beruf. Es ist ihnen ebenso wie uns eine Herzensangelegenheit zu zeigen, warum wir und sie diese Berufswahl getroffen haben. Schließlich ist ein wichtiger Motor unser aller Arbeit Idealismus: Gut gemachte Kommunikation kann die Welt verändern und uns allen helfen, als mündige Bürgerinnen und Bürger gut informiert eine Meinung zu den unterschiedlichsten Sachverhalten zu entwickeln. Sie kann in Krisen Sorgen und Unruhe verringern. Sie kann unser Bild von Menschen, Unternehmen und ganzen Regionen verändern. Sie kann in Unternehmen zu Wachstum beitragen und damit Wohlstand und Sicherheit für Beschäftigte sichern. Das sind viele gute Gründe, warum wir die Kommunikation nicht dem Zufall oder dem freien Spiel der Kräfte überlassen dürfen. Packen wir es an.

Wir danken für ihre engagierte Mitarbeit an diesem Buch sehr herzlich Anna Päseler, deren wunderbare Masterarbeit zur Impfrhetorik die Grundlage für das Kapitel über Verschwörungstheorien und ihre Bekämpfung bildet (Päseler 2021).

Vielen Dank an Lena Kaczmarczyk, die in der Kommunikationsberatung ihre berufliche Laufbahn startete und mittlerweile als Junior Strategin auf Unternehmensseite aktiv ist. Sie hat sich mit dem Einfluss sozialer Plattformen auf professionelle Social-Media-Kommunikation befasst.

Ebenfalls ein großer Dank an Jil Schröter, die neben ihrer Arbeit in einer Marketingagentur unter ihrem Alias „Sporty Spice 92" als Fitness Influencerin auf Instagram Erfolge feiert und uns im Interview aufzeigt, woran man seriöse Profile von Fake Accounts und Hochstaplern unterscheidet.

Und nicht zu vergessen Julian Siebert, der in der Vergangenheit die Branche sowohl aus der Perspektive des Journalismus als auch aus der PR betrachtet hat, nun als Berater in einer Agentur aktiv ist und sich intensiv mit der Frage des fehlenden Schutzes der Bezeichnung „Journalist/Journalistin" auseinandergesetzt hat. Zusätzlich bildet seine nicht minder fantastische Masterarbeit die Grundlage für das Teilkapitel zu Krise und Krisenkommunikation (Siebert 2021).

Und zum Schluss noch ein Thema, ohne das es heute nicht mehr geht: Ja, wir sind fürs Gendern! Aber in schön! Schon unsere Berufsehre verlangt von uns, dass wir uns in gut lesbarer Sprache ausdrücken. Deshalb verwenden wir keine Sternchen, Unterstriche oder Großbuchstaben mitten im Wort. Stattdessen nutzen wir soweit möglich genderneutrale Begriffe, wo geeignet das Partizip Präsens, in Aufzählungen wechselweise männliche oder weibliche Formen und ansonsten die männliche und die weibliche Form. Etablierten Konzepten lassen wir ihre Namen („Meinungsführer", „Sender-Empfänger-Modell") und englische Begriffe gendern wird nicht. Im Englischen gibt es keine Userin oder Followerin, da müssen wir sie nicht erfinden. Auch „Meinungsmacher" ist ein etablierter Begriff in der Medienwissenschaft (z. B. Wolff und Rolke 2003; Gärtner et al. 2012). Aber einen männlich dominierten Schreibstil halten wir doch für arg antiquiert. Lesen Sie und urteilen Sie selbst. Geht doch, oder?

Wir wünschen viel Vergnügen bei der Lektüre und freuen uns, ganz im Sinne der interaktiven Kommunikation, über Feedback. Sie finden uns ganz leicht in den Sozialen Medien.

Essen, Deutschland   Prof. Dr. Julia Frohne
Düsseldorf, Deutschland   Prof. Dr. Alexander Güttler
Mai 2023

Literatur

Gärtner, C.; Gabriel, K.; Reuter, H. (2012): Religion bei Meinungsmachern. Eine Untersuchung bei Elitejournalisten in Deutschland. VS Verlag für Sozialwissenschaften, Wiesbaden

Jakobs, I.; Schultz, T.; Viehmann, C.; Quiring, O.; Jackob, N.; Ziegele, M.; Schemer, C. (2020). Medienvertrauen in Krisenzeiten. Media Perspektiven (3): 152–162.

Kaufmännische Krankenkasse (2019). (KKH): Endstation Depression: Wenn Schülern alles zu viel wird. https://www.kkh.de/content/dam/kkh/dokumente/flyer-broschueren/endstation-depressionschueler.pdf (Abgerufen am 30.1.2023)

Mitteldeutscher Rundfunk (MDR) (2020). Corona-Regelungen führen zu großer Verwirrung. 20. Mai 2020. https://www.mdr.de/nachrichten/mitmachen/mdrfragt/umfrage-ergebnis-corona-lockerungen-verwirrung-100.html/ (Abgerufen am 22.8.2022)

Päseler, A. (2021). Mit der richtigen Rhetorik zum Impferfolg. Eine Aufschlüsselung nach Impflagern. Unveröffentlichte Masterarbeit Im Fach „Kommunikationsmanagement", Westfälische Hochschule Gelsenkirchen

Precht, R.D./Welzer, H. (2022). Die vierte Gewalt. S. Fischer, Berlin

Siebert, J. (2021). „Den Billigstoff will ich aber nicht!" – Eine empirische Untersuchung der Krisenkommunikation von AstraZeneca während der

COVID-19-Pandemie. Unveröffentlichte Masterarbeit Im Fach „Kommunikationsmanagement", Westfälische Hochschule Gelsenkirchen

Westdeutscher Rundfunk (WDR) (2020). Glaubwürdigkeit der Medien 2020. https://www.ard.de/ard/die-ard/Glaubwuerdigkeit-der-Medien-WDR-Studie-100.pdf/ (Abgerufen am 24.8.2022)

Wolff, V., Rolke, L. (2003). Meinungsmacher in der Mediengesellschaft – Deutschlands Kommunikationseliten aus der Innensicht. In: Rolke, L., Wolff, V. (eds) Die Meinungsmacher in der Mediengesellschaft. VS Verlag für Sozialwissenschaften, Wiesbaden

Zerfaß, A.; Wiesenberg, M.; Tench, R.; Romenti, S. (2019). Trust in Communicators. https://www.communicationmonitor.eu/2019/10/23/tics19-trust-in-communicators-study-2019/# (Abgerufen am 24.8.2022).

Inhaltsverzeichnis

1 „Die Kunst der Manipulation" – Was ist eigentlich
  Kommunikation? ... 1
  1.1 Kommunikation als Wissenschaft ... 5
  1.2 Medien- und Kommunikationswissenschaft ... 6
  1.3 Psychologie der Kommunikation ... 11
  1.4 Kommunikation als Beruf ... 15
  1.5 Kommunikationsratgeber ... 22
  Literatur ... 23

2 Die Medien sind schuld!? – Die vierte Gewalt als
  Sündenbock im gesellschaftlichen Diskurs ... 27
  2.1 Medien und Politik – Eine Schicksalsgemeinschaft ... 29
  2.2 „Die da draußen haben keine Ahnung" – vom Vorurteil
      zur Sprachregelung ... 33
  2.3 In den Rahmen gesetzt – Die Deutungsmacht
      der Medien ... 38
  2.4 Digitalisierung – Neue Regeln für ein altes Spiel ... 41
  Literatur ... 45

3 „Ich bin Redakteur beim Postillon" – Vom Dilemma einer fehlenden geschützten Bezeichnung für den Journalismus als Beruf — 49
3.1 Wer darf sich eigentlich Journalist/-in nennen und wer nicht? — 51
3.2 Ziele und Funktionen des Journalismus – ad absurdum? — 60
3.3 Das eigentliche Dilemma — 62
3.4 Ein Berufsstand in der Dauerkrise — 65
Literatur — 69

4 Die Erde ist eine Scheibe – Kommunikation in einer Zeit alternativer Fakten — 73
4.1 Von der Klasse zum Milieu – Komplexität und Macht neuer Zielgruppen — 76
4.2 Kommunikative Kettenreaktionen – wie Meinungen multipliziert und gefiltert werden — 79
4.3 Unter Gleichgesinnten – Meinungsbildung im digitalen Kämmerchen — 83
4.4 Digitale Medienethik – Regeln für den Wilden Westen — 86
Literatur — 90

5 „,Die da oben' wollen die Menschheit versklaven" – Wie Krisenkommunikation bei der Deeskalation populistischer Rhetorik unterstützen kann — 95
5.1 Krisenarten — 98
5.2 Issue- und Risikomanagement zur Krisenvorbeugung — 101
5.3 Fehlendes Kommunikationsvertrauen und die Folgen — 105
5.4 Kommunikative Muster in Verschwörungstheorien — 107
5.5 Kommunikation und Rhetorik: Die Macht ist mit dem gesprochenen Wort — 108
5.6 Vom Monolog zum Dialog: Rhetorik als Instrument der kognitiven Auseinandersetzung — 111

5.7 Die sprachkünstlerische Ausrüstung von Verschwörungsgläubigen: Rhetorische Stilmittel und Strategien … 114
5.8 Debunking Strategies: Wie man Falschinformationen erfolgreich aushebeln kann … 119
5.9 Fokus Coronapandemie: Mit der richtigen Rhetorik zum Impferfolg … 121
Literatur … 123

6 Das Dilemma mit den sozialen Plattformen – Warum Konzept und Qualität weiterhin entscheiden … 129
6.1 Die Plattform: das Fundament sozialer Medien … 132
6.2 Das Geschäftsmodell „Plattform" verinnerlichen … 133
6.3 Soziale Medien: kein Megafon für Unternehmensnachrichten … 134
6.4 Soziale Medien im Unternehmen verstehen … 136
6.5 Mit Sinn und Verstand: Erfolg auf Social Media … 141
6.6 Ein Plädoyer für professionelles Social Media Management … 144
Literatur … 145

7 „Eine Million Follower, das muss ja stimmen" – Wie man Hochstapelei und seriöse Kommunikation im Netz unterscheidet … 147
7.1 Die Blitzrecherche-Checkliste – Wie erkenne ich ein unseriöses Instagram-Profil? … 151
7.2 Auch Medien haben die sozialen Medien für sich entdeckt … 154
7.3 Seriöse Kommunikation oder Hochstapelei – Eine Checkliste … 156
Literatur … 157

8 „Werbung mag ich nicht, aber Bibi finde ich gut" –
Influencermarketing und die ethischen Grundlagen
kommerzieller Kommunikation ... 159
   8.1   Der Einfluss auf junge Zielgruppen für die
Kaufentscheidung ... 162
   8.2   Werberecht in sozialen Medien ... 163
   8.3   Der Einfluss von Influencern auf gesellschaftliche
Themen ... 166
   8.4   Professionalität und Ethik als Basis einer gemeinsamen
medialen Zukunft ... 169
   8.5   Recap mit einer Mikro-Influencerin ... 171
   Literatur ... 178

9 Ein Blick in die Glaskugel – wie es weitergeht mit
professioneller Kommunikation ... 181

1

„Die Kunst der Manipulation" – Was ist eigentlich Kommunikation?

Zusammenfassung „Man kann nicht nicht kommunizieren", so hat es Paul Watzlawick, der große Kommunikationsforscher und Psychotherapeut, einmal formuliert. Denn schließlich interagieren wir alle täglich indem wir miteinander sprechen, uns schreiben oder im Umgang miteinander uns durch Gestik oder Mimik austauschen. Auch Schweigen kann Kommunikation sein, denn es impliziert eine Botschaft an den anderen. Wenn also Kommunikation ein Wesenskern des menschlichen Daseins ist, was bezwecken wir damit? Das folgende Kapitel möchte die vielfältigen Facetten und Ansatzpunkte einmal aufzeigen und einen Überblick über Themen und Inhalte der Kommunikationswissenschaft aus verschiedenen Perspektiven geben. So werden die einzelnen Themenfelder ebenso erläutert wie die psychologische Funktion der Kommunikation. Aus systemtheoretischer Perspektive wird die Bedeutung von Kommunikation und Öffentlichkeit aufgezeigt sowie die Kommunikation als empirische Sozialwissenschaft dargestellt. Den Abschluss bildet die wirtschaftliche Dimension von Kommunikation als Dienstleistung.

> *Was ist eigentlich Kommunikation? Googelt man diese Frage, so findet die Suchmaschine ungefähr 19,4 Mio. Antworten (Stand: August 2022). Während die schlichte Übersetzung aus dem lateinischen noch eine relativ neutrale Definition vorweist (communicatio = Mitteilung, Unterredung) und den Austausch von Worten oder Zeichen zwischen mindestens zwei Menschen meint, so scheint der Begriff in den letzten Jahrzehnten diese neutrale Bedeutung zunehmend zu verlieren. So behandeln die ersten Seiten der Google-Suche vor allem die soziale Funktion von Kommunikation im zwischenmenschlichen Bereich. Besser überzeugen, Konflikte lösen, beruflich erfolgreicher werden, dies alles verspricht die „richtige" Kommunikation. Kommunikation wird dabei reduziert auf intentionale Einflussnahme, und wer sie gezielt einzusetzen weiß, wird nicht nur argumentativ überzeugen, sondern gar gleich ein besseres, selbsterfüllteres Leben führen und zudem als Führungspersönlichkeit anerkannt werden.*

Dies alles verspricht vollmundig die Riege der Kommunikationsratgeber. Dabei kommt die Kommunikation nicht alleine daher, sondern wird verstanden als „ganzheitliche Kommunikation" (Lichtenberg et al. 2021), „suggestive Kommunikation" (Kronbach 2021) oder „positive Rhetorik" (Jesper 2022). Selbstgenannte Kommunikationsgurus veröffentlichen reißerisch klingende Ratgeber, die im Zweifelsfall nur einen glücklich machen, nämlich das Konto des Autors bzw. der Autorin. Das Ziel der Kommunikation ist in allen Fällen klar: Manipulation. Die Ratgeber zeigen dabei wahlweise auf, wie man sich vor Manipulation schützen könne oder wie man selbst manipuliert, um dadurch erfolgreicher, charismatischer und generell selbstbewusster zu werden (Wunderlich 2022). Gerne wird dabei auch noch die Psychologie bemüht: Manipulative Kommunikation erlaube es, die eigenen Mitmenschen zu durchschauen, so die Hoffnung (Büker 2022). Der Einstieg ist fast immer gleich: Unangenehme Erfahrungen werden bemüht (da hat man plötzlich etwas gekauft, was man nicht wollte; auf der Party steht man alleine in der Ecke ...) und der Ratgeber weist Lösungswege auf.

Ist es also so einfach? Wir folgen simplen Kommunikationsmechanismen und dann werden wir selbstbewusster, vermeiden Missverständnisse und lassen uns kein X mehr für ein U vormachen? Warum hat denn dann niemand diese Regeln mal in einer echten Krise angewandt? Wieso gab und gibt es keine klaren Lösungen, wie man mit einer weltweiten Pandemie umzugehen hat? Wieso entstehen Kriege? Wieso streiten sich Paare? Allein diese Beispiele zeigen, so einfach ist es nicht mit der Kommunikation. Was die Ratgeber gemeinsam haben, ist, dass sie sich nur mit einem Teilaspekt des gesamten Themenfeldes auseinandersetzen, der intentionalen Funktion von Kommunikation. Bevor wir uns diesem Feld zuwenden, beginnen wir mit der grundsätzlichen Definition von Kommunikation. Und die ist gar nicht so einfach.

Da es sich bei Kommunikation um ein universelles Alltagsphänomen handelt, sind die Definitionen und Strukturierungsversuche massenhaft an der Zahl. Bereits 1977 zählte der Kommunikationswissenschaftler Klaus Merten 160 unterschiedliche Definitionsversuche. Bis heute wächst die Anzahl an Definitionen stetig. Keuneke (2012) zeigt auf, dass seit der Analyse durch Merten eine große Zahl an Definitionen hinzugekommen ist, hält die Heterogenität dabei jedoch auch für systemimmanent: „Ein Psychologe muss etwas anderes unter Kommunikation verstehen als eine Informatikerin oder ein Medienwissenschaftler." (Keuneke 2012, S. 1). Dabei werden unterschiedlichste Strukturierungsversuche angewendet, etwa nach Kommunikationsarten (verbal, nonverbal usw.), nach Merkmalen (welche Teilaspekte von Kommunikation lassen sich unterscheiden?) oder nach Funktionen. Hier wären z. B. die biologische Funktion zu nennen (Kommunikation sichert das Überleben des Individuums, etwa wenn ein Baby schreit, weil es Hunger hat), die soziale Funktion, wenn Menschen miteinander in direktem Kontakt stehen oder die technisch-mediale

Funktion, bei der Menschen mittels technischer Hilfsmittel kommunizieren und bei der üblicherweise ein Sender viele Empfänger erreicht. Einig ist man sich aber dabei, dass sich Kommunikation immer als ein Prozess darstellt, in dem sich die beteiligten Parteien aufeinander beziehen bzw. zueinander verhalten (vgl. u. a. Watzlawick et al. 1967; Burkart 2021).

In der Folge wurden mehrere Klassifikationssysteme zum Zwecke einer wissenschaftlichen Systematisierung verfasst. In all den verschiedenen Definitionen hat sich seit den 1940er-Jahren ein *kleinster gemeinsamer Nenner* entwickelt: Allen gemein sind folgende Kernbestandteile: Absender, Nachricht und Empfänger (Shannon und Weaver 1949; zitiert nach Nießing 2007). Daraus lassen sich folgende Merkmale ableiten (aufgeführt nach Röhner und Schütz 2020): So ist Kommunikation zunächst *interpersonal*, findet also zwischen mindestens zwei Personen statt. Dabei muss es sich heutzutage nicht notwendigerweise um reale Personen handeln, auch Interaktionen zwischen Menschen und Computern oder Menschen und Tieren sind möglich. Die Beteiligten treten miteinander in Beziehung, indem sie Zeichen, Symbole, Rituale oder Worte austauschen. Für eine gelingende Kommunikation sind deshalb gleich verstandene Zeichen und Gesten wichtig, was etwa bei kulturübergreifender Kommunikation häufig zu Missverständnissen führen kann, da Sitten und Gebräuche kulturell sehr unterschiedlich sind. Die Nachricht des Absenders muss also von der Zielperson *dekodiert* werden, um verstanden zu werden. Dabei müssen sich Sendungsabsicht und Empfangsverständnis nicht notwendigerweise gleichen. Um das Beispiel des Babys noch einmal zu bemühen: Welche Eltern standen nicht schon einmal verzweifelt vor dem weinenden Sprössling, weil sie einfach nicht verstehen konnten, warum er weint: Hunger? Durst? Müde? Windel voll? Alles versucht und das Kind weint noch immer – vielleicht Bauchweh? Die Umgebung? Ein gutes Beispiel, wie selbst bei besten Absichten die Dekodierung einer Botschaft schwierig ist, wenn Sender und Empfänger nicht auf Augenhöhe kommunizieren können.

Nun setzen sowohl das Senden als auch der Empfang von Nachrichten angemessene *Mittel* bzw. Modalitäten voraus, zum Beispiel in der zwischenmenschlichen Kommunikation der mimische Ausdruck und die Sprache oder bei medienvermittelter Kommunikation die entsprechende

Technik und Funkverbindung. Dabei findet Kommunikation stets in einem bestimmten *Kontext* statt. Das jeweilige Kommunikationsklima kann neben anderen Faktoren, wie den vorherrschenden Kommunikationsregeln, den gesamten Kommunikationsprozess und dessen Resultate mitbestimmen. Es ist ein Unterschied, ob ich Geschäftliches im Chefbüro bespreche oder abends in der Kneipe bei einem Bier. Stets gehört dazu, dass Kommunikation immer *interaktiv* ist und ein ständiges Agieren und Reagieren der Kommunikationsparteien miteinander bedingt. Sie ist entsprechend durch wechselseitige Beeinflussung gekennzeichnet. Wie stark diese ausgeprägt ist, hängt unter anderem mit der spezifischen Kommunikationsform zusammen, etwa ob es im direkten Dialog ist, in der Gruppe oder medial vermittelt. Nicht jede Reaktion ist dabei direkt beobachtbar. So gibt es sichtbare (z. B. eine Geste) und nicht sichtbare Aktivitäten (z. B. Eindrucksbildung vom Gegenüber) während des Kommunikationsprozesses.

Zusammenfassend lässt sich also festhalten: Kommunikation ist immer Ursache und Wirkung. Sie ist stets zielgerichtet, möchte informieren, unterhalten oder überzeugen, erfolgt aber nicht immer bewusst. Als relativ neues Phänomen ist hier die *Filterblase* zu nennen, in die sich viele Menschen oft ohne ihr Wissen begeben, weil sie im Internet vor allem mit Websites und Menschen interagieren, die ohnehin ihrer eigenen Überzeugung anhängen oder weil ihnen der Suchalgorithmus Websites vorschlägt, die zu ihrer Suchhistorie und ihrem Klickverhalten passen (Pariser 2011). Auf die Gefahr, die solche Meinungsisolation beinhalten kann, gehen wir im Verlauf des Buches noch ein. Lassen Sie uns vorher noch einen Blick auf die Kommunikation aus unterschiedlichen Blickwinkeln werfen.

1.1 Kommunikation als Wissenschaft

Die wissenschaftliche Befassung geschieht aus vielen Blickwinkeln. So wird Kommunikation beispielsweise in den Geisteswissenschaften untersucht mit dem Schwerpunkt der sprachlichen Kommunikation, etwa in der Linguistik oder Germanistik, und hat so auch Berührungspunkte zu Philosophie und Semiotik. Auch in technische Studiengänge und in die Computerwissenschaften hat sie längst Einzug gehalten, etwa in Bezug auf technische Kommunikationssysteme oder in der Verbindung zur Informationstechnik und zum Data Management. Aktuell entstehen viele Forschungsrichtungen, die sich mit der Kommunikation in der künstlichen Intelligenz auseinandersetzen, wie beispielsweise beim maschinellen Lernen oder der humanoiden Robotik. Die **Kommunikationswissenschaft** als solche ist eine wissenschaftliche Forschungsdisziplin, die zumeist im Bereich der Sozialwissenschaften angesiedelt ist und die sich dabei insbesondere mit medialer und Massenkommunikation befasst. Häufig wird sie auch Publizistikwissenschaft genannt, früher an vielen Lehrstühlen auch als Zeitungswissenschaft bekannt. Sie hat viele Berührungspunkte zu weiteren Disziplinen, neben den oben genannten insbesondere zur Psychologie und zu den Wirtschaftswissenschaften. Im Folgenden beleuchten wir zwei dieser vielfältigen Zugänge näher: Zum einen schauen wir auf die Medien- und Kommunikationswissenschaft, die sich mit dem Inhalt und Umgang medialer Kommunikation befasst, zum anderen auf die Psychologie der Kommunikation.

1.2 Medien- und Kommunikationswissenschaft

Grundlage der Kommunikationsforschung ist bis heute die Lasswell-Formel, die 1948 von dem US-amerikanischen Politik- und Kommunikationswissenschaftler Harold Dwight Lasswell formuliert wurde und als „Lasswells model of communication" bekannt wurde (Lasswell 1948). Sie beschreibt kurz und knapp das grundlegende Modell der Massenkommunikation: *„Who says what in which channel to whom with what effect?"* Zerlegt man diese Formel in ihre einzelnen Bestandteile, so lassen sich danach die einzelnen Forschungsfelder der Kommunikationswissenschaft gliedern (einen guten Überblick dazu bietet z. B. Pürer 2014):

Wer sagt – Kommunikatorforschung
Wer ist der Absender einer Kommunikation? Hierunter fällt insbesondere auch die Journalismusforschung, etwa die Eingliederung des Journalismus in das politische System, Ethik im Journalismus, das Verhältnis zur Public Relations u. v. m. Journalistinnen und Journalisten wurden im Dritten Reich,

wenn sie nicht den Anforderungen der Nazis entsprachen, seien es arische Voraussetzungen oder aber auch Art und Tonalität der Berichterstattung, systematisch aus dem System gedrängt und zum Schweigen gebracht. Eine derartige Staatsnähe des Journalismus wird deshalb seitdem strikt abgelehnt. Der Journalismus galt und gilt als „vierte Gewalt" im Staate, die unabhängig von Legislative, Exekutive und Judikative in der Lage sein muss, auch unbequeme Wahrheiten aufzudecken und auf Missstände hinzuweisen, ohne dass die Absender in persönliche Gefahr für Leib und Leben geraten. Dieses Thema vertiefen wir in unserem Kap. 3 noch weiter.

Was – Medieninhaltsforschung
Diese befasst mit der Frage der Auswahl von Inhalten für die Berichterstattung und der verschiedenen medialen Formate und Strukturen, wie etwa Nachrichten, Kommentare, Reportagen oder auch in unterschiedlichen Themenfeldern, wie Politik- oder Wirtschaftsberichterstattung oder Krisenberichterstattung. Durch Medienanalysen kann zum Beispiel festgestellt werden, wie häufig bestimmte Inhalte oder Absender von Inhalten in Berichten genannt werden oder wie etwa eine selbstreferenzielle Berichterstattung entsteht, die vor allem einigen wenigen Themen eine besondere Aufmerksamkeit gibt, andere dagegen sehr stark verdrängt. Natürlich stehen Themen im Fokus, die viele Menschen unmittelbar betreffen, da jedes Medium darauf angewiesen ist, die Interessen seiner Zielgruppen zu bedienen. Spannend ist jedoch auch, welche Themen dadurch vielleicht an den Rand gedrängt werden oder wo sich systemische Brüche erkennen lassen. So zeigt sich seit langem, dass Frauen als Expertinnen in den Medien häufig sehr viel weniger zu Gehör kommen, als Männer – obwohl es diese Expertinnen durchaus gibt (vgl. Heilemann et al. 2012; Fröhlich und Holtz-Bacha 1995). Eine aktuelle Forschungsreihe des Bundesministeriums für Bildung und Forschung, an dem sich auch die Westfälische Hochschule Gelsenkirchen beteiligt, geht diesem Phänomen auf die Spur und versucht Lösungswege aufzuzeigen, damit es zu einer gleichberechtigteren Sichtbarmachung von Frauen in den Medien kommt (Ettl et al. 2021).

Auf welchem Weg
– Medienforschung/Medienanalyse Diese meint durch welches Medium (Print, Funk, Fernsehen, Internet) die Kommunikation erfolgt. Sie nimmt neben der Begriffsschärfung, also was eigentlich Medien sind,

die Spezifika des Presse- und Rundfunkwesens in Deutschland und auch die Organisationsformen von Massenmedien in den Blick, etwa im Hinblick auf öffentlich-rechtliche Medien (ARD, ZDF, Arte u. a.) und Privatmedien (z. B. RTL, Sat1, Pro7, Netflix, Amazon Prime u. v. m.) und beschäftigt sich auch mit der Finanzierung der Medien. Vielen Menschen ist zum Beispiel gar nicht bewusst, dass die meisten Medien in Deutschland sich ausschließlich durch Werbeeinnahmen und Abonnements finanzieren. Dies birgt Risiken, da sie dazu neigen können, diejenigen Inhalte zu liefern, die die meisten Werbekunden anlocken. Gut zu beobachten ist dies bei häufig sehr trashigen Sendungen oder reißerisch aufgemachten „News" im Privat- oder Bezahlfernsehen, sofern Nachrichten überhaupt noch ein Thema sind und das Medium nicht zum reinen Unterhaltungs- oder Spartenmedium wird, wie die Filmbibliotheken von Amazon Prime oder Disney Channel oder Sportsender wie Sky Sport. Gebührenfinanzierte Sender liefern dagegen auch Inhalte für kleinere Zielgruppen, etwa Kultur- oder Auslandsberichterstattungen, die sonst keine Überlebenschancen hätten. Das heißt nicht, dass privat finanzierte Medien in erster Linie Trash liefern müssen. Gerade die sogenannten „Qualitätsmedien", wie etwa die überregionalen Zeitungen, legen großen Wert darauf, sich durch ihre Inhalte zu profilieren, die viele tiefergehenden und sorgfältigen Recherchen beinhalten. Bei Neueinstellungen in diesen Medien wird nach wie vor sehr sorgfältig geprüft, ob sich bei den Bewerbenden das professionelle Berufsethos des Journalismus finden lässt. Aber auch diese Medien kämpfen damit, dass die meisten Menschen nicht bereit sind, gerade für digitale Inhalte zu zahlen. Die Abonnementzahlen der Printausgaben der Zeitungen sind seit Jahren rückläufig, was sich auch durch geänderte Mediennutzungsgewohnheiten erklären lässt. Womit wir beim vierten Punkt wären.

Zu wem – Publikums- bzw. Mediennutzungsforschung
Hier werden zum einen die verschiedenen Gruppen von Nutzerinnen und Nutzern der Massenmedien untersucht, etwa das Lese-, Hör- und Sehpublikum von Zeitungen, Hörfunk, Fernsehen und Internet. Inwiefern unterscheiden sich diese Gruppen und welche Art von Inhalten werden von ihnen in welchen Medien bevorzugt? Deutlich wird, dass es ganz veränderte Nutzungsgewohnheiten gibt, dabei ist seit einigen Jahren eine vermehrte Altersschere zu erkennen. Während das Lesepublikum von Zeitungen und Zeitschriften immer älter wird, insbesondere bei den

klassischen Printausgaben und, sich auch eine starke Überalterung des TV-Publikums feststellen lässt, zieht es die Jugend in internetbasierte Medien. So zeigt die aktuelle „Langzeitstudie Massenkommunikation", dass nur noch 23 % der Mediennutzung der 14- bis 29-jährigen ohne Internet, also in den klassischen Medien, stattfand, während es 2015 noch 66 % waren (Breunig et al. 2020). Im Durchschnitt wendet diese Altersgruppe 276 min am Tag, also satte viereinhalb Stunden, auf Internetinhalte auf, während es bei den über 50-jährigen lediglich 55 min sind. Die Frage, ob die Medienklassiker Fernsehen und Zeitung zu aussterbenden Dinosauriern werden oder wie sie den Shift zu den Nutzungsgewohnheiten der „Generation Y" und jünger schaffen, beschäftigt aktuell viele Menschen in der Branche. Jüngere Menschen (als Generation Y gelten die seit 1980 Geborenen und jünger, vgl. Frohne et al. 2015), suchen die mediale Information vor allem über Hörfunk und Internet. Dabei ist festzustellen, dass Inhalte kurz, knapp und prägnant bevorzugt werden. Lange Artikel oder Berichte werden dagegen nur wenig angenommen. Eine Ausnahme ist es, wenn die Informationen von Personen aus etwa der gleichen Altersgruppe stammen, wie z. B. Gamingberichte auf Youtube. Dass gerade bei komplexen Sachverhalten (nehmen wir nur die durch den Krieg Russlands mit der Ukraine im Frühjahr 2022 ausgebrochene weltweite Gas- und Stromkrise, die insbesondere Deutschland als einen der Hauptabnehmer russischen Gases besonders betreffen), viel Information und Hintergrundwissen auf der Strecke bleibt, ist ein Problem, das gelöst werden muss. Viele Internet-User neigen zudem dazu, sich vor allem in ihrer *Filterblase* zu informieren, sodass anderslautenden Meinungen nur wenig Zugang bekommen und dadurch wenig Effekt erzielen können. Um die Selektionsforschung und das Bubblephänomen sowie die Frage, wie man bei Krisen mit verschiedenen Zielgruppen umgeht, geht es auch in diesem Buch.

Mit welchem Effekt? – Medienwirkungsforschung
Sie beschäftigt sich mit den Wirkungen auf die Einstellungen und das Verhalten der medialen Zielgruppen. Während die Lasswellformel dabei noch ausschließlich die unidirektionalen Wirkungen in den Blick nahm – hier der Absender von Informationen, da die Wirkung auf die Empfänger – nimmt seit einigen Jahren die Untersuchung von bi- und multidirektionalen Wirkungen von Massenkommunikation immer mehr zu. Dazu zählt insbesondere die Userforschung für Internetinhalte, da

hierbei eine schnelle Reaktion der User zu beobachten und häufig auch gewünscht ist: wie verbreiten sich Nachrichten eigentlich im Netz? Wann liken, sharen oder kommentieren User die Inhalte von Medien und Unternehmen? Welche Rolle spielen die Meinungen und Berichte von Influencern und wie relevant sind diese für ihre Nutzerinnen und Nutzer? Auch die Frage, wie Inhalte auf das Wissen von Personen wirken, wird hier untersucht, genauso wie die Wirkung auf Wertvorstellungen und Weltbilder. Können etwa Gewaltdarstellungen in den Medien zu einer erhöhten Gewaltbereitschaft bei Zuschauerinnen und Zuschauern führen? Unter welchen Voraussetzungen kann das geschehen? Dies schauen wir uns im nächsten Abschnitt mit der Kommunikationspsychologie näher an, die genau hier ansetzt und die Wirkung auf Einstellung und Verhalten durch Kommunikation untersucht.

Wie man sieht, sind die Forschungsfelder der Medien- und Kommunikationswissenschaft mannigfaltig und ihr Instrumentarium dafür ist die empirische Sozialforschung. Dabei bedient sie sich verschiedener quantitativer und qualitativer Methoden, um die soziale Wirklichkeit zu beschreiben, Erkenntnisse zu gewinnen und Lösungsansätze herauszuarbeiten, denn fundierte empirische Informationen über gesellschaftliche Entwicklungen sind unerlässlich für die eigene Entscheidungsfindung „im vielstimmigen Konzert der Meinungen" (Diekmann 2020, S. 12). Ihre Kenntnis ist deshalb ein Muss für jeden angehenden Sozialforscher und jede Sozialforscherin, aber auch für interessierte und kritische Konsumentinnen und Konsumenten. Wesentlich dafür ist die Datenerhebung, -auswahl und -analyse, die bestimmten Kriterien genügen muss, damit von einer wissenschaftlich fundierten Grundlage für die Gewinnung von Erkenntnissen gesprochen werden kann. Die Kenntnis der Statistik und ihrer Anwendung gehören deshalb zum Grundrepertoire jeder Person, die sich mit Forschung in der Kommunikation befasst und ihr Erlernen gehört zum meistgefürchteten Pflichtcurriculum vieler Studierender. Doch ohne geht es nicht, denn nur solide Kenntnisse schützen davor, zentrale Forschungsfehler zu vermeiden. Ein Beispiel: Bereits die Art, wie man etwas fragt, hat Auswirkungen auf die Antwort. Beginnt man eine Frage beispielsweise mit der Feststellung: „Derzeit sind ja viele Menschen verunsichert wegen der aktuellen kritischen Situation in der Ukraine. Hat Ihrer persönliche Einschätzung, ob die Weltlage insgesamt bedrohlicher geworden ist, eher zugenommen, ist sie gleichgeblieben oder hat sie abgenommen?". Durch das „Priming" im ersten Satz, also die Herleitung durch ein Bedrohlichkeitsgefühl in der Masse, wird der oder die Befragte schon zu der gewünschten Antwort („die Weltlage ist bedrohlicher geworden") gelenkt. Es finden sich unzählige fragwürdige Umfragen derartiger Machart im Netz, die häufig ohne jedes Verständnis dessen, was seriöse Umfrageforschung ausmacht, erstellt und lanciert werden. Eine ausführliche Auflistung des empirischen Instrumentariums würde hier zu weit führen. Wer sich dafür in einer unterhaltsamen, sehr erhellenden Form interessiert, dem seien die Bücher von Walter Krömer („So lügt man mit Statistik", 2015) oder Thomas Bauer et al. („Grüne fahren SUV und Joggen macht unsterblich", 2022) ans Herz gelegt.

Wichtig ist festzuhalten, dass sich die empirischen Wissenschaften immer mit dem Erkenntnisgewinn durch die Analyse des Menschen, seines Erlebens oder Verhaltens befassen, etwa durch Beobachtung, Befragung oder Experiment, um nur die gängigsten Verfahren zu nennen. Die Untersuchung medialer Stimuli erfolgt häufig über die Inhaltsanalyse von Texten oder Videos, die Zusammenhänge in massenmedialen Phänomenen zu erkennen versucht, wie die oben genannte Benachteiligung von Expertinnen in der öffentlichen Diskussion. Damit bedient sich die Kommunikationswissenschaft in weiten Teilen der gleichen Methodik wie die Psychologie, sodass Erkenntnisse und die Ableitung von Theorien und ihrer Überprüfung häufig große Überschneidungen aufweisen. Im Folgenden möchten wir uns deshalb ein Teilgebiet der Psychologie ansehen, die Psychologie der Kommunikation.

1.3 Psychologie der Kommunikation

Die Psychologie ist die Lehre vom Erleben und Verhalten von Individuen. Entsprechend untersuchen psychologische Kommunikationsmodelle, wie Menschen Kommunikation erleben, sie verstehen und im Umgang miteinander nutzen. Dabei untersucht die Psychologie zum einen, wie Kommunikationsprozesse gestört werden, etwa indem es bei der Dekodierung von Botschaften aufgrund unterschiedlicher Vorerfahrungen zu Missverständnissen oder Fehlinterpretationen von Botschaften kommt. Neben dem oben zitierten Sender-Empfänger-Modell von Shannon Weaver fällt zum Beispiel das sehr bekannte Kommunikationsquadrat von Schulz von Thun (2000) in diese Kategorie.

Auf der anderen Seite untersucht die Kommunikationspsychologie die Bedingungen und Möglichkeiten, damit Kommunikation gelingen kann. Wann wissen wir, ob Gesagtes, Gemeintes und Gelerntes zwischen Sender und Empfänger übereinstimmen? Wann ist ein Dialog erfolgreich? Neben dem Inhalt einer Botschaft rückt dabei immer auch die Beziehung zwischen den Kommunikationsparteien ins Blickfeld: Nach Watzlawick kann eine Nachricht nie nur sachlichen Inhalt transportieren. Egal, wie neutral sie auch formuliert sein mag, die Nachricht beinhaltet immer auch Informationen über die Beziehungen zwischen deren Beteiligten an der Kommunikation und deren Verhältnis zueinander. Neben dem Inhalt spielen hier auch nonverbale Komponenten eine Rolle. Insgesamt hat Watzlawick fünf Axiome in der Kommunikation identifiziert, die für den Dialog zwischen den Beteiligten eine Rolle spielen (Watzlawick 2017). Neben der Unmöglichkeit, nicht zu kommunizieren, weil bereits das Verhalten eine Form der Kommunikation ist, gehört der eben genannte Inhalts- und Beziehungsaspekt ebenso dazu wie die Annahme, dass der Kontext, in dem Kommunikation stattfindet, eine wesentliche Rolle spielt sowie das Verhältnis von Absender und Zielperson untereinander: Findet es auf Augenhöhe statt oder gibt es ein hierarchisches Verhältnis, etwas von Vater und Kind oder von Chefin und Angestelltem? Wichtig in diesem Kontext ist letztlich, dass Kommunikation nicht zwingend sprachlich erfolgen muss, sondern auch nonverbal erfolgen kann. Das Spannende am Ansatz von Watzlawick ist, dass er auf einem radikalen Konstruktivismus beruht. Dieser geht davon aus, dass jedes Individuum seine eigene Wirklichkeit konstruiert, die sich zusammensetzt aus der Summe seiner jeweiligen Erfahrungen. Der radikale Konstruktivismus besagt also, dass Wahrnehmung immer subjektiv ist und auf der Konstruktion der eigenen Sinnesreize sowie deren individueller Interpretation beruht. Folglich besitzt jeder Mensch eine eigene Wirklichkeit, die ein subjektiv konstruiertes Abbild der Realität ist.

Ohne auf die tieferen Details oder Kritik an diesem Ansatz eingehen zu wollen, kann eine Untersuchung dieser Annahme letztlich dabei helfen zu verstehen, warum Menschen manchmal über einen eigentlich sachlich manifesten Gegenstand in unversöhnlich gegensätzliche Meinungen und Streit geraten können. So hat seit der Erfindung der Pockenimpfung 1796 die Möglichkeit, sich vor lebensgefährlichen Erkrankungen durch Impfung zu schützen, Millionen Menschen Leben und Gesundheit gerettet. Trotz dieser unbestreitbaren Erfolgsgeschichte hat sich ein veritabler Widerstand gegen die neuen Corona Schutzimpfstoffe etabliert. Gut ein Fünftel der Deutschen ist bis zum heutigen Tage nicht ein einziges Mal gegen die gefährliche Viruserkrankung geimpft (22 %, Stand September 2022), mehr als ein Drittel hat lediglich die Grundimmunisierung vornehmen lassen, verzichtet aber bereits auf die Auffrischimpfung (38 %). Schaut man sich die Beweggründe für eine Impfverweigerung genauer an, so zeigt sich, dass neben medizinisch erklärbaren Gründen (etwa Vorerkrankungen oder schwacher allgemeiner Gesundheitszustand) den Argumenten vielfach mit einer rationalen Botschaft nicht beizukommen ist. Negative Erfahrungen mit anderen Impfungen, seien es eigene oder im Familien- oder Freundeskreis, können eine Rolle spielen ebenso wie ein grundsätzliches Misstrauen gegenüber staatlich empfohlenem Handeln oder Verhalten sowie – und das ist ein Hauptgrund – die zu große Komplexität und Vielzahl an Informationen und Meinungen, mit denen die Menschen sich konfrontiert sehen. Ein Zurückziehen auf eine eigene, beharrende Position lässt dann auch alle neuen Informationen in diesem Kontext einordnen und führt dazu, dass selbst erwiesene Unwahrheiten („es gibt kein Corona") die eigene Antihaltung nicht mehr aufzuweichen vermögen. Eine Impfkommunikation muss darauf Rücksicht nehmen und andere rhetorische Wege nehmen, um Überzeugungsarbeit leisten zu können. Wie dies aussehen kann, zeigen wir in unserem Kapitel über Verschwörungstheorien.

Gut untersucht ist mittlerweile auch die nicht-sprachliche Kommunikation. Es werden mindestens zwei Arten unterschieden: Die nonverbale und die paraverbale Kommunikation. Während die nonverbale Kommunikation die Äußerung durch Mimik und Gestik und Haltung meint, fokussiert die Untersuchung auf paraverbale Phänomene alle Elemente der Stimme, also Stimmlage, Tempo oder Lautstärke. Seit der Pantomime Samy Molcho (1983) die Bedeutung der Körpersprache im Alltag aufgezeigt hat, ist diese Form der zwischenmenschlichen Kommunikation auch wissenschaftlich sehr gut untersucht worden, insbesondere die Frage von Dominanz- und Demutsgesten, von selbstsicherer und unsicherer Haltung sowie von unterschiedlicher Körpersprache von Mann und Frau. Viele Erkenntnisse sind in unser Alltagsverständnis übergegangen und werden heute in Rhetorik- und Präsentationsschulungen eingesetzt, etwa, dass Blickkontakt uns vertrauenswürdiger und sympathischer erscheinen lässt.

Studien im paraverbalen Bereich zeigen, dass es auch hier zum einen kulturelle, zum anderen geschlechterbezogene Unterschiede in der Interpretation von Männern und Frauen gibt. Geschlechterübergreifend gelten dunkle Stimmen als vertrauenswürdiger und kompetenter, was Männern im Berufsleben häufig einen nicht zu unterschätzenden Argumentationsvorteil verschafft. Tiefe Stimmen gelten insbesondere bei Männern als ein akustischer Beweis für emotionale Reife, Seriosität, Kompetenz, Autorität, Wichtigkeit, Glaubwürdigkeit, Vertrauen, Sympathie (z. B. Evans et al. 2008), aber auch für Gesundheit, Kraft, Männlichkeit, Aggressivität und Dominanz – alles Eigenschaften von evolutionärem Vorteil. Die erste Premierministerin im United Kingdom, Margaret Thatcher, soll ein extensives vokales Coaching erhalten haben, damit ihre Stimme tiefer wird, und sie eine mächtige und autoritative Person verkörpert (vgl. Kiese-Himmel 2016). Tiefe Stimmen werden auch in den Medien bevorzugt (vgl. Slembek 1995). Nachrichtensprecherinnen verfügen in der Regel über ein dunkles Stimmtimbre oder erhalten ein entsprechendes Stimmtraining, um die Tonhöhe nach unten zu drücken, was die Glaubwürdigkeit der Botschaft erhöhen soll. Da Frauen naturgemäß gerade in jungen Jahren oft über eine höhere Stimmlage verfügen, werden sie häufiger als unsicherer oder inkompetenter wahrgenommen als ihre männlichen Kollegen. Auch das Redetempo beeinflusst die Wahrnehmung einer Botschaft: Wird schnell und flüssig vorgetragen, so wird der Sprecher oder die Sprecherin für kompetenter und intelligenter gehalten als jemand, der die gleiche Information in langsamerer Geschwindigkeit kommuniziert (Burgoon et al. 1990).

Die größte Schnittmenge findet sich für Psychologen und Kommunikationswissenschaftlerinnen wie oben bereits erwähnt in der empirischen Sozialforschung. Gemeinsame Untersuchungsfelder sind hier insbesondere die Aufnahme, Speicherung und Verarbeitung medialer Informationen, also die kognitiven Wirkungen. Zweitens der Einfluss auf die Beurteilung eines Untersuchungsgegenstandes, d. h. die Wirkung zum Beispiel auf die Einschätzung einer Person oder das Image eines Unternehmens sowie drittens die konativen Wirkungen, d. h. der Einfluss auf eine intendierte Handlung, wie etwa eine Reaktion durch ein Like oder Share bis hin zum Kauf eines Produktes. Diese als Marktpsychologie (vgl. u. a. Raab et al. 2016) oder als Werbe- und Konsumentenpsychologie bekannte Forschungsrichtung (z. B. Felser 2015; Bak 2019) findet ihre Anwendungsfelder auch in den Wirtschaftswissenschaften oder der Wirtschaftspsychologie. Im Folgenden wollen wir uns der praktischen Seite der Kommunikation als Profession zuwenden, der Ausübung durch Professionals in den verschiedenen Kommunikationsberufen.

1.4 Kommunikation als Beruf

Die Beschäftigung mit dem wissenschaftlichen Hintergrund zeigt bereits, dass Kommunikation ein Beruf ist, der spezifische Anforderungen an Ausbildung und Fachkenntnisse stellt. Darum soll es auch im weiteren Verlauf des Buches gehen. Unter professionellen Kommunikatorinnen und Kommunikatoren verstehen wir Menschen, die dies als Beruf gelernt haben und in der Berufspraxis anwenden. Lange Zeit gab es einen Dreiklang der Berufsfelder, der sich ganz grob den drei Sparten Journalismus (Information), Werbung (Überredung) und Public Relations (Überzeugung) aufteilte (Mertens 1997).

Die Digitalisierung und neue Technologien führten auch in der Medienbranche zu einer Ausdifferenzierung des Angebotes: In Deutschland gibt es rund 350 Tageszeitungen, 29 Wochenzeitungen, 443 Radiosender, 489 private Fernsehprogramme, 21 öffentlich-rechtliche Sender (mit den Regionalmarken der ARD) und über 7000 Zeitschriften (Deutschland.de 2022; Statista.de 2022; Medienverband der freien Presse 2022). Hinzu kommt eine ständig steigende Anzahl an Abrufen von Internetinhalten der klassischen Medien. So stieg, um nur ein Beispiel zu nennen, der Abruf von Inhalten von Zeitschriften von 6 Mrd. Visits 2010 auf 20 Mrd. Im Jahr 2021 (Medienverband der freien Presse 2022). Wer übrigens bei diesen Zahlen noch an eine „Gleichschaltung der Presse" glaubt, der glaubt auch an den Weihnachtsmann. Man braucht schon eine Menge Fantasie, um bei einer derartigen Vielzahl an Medienanstalten und Verlagshäusern eine geheime Macht zu vermuten, der es vollkommen unbemerkt von der Öffentlichkeit gelingt, alle auf eine einzelne Tonalität einzuschwören, die in einer Art Geheimbund entscheidet, wie „die Medien" über was berichten. Wir können froh und dankbar sein, dass wir in einem Land leben, dass die Pressefreiheit zu einem Grundrecht erklärt hat und ihm in seinem Grundgesetz in Artikel 5 Abs. 1 einen eigenen Abschnitt widmet. Und wir sollten, statt krude Manipulationen zu unterstellen, gemeinsam daran arbeiten, dass alle Medienmacher die gebotene Sorgfalt, Kompetenz und Verantwortung besitzen und anwenden, die ein solches Grundrecht erfordert.

Daran arbeiten die vielen Ausbildungstätten und Hochschulen für Medienberufe intensiv. Aufgrund der genannten Vielzahl an Medien und medialen Angebote hat sich der Ausbildungsmarkt differenziert und so lässt sich der oben genannte Dreiklang nicht mehr aufrechterhalten. Klassische Medien verfügen heute nahezu flächendeckend über digitale Contentangebote, die mediale Inhalte und weiterführende Links miteinander verbinden. Deshalb tendiert die professionelle Kommunikation immer mehr dazu, in integrierter Kommunikation zu denken. Dazu erheben vor allem Berufsverbände die aktuellen Tätigkeitsfelder ihre Mitglieder. Der Bundesverband der Kommunikatoren e. V. hat seine Mitglieder (PR- und Kommunikationsschaffende) befragt, in welchen Tätigkeitsbereichen sie aktiv sind (BdKom 2021, Mehrfachnennung möglich):

- 80 % arbeiten in der Presse- und Medienarbeit, z. B. als Pressesprecher oder Pressesprecherin
- 51 % in der internen Kommunikation
- 31 % im Bereich Marketing- und/oder Kundenkommunikation
- 13 % in der Vertriebskommunikation
- 10 % in Public Affairs (Kommunikation im öffentlichen Sektor, Lobbyismus)
- 2 % in Investor Relations

Dabei zeigt sich, dass Kommunikation ein akademischer Beruf ist. 93 % der Befragten verfügen über einen Hochschulabschluss. Das mag daran liegen, dass der BdKom vor allem die Content Creation umfasst, also die Vielzahl derer, die Inhalte für Kommunikation entwickeln, ganz gleich in welcher Spezialisierung. Nichtberücksichtigt sind an dieser Stelle Kommunikationsdesigner, Grafiker etc., die vielfach über duale Ausbildungsabschlüsse verfügen. Rund 62 % der Befragten sind weiblich, bei den unter 30-jährigen sogar rund 83 %. Für Frauen bieten sich in diesem Umfeld gute Karrierechancen, allerdings gibt es immer noch ein Gap in der Bezahlung von 13 -18 % im Verhältnis zu den Männern (BdKom 2021, S. 13).

Auch der Deutsche Fachjournalisten Verband (DFJV 2021) bildet innerhalb der Berufsfeldbeschreibung „Journalismus" ein zunehmend komplexeres und diverseres Tätigkeitsfeld ab. Ob in Print-, Online-Redaktionen, im Radio oder im TV und sogar im Pressebüro oder der Presseagentur – die Grenzen verschwimmen und in der Medienlandschaft muss längst jede Geschichte crossmedial gedacht werden. Das heißt: jede Geschichte muss differenziert für einzelne Medien und Verbreitungskanäle erzählt und aufbereitet werden.

1.4.1 Journalismus

Wer mit dem Online-Tool „Hochschulkompass" auf Studiensuche geht, findet alleine in Deutschland 44 Bachelorstudiengänge (Hochschulkompass 2022) im Journalismus oder verwandten Disziplinen (Kommunikationswissenschaft, Publizistik, Medienwissenschaft). Der Abschluss erfolgt dabei überwiegend als Bachelor oder Master, an den sich in der Regel ein ein- bis zweijähriges Volontariat in einem Medienunternehmen anschließt. Ferner gibt es nicht-staatliche Journalistenschulen, die auch von den großen Verlagen oder Rundfunksendern unterhalten werden, bekannte Beispiele sind die Henri-Nannen-Schule in Hamburg, die von Gruner und Jahr, dem Spiegel und der Zeit getragen wird oder die Deutsche Journalistenschule in München. Das Tätigkeitsfeld umfasst klassischerweise die Funktionen von Information, Kommentar und Unterhaltung und die Arbeit in klassischen Medienhäusern oder angesiedelten Medienwebseiten oder in der Onlineredaktion. Redakteure und Redakteurinnen arbeiten dabei als feste Mitglieder einer Redaktion, freie Journalisten und Journalistinnen hingegen selbstständig für ein oder mehrere Organe.

2021 gab es 89.310 sozialversicherungspflichtige Beschäftigte im Journalismus. Gleichwohl besteht im Journalismus eine leichte, aber zunehmende Arbeitslosigkeit. Mitten in der Pandemie in 2020 lag die Anzahl arbeitsloser Journalistinnen und Journalisten mit 5540 relativ hoch. 2021 blieb die Zahl mit 5205 immer noch hoch, jedoch mit einem leichten Abwärtstrend (DFJV 2021). Neue journalistische Tätigkeitsfelder tun sich vor allem im Online-Bereich und im sogenannten PR-Journalismus auf, hier insbesondere in der Rolle des Pressesprechers. Hinzu kommen Felder wie Daten-Journalismus, Video-Journalismus, Social-Media-Redaktion oder Content-Management, in denen redaktionelle Beiträge für die jeweiligen Kanäle konzipieret, ausgespielt und gemanagt werden (DFJV 2021).

1.4.2 Werbung

Zu Werbung gibt es unzählige Definitionen. Gemeinsam sind allen zwei Komponenten: Die Beeinflussungsabsicht sowie die Streuung über die Massenmedien oder weit verbreitete Werbeträger, die gleichzeitig sehr viele Menschen erreichen. Wichtig ist, dass die Beeinflussungsabsicht offengelegt wird, etwa in einem Fernsehspot oder einer Anzeige. Wir wissen genau, dass der Absender möchte, dass wir sein Produkt oder Unternehmen interessant und ansprechend finden. Und da wir die Beeinflussungsabsicht kennen, können wir resistent bleiben, so die grundlegende Annahme. Werbung lässt sich also als überredende (persuasive) Kommunikation definieren mit dem Ziel der „Meinungsbeeinflussung" (Kroeber-Riehl 1988, S. 29). Das meint die Beeinflussung von Einstellungen mittels spezifischer Kommunikationsmittel (z. B. Fernseh- oder Radiospot, Anzeigen, Beilagen) die über Kommunikationsmedien, in der Regel die Massenmedien Fernsehen, Radio oder Zeitungen und Zeitschriften oder große Internetportale wie Youtube oder Facebook, verbreitet werden. Durch die Wirkung auf Einstellungen soll sie verhaltensrelevant werden, das heißt, zu bestimmten Handlungen, wie dem Kauf eines Produktes, anregen. Mögliches, aber seltener auftretendes Ziel kann auch sein, unerwünschtes Verhalten zu unterlassen, wie etwa Rauchen oder Rasen auf der Autobahn. Werbung ist ein komplexes Feld, das sich in unzählige Spezifikationen ausdifferenziert, wie zum Beispiel Direktwerbung, Product Placement, Mobile Advertising, Ambient Werbung im öffentlichen Raum, um nur einige zu nennen.

Werbeberufe sind wegen ihrer stark kreativen Komponente seit Jahren ungemein beliebt als Berufsfeld. Das Studium der Werbung ist an vielen Fachhochschulen möglich, auch in Kombination mit einem Studiengang Design, außerdem gibt es dank fehlender Zugangsbeschränkungen auch Zulauf aus anders gelagerten Studiengängen, etwa der Germanistik, der Kunst oder der Linguistik. Die Tätigkeitsfelder sind weniger differenziert als im Journalismus und umfassen vor allem die Produktwerbung in Wirtschaftsunternehmen, die politische Werbung sowie Werbung im Sport- und Kulturbereich. Ganz grob differenziert sich das Berufsfeld in Text, Konzeption und Grafikdesign, Art-Direktion, ferner Kundenberatung, Marktforschung, Produktion und Mediaplanung, kaufmännische Berufe und Fachleute in Werbung und Marketing. Die Fachkräfte arbeiten entweder in Werbeagenturen oder direkt in Unternehmen (ZAW 2021).

Die Werbebranche funktioniert meist zyklisch, d. h. wenn die Wirtschaft boomt, wird auch viel geworben, stagniert die Wirtschaftsleistung oder sinkt sie gar, so wird von den Unternehmen oft recht schnell an der Werbung gespart. Die Werbebranche hat sich nach der Corona-Pandemie stabilisiert und boomt. Im Jahr 2021 gibt es erstmals nach Angaben des Zentralverbands der deutschen Werbewirtschaft ZAW e.V. so viele Stellenangebote wie zuletzt vor 21 Jahren (ZAW 2021). 9611 Jobs werden im Jahr 2021 in der Werbebranche in Deutschland angeboten. 900.000 Beschäftigte arbeiten sozialversicherungspflichtig in der Werbewirtschaft. Der Arbeitsmarkt für Werbeschaffende wächst seit Jahren, was nicht zuletzt daran liegt, dass immer mehr Medien beherrscht und bedient werden müssen. Als zukünftige Herausforderung werden neben möglichen Branchenrestriktionen (z. B. Spirituosen, Abbau von Stereotypen etc.) auch die Einflussnahme der großen Plattformen gesehen, die zunehmen die Arbeit der Werber bestimmen (ZAW 2021).

1.4.3 Public Relations

Public Relations oder die Beziehung zur Öffentlichkeit stellen eine strategische Funktion im Management von Unternehmen dar, bei der das „engineering of consent", immer mehr zu einer wesentlichen Vorbedingung für wirtschaftlichen Erfolg geworden ist. Es gibt entsprechend unzählige Definitionen von PR und ein stark heterogenes Verständnis der Aufgaben (Fröhlich 2015). Konsens herrscht heute, dass Public Relations und die deutsche Bezeichnung „Öffentlichkeitsarbeit" weitgehend deckungsgleich verwendet werden, was nicht immer so war (Fröhlich 2015, S. 104).

Eine der einfachsten und am weitesten verbreiteten Definitionen ist die von Grunig und Hunt (zitiert nach Voss 2006, S. 266): „Demnach ist Public Relations das Management von Kommunikation zwischen einer Organisation und ihren Öffentlichkeiten. Unter Öffentlichkeiten sind dabei immer nur Teile der gesamten Öffentlichkeit gemeint, die so genannten Zielgruppen. Das sind alle Personen, die für die Organisation von Bedeutung sind und die mit entsprechenden Botschaften erreicht werden sollen." Diese Definition von Öffentlichkeitsarbeit umfasst noch nicht die geplante Wirkung oder die einzusetzenden Mittel, da diese Faktoren je nach Art der Organisation stark variieren können, Public Relations will aber immer die Wahrnehmung der eigenen Organisation im positiven Sinne beeinflussen, Vertrauen und Konsens herstellen und manchmal auch Menschen zu bestimmten Handlungen bewegen. Öffentlichkeitsarbeit ist damit ein wichtiger Faktor bei der Konstruktion von (wünschenswerter) Wirklichkeit.

Die Public Relations ist das jüngste der drei Tätigkeitsfelder im Kommunikationssystem und weist damit die geringste Professionalisierung auf. Spezifische Hochschulstudiengänge gibt es wenige, der Studiengang „Journalismus und PR" an der Westfälischen Hochschule, an der wir lehren, zählt dazu. Wie der Name schon sagt, sollen die Studierenden aber zunächst alle Facetten der professionellen Kommunikation kennenlernen, bevor sie sich für ein Themenfeld entscheiden. Möchte man in der Online-Suche des Hochschulkompass herausfinden, wie viele Vollzeit-Bachelor-Studiengänge „Public Relations" es aktuell in Deutschland gibt, werden 20 Optionen angezeigt, unter anderem auch angrenzende Studiengänge wie „Kommunikationsmanagement" oder „Strategische Kommunikation".

Nicht unbeachtet sollte die große Zahl von kommerziell arbeitenden Einrichtungen zur Aus- und Weiterbildung bleiben, von denen das Deutsche Institut für Public Relations (DIPR, Hamburg) und Öffentlichkeitsarbeit.de (Heidelberg) die bekanntesten sind. Was allerdings fehlt ist ein einheitlicher Lehrplan sowie eine übergreifende und anerkannte Einrichtung für die Zertifizierung von Lehrpersonal und die Abnahme von anerkannten Prüfungen. Es überrascht daher nicht, dass PR, wie im übrigen Journalismus und Werbung auch, ein nicht zugangsbeschränkter Beruf ist. Auch die entsprechenden Berufsbezeichnungen wie PR-Berater, Öffentlichkeitsarbeiter oder Kommunikationsmanagerin sind nicht geschützt.

Unternehmen und Agenturen schätzen zwar mittlerweile durchaus eine akademische Ausbildung, vorzugsweise in Kommunikationswissenschaft und verwandten Studiengängen, behelfen sich aber angesichts des längerfristig leer gefegten Fachkräftemarktes noch immer mit dem Prinzip „learning by doing": Entscheidend ist, wie Interessierte in Agenturen und Unternehmen mit der Arbeit vor Ort zurechtkommen, zum Beispiel im Rahmen eines Praktikums. Haben sie Erfolg, so werden sie eingestellt, wobei dann der (noch) nicht vorhandene Studienabschluss zweitrangig, das Studienfach drittrangig sind.

Mit Abstand ist dieser Bereich derjenige mit den größten Zuwachsraten und der kräftigsten Ausdifferenzierung: Die traditionelle Rolle des Pressesprechers wird heute durch eine starke segmentäre Ausdifferenzierung des Tätigkeitsfeldes ergänzt, die vor allem in Political Relations, Human Relations, Medical Relations, Financial Relations, Event-PR, Krisen-PR, Sponsoring und Kommunikationsmanagement ihren Ausdruck findet. Tätigkeitsfelder wie Online-PR, Investor Relations, Cultural Relations, aber auch Mitarbeiter-PR, Risiko-PR und andere entstehen in so großer Geschwindigkeit, dass eine entsprechende berufliche Ausbildung bzw. Spezialisierung stark hinterherhinkt.

Das starke Wachstum des Tätigkeitsfeldes PR spiegelt sich auch in aktuellen Erhebungen wider: So gibt es alleine nach Angaben der Erhebung „Beschäftigte in der Public-Relations und Unternehmensberatung" in Deutschland über 100.000 Menschen, die ihren Lebensunterhalt mit der Public Relations Beratung oder in der Unternehmensberatung verdienen, die Mitarbeitenden in Unternehmen, Verbänden und NGOs nicht einmal eingeschlossen (Bundesagentur für Arbeit 2022). Als PR-Berater bzw. PR-Beraterin kann man einerseits in Agenturen, andererseits in Organisationen (Unternehmen und Non-Profit-Organisationen) oder selbstständig tätig sein.

Von Agenturen und Unternehmen gefragte Kernkompetenzen für PR sind neben der klassischen Redaktionskompetenz (Verfassen von Pressemitteilungen) die Kommunikationskompetenz (Herstellung von Kontakten), die Konzeptionskompetenz (Entwicklung und Durchführung von Kampagnen) sowie die Managementkompetenz (Organisation von PR, Management von Kommunikation). Neben diesen eher klassischen Anforderungen beinhaltet die Expertise immer mehr umfassendes Wissen in Sachen Marketing, Werbung und Digitalisierung. Integriert denkende Konzeptioner sind begehrt, auch in der internen Kommunikation. Damit einhergehend wird Kommunikation stärker zu einer zentralen Managementfunktion mit entsprechendem Bedarf an Methodenwissen. Für die gesamte Branche findet man Schätzungen von sozialversicherungspflichtig Beschäftigten in der PR im Bereich von 50.000 bis 60.000 PR-Schaffenden (Pfeffer 2005).

1.5 Kommunikationsratgeber

Und schließlich die Kommunikationsratgeber? Als seichte Unterhaltung sind viele geeignet, zum Ernstnehmen und Nachahmen dagegen nicht. Natürlich gibt es in dem Dickicht der Ratgeber auch das eine oder andere Buch ernstzunehmender Verfasser. Wer sich unsicher ist, sollte nicht auf den Titel vertrauen, sondern vor dem Kauf folgende einfache Überprüfungen vornehmen: Erstens: Ist das Buch in einem renommierten Verlag erschienen? Dann hat es in der Regel ein Lektorat durchlaufen. Zweitens: Finden sich im Internet weiterführende Informationen über den Autor bzw. die Autorin? Falls ja, mit welchem fachlichen Hintergrund schreiben sie? Es ist ja schön, wenn eine Juristin und ein Politologe über Rhetorik schreiben, aber überzeugender ist es doch, wenn dies eine Psychologin oder ein Sprachwissenschaftler tut. Drittens: Wie sorgfältig werden wissenschaftliche Quellen zitiert, wo bleibt es bei bloßen Behauptungen? Sind diese Quellen nicht nur vorhanden, sondern aktuell und beziehen sie sich auf wissenschaftliche Veröffentlichungen, so lässt dies zumindest eine vertiefte Auseinandersetzung mit der Thematik erkennen. Müssen alle drei Fragen verneint werden – Finger weg vom Ratgeber. Oder nehmen Sie ihn zumindest nicht wirklich ernst.

Literatur

Bak, P.M. (2019). Werbe- und Konsumentenpsychologie. Eine Einführung. 2., überarbeitete Auflage, Schäfer-Poschel Stuttgart

Bauer, T./Gigerenzer, G./Krämer, W (2022). Grüne fahren SUV und Joggen macht unsterblich: Über Risiken und Nebenwirkungen der Unstatistik. Campus Verlag, Frankfurt

Breunig, C./Handel, M./Kessler, B. (2020). Ergebnisse der ARD/ZDF-Langzeitstudie Massenkommunikation 1964–2020: Mediennutzung im Langzeitvergleich, in Media Perspektiven 7–8, 2020: 410 – 432

Büker, Karin (2022). Manipulative Kommunikation – Die Macht der Sprache: Wie Sie dunkle Rhetorik gezielt einsetzen, sich vor Manipulation schützen und durch Methoden aus der Psychologie Ihre Mitmenschen durchschauen. Independent published

Bundesagentur für Arbeit (2022). Anzahl der sozialversicherungspflichtig Beschäftigten in der Public-Relations- und Unternehmensberatung in Deutschland von 2010 bis 2021 (in 1.000) [Graph]. In Statista. Zugriff am 26. September 2022, von https://de.statista.com/statistik/daten/studie/167594/umfrage/beschaeftigte-in-der-unternehmensberatung-in-deutschland-seit-2008/

Bundesverband der Kommunikatoren (Bdkom) (2021). Berufsfeldstudie „Profession Kommunikation". Abrufbar unter: https://bit.ly/3Sa8RxT. Abgerufen am 18.09.2022

Burgoon, J.K./Birk, T./Pfau, M. (1990). Nonverbal Behaviors, Persuasion, and Credibility, in: Human Communication Research 17/1990: 140–169.

Burkart, R. (2021). Kommunikationswissenschaft. Grundlagen und Problemfelder einer interdisziplinären Sozialwissenschaft. 6. Auflage. Utb, Frankfurt

Deutscher Fachjournalisten-Verband (2021). Journalismus als Beruf – Arbeitsfelder. https://www.dfjv.de/beruf/journalismus-als-beruf. Abgerufen am 18.09.2022.

Deutschland.de (2022). Medien in Deutschland|Zahlen zur Nutzung. Abrufbar unter www.deutschland.de

Diekmann, A. (2020). Empirische Sozialforschung. Grundlagen, Methoden, Anwendungen. Rowohlts Enzyklopädie, 13. Auflage, Rowohlt Taschenbuch Verlag, Reinbek bei Hamburg

Ettl, K./Frohne, J./Kriegesmann. B (2021). WE! Vom Labor in den Mittelstand: Westfälische Erfinderinnen. Analyse der Potenziale und Sichtbarmachung innovativer Frauen in regionalen Innovationsökosystemen. Forschungsprojekt im Rahmen der BMBF Förderinitiative „Innovative Frauen im Fokus", https://www.w-hs.de/we, Gelsenkirchen, 2021–2024

Evans S, Neave N, Wakelin D, Hamilton C (2008). The relationship between testosterone and vocal frequencies in human males, in: Physiological Behaviour (93): 783–788

Felser, G. (2015). Werbe- und Konsumentenpsychologie: Springer, Wiesbaden

Fröhlich, R./Holtz-Bacha, C. (1995): Frauen und Medien. Westdeutscher Verlag, Opladen

Fröhlich, R. (2015). Zur Problematik der PR-Definition(en). In: Fröhlich, R., Szyszka, P., Bentele, G. (Hrsg.) Handbuch der Public Relations. Springer VS, Wiesbaden

Frohne, J./Eikenbusch, J./Belch, T. (2015). Absolventen 2015 unter die Lupe genommen: Ziele, Wertvorstellungen und Karriereorientierung der Generation Y. Kienbaum Institut@ISM für Leadership & Transformation (Hrsg.), Dortmund

Heilemann, M./Hackl, J./Neubauer, T./Stöger, H. (2012). Die Darstellung von Mädchen und Frauen in den Medien, in: Stöger, H./Ziegler, A./Heilemann, M. (Hrsg.): Mädchen und Frauen in MINT. Bedingungen von Geschlechtsunterschieden und Interventionsmöglichkeiten., Lit Verlag, Berlin: 77–102

Hochschulkompass (2022). Suchergebnisse „Bachelor Journalismus". Abrufbar unter: https://bit.ly/3r5XbAu. Abgerufen am 12.09.2022.

Jesper, V. (2022). Positive Rhetorik – Überzeugend im Alltag & Beruf: Wie Sie die Grundgesetze der Kommunikation und der Psychologie zu Ihrem Vorteil nutzen und mit den Techniken der Profis jedes Gespräch meistern, Independently published, 2022

Keuneke, S. (2012). Kommunikation. Versuch einer Begriffssynthese. Abrufbar unter: https://bit.ly/3r26WQ6. Abgerufen am 2.9.2022

Kiese-Himmel, Christiane (2016). Körperinstrument Stimme – Grundlage, psychologische Bedeutung, Störung. Springer, Wiesbaden

Krämer, W. (2015). So lügt man mit Statistik. Campus Verlag, Frankfurt

Kroeber-Riehl, W. (1988). Strategie und Technik der Werbung: Verhaltenswissenschaftliche Ansätze. 3. Auflage, Kohlhammer, Stuttgart

Kronbach, Julius (2021). Die Fähigkeit zu Manipulieren – Der vollumfängliche Psychologie Guide: Wie Sie Menschen lesen, Körpersprache verstehen und mittels suggestiver Manipulationstechniken (sic!) ihren Gegenüber steuern inkl. 3 NLP Konterstrategien. Independently published

Lasswell, H.D. (1948). The Structure and Function of Communication in Society, in: Bryson, L. (Hrsg.): The Communication of Ideas. New York: 37–51

Lichtenberg, E.; Steindorff, V. et al. (2021). Lass uns reden! Aber richtig!: Die Kunst der ganzheitlichen Kommunikation in der Partnerschaft. TenBook

Medienverband der freien Presse (2022). Branchendaten. Jahrespressekonferenz 2022. Abrufbar unter www.mvfp.de --> Branche --> Branchendaten

Merten, K (1997). PR als Beruf. Anforderungsprofile und Trends für die PR-Ausbildung, in: prmagazin, Jg. 28, Heft 1/1997: 43–50

Molcho, S. (1983). Körpersprache, Mosaik Verlag, Stuttgart

Nießing, D. (2007). Kunden-werben-Kunden-Kampagnen: Eine empirische Analyse von Sender-Empfänger-Dyaden zur Gestaltung des Weiterempfehlungsmanagements. Gabler, Wiesbaden

Pariser, E. (2011). The Filter Bubble: What the Internet Is Hiding from You. Penguin Press, New York

Pfeffer, G. (2005). Der PR-Markt in Deutschland (Zahlen – Daten – Fakten. Abrufbar unter: https://bit.ly/3xTytaf. Abgerufen am 18.09.2022.

Pürer, H. (2014). Publizistik- und Kommunikationswissenschaft. 2., völlig überarbeitete und erweiterte Auflage, UVK Verlagsgesellschaft, Konstanz

Raab, G.; Unger, S.A.; Unger, F. (2016). Marktpsychologie. Grundlagen und Anwendung. 4. Auflage. Springer Gabler Wiesbaden

Röhner, J.; Schütz, A. (2020). Psychologie der Kommunikation. 3., aktualisierte und überarbeitete Auflage. Springer, Wiesbaden

Schulz von Thun, F. (2000). Miteinander reden. Menschliche Kommunikation. Huber, Bern

Shannon, C. E., & Weaver, W. (1949). The mathematical theory of communication. Urbana Champaign: University of Illinois Press, Illinois

Slembek E. (1995). Frauenstimmen in den Medien. In: Heilmann C.M. (Hrsg.): Frauensprechen – Männersprechen. Geschlechtsspezifisches Sprechverhalten. Reinhardt, München.

Statista.de (2022). Fernsehen – Anzahl der privaten Programme im deutschen Fernsehen 2006 – 2020, abrufbar unter Fernsehen – Anzahl der Programme 2020

Voss, K. (2006). Öffentlichkeitsarbeit. In: Medien von A bis Z. VS Verlag für Sozialwissenschaften, Wiesbaden.

Watzlawick, P./Beavin, J.H./Jackson, D. D. (1967). Pragmatics of Human Communication. W. W. Norton, New York

Watzlawick, P./Beavin, J.H./Jackson, D. D. (2017). Menschliche Kommunikation. Formen, Störungen, Paradoxien. 13., unveränderte Auflage. Hogrefe, Bern

Wunderlich, Tim (2022). Social Dynamics – Rhetorik & Kommunikation meistern: Der Praxisratgeber für Smalltalk, Schlagfertigkeit & Charisma. Hasiera Verlag

Zetralverband der deutschen Werbewirtschaft ZAW (2021). Branchendaten Arbeitsmarkt Werbung. https://zaw.de/branchendaten/arbeitsmarkt/. Abgerufen am 18.09.2022.

2

Die Medien sind schuld!? – Die vierte Gewalt als Sündenbock im gesellschaftlichen Diskurs

Zusammenfassung Freie, vom Staat unabhängige Medien schaffen Transparenz und Öffentlichkeit als vierte Gewalt in der Demokratie. Das Vertrauen in Journalistinnen und Journalisten und ihr Informationsangebot sinkt jedoch kontinuierlich und schlägt mitunter sogar in komplette Ablehnung („Lügenpresse") um. Neben ideologischen Gegensätzen ist ein Grund, dass viele Medien unter wirtschaftlichen Druck Qualität verloren haben und bei ihrer Berichterstattung die phrasenhaften Sprachregelungen aus Politik und Wirtschaft zu ungefiltert weitergeben. Starke eigene redaktionelle Positionen und tiefe investigative Recherchen gibt es noch, bilden aber die Ausnahme, auch wenn es positive Ansätze gibt. Zudem verschiebt sich die Macht, Themen zu definieren immer stärker in Richtung Social Media und damit aus den klassischen Massenmedien und deren Kodizes heraus. Meinungsmacher zu sein, ist schon lange kein Privileg von professionellen Journalisten mehr. Diese können im neuen Wettbewerb nur bestehen, wenn sie das Vertrauen ihrer Zielgruppen zurückgewinnen und sich als wirklich eigenständige Instanzen (re-)positionieren.

> *Anfang 2020 erreicht eine neue Infektionskrankheit aus China die Bundesrepublik. Schnell ist klar, dass es bei COVID-19 um eine echte Pandemie geht, der man mit einem solidarisch durchgestandenen Lockdown zu begegnen hofft. Das scheint zu helfen und so gibt es im Sommer 2020 zunächst wieder mehr Freiheiten. Im März 2021 steht dann allerdings das zweite Corona-Ostern vor der Tür und die Bevölkerung würde gerne wissen, welche Regeln über die Feiertage gelten sollen. Parallel geht aber gerade die Kandidatenkür für die Bundestagswahl im Herbst 2021 in ihre heiße Phase. Wer den Fernseher einschaltet, hat kaum eine Chance auf klare Informationen, weil sich Politikerinnen und Politiker aller Parteien vor allem mit populistischen Extrempositionen als Aspiranten auf ein Bundestagsmandat oder die Kanzlerschaft positionieren und die Medien sie dabei gewähren lassen. Wie viele Verwandte die ratlosen Bürgerinnen und Bürger an Ostern tatsächlich treffen dürfen, werden sie daher erst kurz vor dem Fest erfahren.*

Freie und professionell agierende Medien haben in der Demokratie eine unverzichtbare Rolle inne. Legislative, Exekutive und Judikative halten sich nach dem Prinzip der Gewaltenteilung gegenseitig in Schach. Erst die von den *Medien als vierter Gewalt* erzeugte Öffentlichkeit sorgt aber dafür, dass diese Balance der Kräfte stabil ist und tatsächlich eine politische Repräsentation des Souveräns – nämlich des Volkes – garantiert. Wie wichtig die Rolle der Medien für Demokratien ist, zeigt sich dort am deutlichsten, wo die Freiheit in Gefahr ist. Überall, wo Autokraten das Kräftegleichgewicht in Richtung der Exekutive verschieben wollen, ist die freie Presse das erste Opfer. Polen, Ungarn und ganz extrem Russland zeigen, wie Machthaber kritische Medien systematisch unter Druck setzen, um die öffentliche Meinung zu dominieren und die Schwächung von Parlament und Justiz im Windschatten ihrer Propaganda ungestört vorantreiben zu können. Erstaunlicherweise spiegelt sich die Unverzichtbarkeit der Medien für eine funktionierende Demokratie aber nicht in einer entsprechenden Reputation wider. Ganz im Gegenteil rangieren Journalistinnen und Journalisten in Sachen Vertrauenswürdigkeit nach einer aktuellen Studie des Meinungsforschungsinstituts Ipsos weit unten auf der Skala, nur knapp über Bankern, Werbemanagerinnen und Politikern als absolutem Schlusslicht. (Ipsos 2021) Was also hat die Medien so in Verruf gebracht und was kann man dagegen unternehmen?

2.1 Medien und Politik – Eine Schicksalsgemeinschaft

Zu den Grundmustern von Verschwörungstheorien gehört die Vorstellung, dass Politik und Wirtschaft von einem geheimen Netzwerk von Eliten gelenkt werden, die sich regelmäßig treffen, um die Weltherrschaft an sich zu reißen. Diese Narrative gibt es nicht erst seit der QAnon-Bewegung, sie ziehen sich ganz im Gegenteil seit der Antike unausrottbar durch die Menschheitsgeschichte. (Pagán 2006; Roisman 2006) Neu ist allerdings, dass mittlerweile auch Medienvertreterinnen und -vertreter von immer mehr Menschen zum Kreis dieser verschworenen Eliten gezählt werden.

Dass Politik und Medien nach einer geheimen Agenda auf gemeinsame Ziele hinarbeiten würden, ist natürlich blanker Unfug. Typisch für einen populären Irrglauben steckt aber hinter einer falschen Antwort eine richtige Frage: *Welche Mechanismen prägen die Zusammenarbeit von Politikerinnen bzw. Politikern und Journalistinnen bzw. Journalisten?* Allgemeiner formuliert: Was für Prozesse laufen zwischen denen ab, die Interesse daran haben, Inhalte unters Volk zu bringen und denen, die davon leben, dies mithilfe medialer Kommunikation zu übernehmen? Systematisch erforscht wird diese Fragestellung erst seit Ende der 1970er-Jahre. Peter Nissen und Walter Menningen vergleichen beispielsweise 1977 die Pressemeldungen politischer Akteure mit der Berichterstattung in drei regionalen Tageszeitungen. Ergebnis dieser Input-Output-Analyse ist, dass die Zeitungen eine ausgesprochen passive Rolle einnehmen und die Botschaften ihrer – offensichtlich mächtigeren – Zulieferer weitgehend ungefiltert durchreichen. Ihr Fazit: „Die Primärkommunikatoren bestimmen die Themen, artikulieren die Meinungen hierzu und versuchen sie als ‚öffentliche Meinung' durchzusetzen." (Nissen und Menningen 1977, S. 226) Wenig später geht Barbara Baerns die Fragestellung noch differenzierter an. Sie nimmt die PR der nordrhein-westfälischen Landesregierung während jeweils zwei Wochen im April und Oktober 1978 als Basis und überprüft, wie sich die Inhalte der insgesamt 159 Pressemitteilungen und Protokolle in 27 tagesaktuellen Medien des Landes widerspiegeln. Der Medienoutput wird dann daraufhin untersucht, wie das Verhältnis von übernommener Information und journalistischer Eigenrecherche ist, wie umfassend der Input überarbeitet wird und inwieweit die Journalistinnen und Journalisten bei der Übernahme von Informationen ihre Quellen offenlegen. (Baerns 1979). Das Ergebnis ist auch hier eindeutig. 62 % der Publikationen werden durch das Informationsmaterial der Politik angestoßen. 80 % der Publikationen nutzen nur eine Quelle und selbst bei Agenturmeldungen wird nur in der Hälfte der Fälle die Quelle genannt. Bei Printmedien generell und Rundfunk ist diese Quote noch drastisch niedriger (Baerns 1985, S. 90). Ergebnis der Studie ist die sogenannte *Determinationshypothese*, nach der „Öffentlichkeitsarbeit [...] die Themen und das Timing der Medienberichterstattung unter Kontrolle [hat]." (Baerns 1985, S. 98) In dieser Zuspitzung bleibt die Hypothese nicht unumstritten. Zu Recht wird darauf hingewiesen, dass nicht nur die Presse von der Politik, sondern auch die Politik von der Presse abhängig ist, sodass es nicht um eine einseitige Determination, sondern um eine wechselseitige Interdependenz geht, von der beide Seiten profitieren. In ein Modell gefasst wird diese Vorstellung dann 1997 im *Intereffikationsmodell* von Günter Bentele, Tobias Liebert und Stefan Seeling (Bentele et al. 1997). Sie postulieren ein komplexes Beziehungsgefüge, in dem sich beide Seiten wechselseitig durch Induktionen Kommunikationsanregungen geben und sich durch Adaptationen an die Kommunikationsregeln und Organisationsstrukturen der anderen Seite anpassen. Eine typische Induktion ist beispielsweise die Übersendung von vorformulierten Pressemeldungen an die Medien, eine Adaption ist die

Bereitschaft von Politikerinnen und Politikern, Zeit für die Teilnahme an Talkshows zu reservieren. In diesem Modell werden die jeweiligen Ziele wechselseitig ermöglicht (lateinisch *inter efficare*), wobei bewusst offengehalten wird, wer die größere Macht im Gefüge hat. Im Extremfall lässt das Intereffikationsmodell weiterhin eine komplette Determinationsmacht der Politik zu, es macht aber auch Konstellationen möglich, in denen die Medien eine größere Eigenständigkeit beweisen.

Dass es hier einen großen Spielraum gibt, zeigt schon die unterschiedliche Positionierung von Printmedien im internationalen Vergleich. Angelsächsische Medien haben ein deutlich ausgeprägteres Selbstbewusstsein als die deutschen. Sowohl der Guardian als auch der Economist nehmen ihre Rolle als Vertreter der vierten Gewalt sehr ernst, beziehen Stellung im politischen Alltag und weisen ihre Position als die der Zeitschrift insgesamt aus. Insbesondere der Economist belegt seine Haltung dabei mit umfangreichen Datensammlungen und Studien weit jenseits des von Interessengruppen zugelieferten PR-Materials. Noch größer wird die internationale Diskrepanz bei der Bedeutung des „investigativen" Journalismus. In den USA beispielsweise hat das Misstrauen in die staatlichen Institutionen eine lange Tradition. Journalismus hat es dort schon immer als seine Aufgabe gesehen, den Machenschaften einer eng mit der Wirtschaft verflochtenen Politik auf den Grund zu gehen. Unterstützt wird er dabei von einer Reihe nicht staatlicher Rechercheorganisationen wie der Better Government Association (BGA) in Chicago, dem Center for Public Integrity (CPI) in Washington oder dem Center for Investigative Reporting (CIR) in San Francisco, die als unabhängige ‚government watchdogs' kontinuierlich Fakten über behördliches Fehlverhalten sammeln (Redelfs 2003). Politische Erdbeben, wie sie beispielsweise durch den Watergate-Skandal ausgelöst wurden, werden vom investigativen Journalismus billigend in Kauf genommen und die bei der Recherche zu erwartenden Repressalien gehören zum akzeptierten Berufsrisiko. Deutschen Medien fehlt es dagegen oft am Mut, sich aus der bequemen Umarmung des Obrigkeitsstaates zu befreien (Redelfs 2003). Natürlich gibt es auch in Deutschland gelegentlich investigative Highlights und insbesondere durch die Zusammenarbeit mit internationalen Recherchenetzwerken nimmt deren Häufigkeit sogar zu. Diese sind jedoch noch davon entfernt, die Wahrnehmung deutscher Medien wirklich zu prägen.

Wie politiknah deutsche Medien faktisch agieren, zeigt das Corona-Beispiel am Anfang dieses Kapitels. Die Politik wird von den völlig neuen Herausforderungen der Pandemie an ihre Leistungsgrenzen gebracht. Gewaltenteilung und Föderalismus brauchen mehr Zeit, als zur Verfügung steht und auch der wissenschaftliche Informationsstand ist in ständiger Bewegung. Ergebnis ist ein erratischer Zickzackkurs von Maßnahmen, der nur ungenügend kommunikativ begleitet wird. Ganz im Gegenteil geht es in den Medien viel stärker um Personen als um Inhalte. Politikerinnen und Politikern im Wahlkampfmodus wird demütig eine Plattform geboten, um sich boulevardtauglich entweder als Hardliner oder bürgerfreundlichste Liberale darzustellen und die unverhofft ins Rampenlicht gerückten Virologinnen und Virologen machen es ihnen in zahllosen Talkshows munter nach.

Aufgabe der Medien wäre es in einer solchen Situation doch eigentlich, Erklärungen einzufordern, Fakten jenseits offizieller Sprachregelungen zu recherchieren und Gegenpositionen Raum zu geben. Wie wenig diese Chance genutzt wird, zeigt eine Studie der Rudolf-Augstein-Stiftung. Sie untersucht die Qualität der Corona-Berichterstattung von elf Leitmedien anhand der Kriterien Relevanz, Vielfalt, Sachlichkeit/Neutralität, Richtigkeit/Sachgerechtigkeit, Ausgewogenheit und Einordnung/Kontextualisierung. Die Ergebnisse zeigen, dass die Berichterstattung durchgängig personenfokussiert ist, wobei ein klarer Schwerpunkt auf Unionspolitikerinnen und -politikern liegt. Inhaltlich wird die kontroverse wissenschaftliche Diskussion der Pandemie in Richtung eines so nicht vorhandenen Konsenses geglättet, eine übergreifende Perspektive durch den Vergleich mit anderen Krankheiten oder pandemischen Ereignissen wird nicht geschaffen. Auf dieser Basis werden die Maßnahmen zur Bekämpfung der Pandemie überwiegend als angemessen oder sogar zu schwach bewertet (Maurer et al. 2021). Die Hypothese einer Determination der Medien durch die Politik oder zumindest einer massiv politikgesteuerten Intereffikation bestätigt sich also auch in der Pandemie. Teilweise gehen die Medien sogar noch über diese passive Rolle hinaus. So schreibt Philipp Oehmke im Spiegel online, die Zeit der Neutralität sei vorbei und schlägt damit quasi eine Dienstverpflichtung von Journalistinnen und Journalisten im Kampf für die gute Sache vor (Oehmke 2020).

Das alles ist gut gemeint, trägt aber nicht dazu bei, das Image der Medien in der Öffentlichkeit zu verbessern. Journalistinnen und Journalisten werden durch ihre passive bis devote Haltung zu Überbringerinnen und Überbringern unliebsamer Botschaften, die sie nicht zu verantworten haben. Potenziert wird das Missfallen in der Pandemie durch die massiven, aber nicht konsistent begründeten Eingriffe ins tägliche Leben. Bei den meisten Menschen wird sich das Misstrauen gegenüber den Medien dadurch weiter festigen. Nicht wenige finden sich auf Demonstrationen wieder, auf denen sie ihr Leben zurückfordern und dabei nicht nur die Politik, sondern auch die Presse zum Teufel wünschen.

2.2 „Die da draußen haben keine Ahnung" – vom Vorurteil zur Sprachregelung

Determinationshypothese und Intereffikationsmodell zeigen, wer im Kommunikationsgeschäft die größere Macht hat und welche Folgen dies für die Reputation der Medien als Überbringer politischer Botschaften mit sich bringt. Das Beispiel Corona verdeutlicht, wie eine erratische Kommunikationspolitik Vertrauen zerstört und Menschen sogar in die Fänge von Verschwörungstheorien treiben kann. Die Querdenker-Demonstrationen der Pandemie sind aber nur die Spitze eines Eisbergs. Genau wie das Aufbegehren der „Gilets Jaunes" (Gelbwesten) in Frankreich wären sie nicht denkbar ohne eine lange Leidensgeschichte des Volks mit der politischen Kommunikation seiner parlamentarischen Vertreterinnen und Vertreter. Nicht ohne Grund haben Politikerinnen und Politiker im Ranking der Vertrauenswürdigkeit schon lange den letzten Platz abonniert. Die Frage lautet also nicht nur: Wer ist der Chef und wer der Bote im Kommunikationsgeschäft? Mindestens ebenso wichtig ist die Frage, warum der Politik niemand mehr ihre Botschaften glauben mag.

Auch hier hat die Kommunikationswissenschaft eine Antwort zu bieten. Dafür muss man allerdings zunächst etliche Jahrzehnte in der Geschichte zurückspringen. 1945 landen die Streitkräfte der USA bei ihrem Feldzug im Pazifik auch auf Iwo Jima. Im erbitterten Kampf um die strategisch wichtige Insel erproben die Japaner ein Werkzeug der psychologischen Kriegsführung, für das es damals noch nicht einmal einen Namen gibt. Sie werfen Flugblätter ab, in denen sie die schwarzen Soldaten der amerikanischen Truppen auffordern, sich zu ergeben oder zu desertieren, da sie als unterdrückte Minderheit letztlich mehr Gemeinsamkeiten mit den asiatischen Inselverteidigern als ihren weißen Offizieren hätten. Die Soldaten lassen sich von dieser Propaganda nicht beeindrucken. Ihre Offiziere überschätzen die Beeinflussbarkeit ihrer Untergebenen aber so massiv, dass sie in Panik geraten und ihre Einheiten ohne jeden faktischen Grund zeitweilig abziehen. Dieses Ereignis, bei dem eine konkrete Handlung aus einer psychologischen Fehleinschätzung resultiert, hat der Soziologe W. Phillips Davison im Hinterkopf, als er 1978 eine Studie durchführt, um den zugrunde liegenden Mechanismus zu analysieren. Er lässt dabei seine Versuchspersonen einschätzen, welche Wirkung die Berichterstattung über die Weigerung eines Wahlkampfkandidaten in New York, seine Steuererklärung offenzulegen, auf die gesamten Bürgerinnen und Bürger der Stadt und auf die Versuchsperson selbst hat. Auf einer Skala von 1 (keinerlei Einfluss) bis 7 (sehr großer Einfluss) ist der Mittelwert für die Bürgerinnen und Bürger 3,4, für die Versuchsperson selbst 2,3. 48 % der Befragten stimmen der Aussage zu, dass die Berichterstattung einen größeren Einfluss auf die Gesamtbevölkerung hat als auf sie selbst, und nur 6 % sehen das umgekehrt (Davison 1983, S. 4–7). Das mittlerweile von einer Vielzahl weiterer Studien bestätigte Ergebnis (Perloff 1993) ist also, dass ein Mensch bei der Beurteilung potenzieller Kommunikationswirkungen andere Personen in der Regel für beeinflussbarer als sich selbst hält – und das umso ausgeprägter, je weiter diese Personen von seinem sozialen Umfeld entfernt sind. (Davison 1983) Davison drückt diese Distanz durch Personalpronomen aus. Die befragte Person ist dementsprechend „Ich", das nahe Umfeld als Gegenüber „Du" und das entfernte Umfeld „Er/Sie/Es", sprich die Dritte Person. Dementsprechend bezeichnet er den von ihm identifizierten Mechanismus als Third-Person-Effect.

Dass man sich selbst für schlauer hält als die Menschen auf der anderen Straßenseite, ist zunächst einmal keine besonders überraschende Erkenntnis. Brisant wird der Mechanismus aber dadurch, dass aus den von keinerlei Fakten gestützten Vermutungen über die Manipulierbarkeit der Menschheit sehr häufig konkrete Entscheidungen abgeleitet werden. Auf den Third-Person-Effect folgt bei Davison also die Third-Person-Behavior: „The impact that they expect this communication to have on others may lead them to take some action." (Davison 1983, S. 3) Wenn beispielsweise angenommen wird, dass Menschen den Werbebotschaften für Tabak hilflos ausgeliefert sind, liegt es nahe, solche Werbung vorsichtshalber zu verbieten, Wenn Jugendlichen zugeschrieben wird, dass sie alkoholhaltigen Süßgetränken (merkfähiger Alkopops genannt) nicht widerstehen können, scheint die Einführung einer lenkenden Sondersteuer im AlkopopStG (Gesetz über die Erhebung einer Sondersteuer auf alkoholhaltige Süßgetränke (Alkopops) zum Schutz junger Menschen) von 2004 die probateste Lösung zu sein. Eine sachliche Debatte, die den armen Third Persons eine individuelle Entscheidung ermöglichen würde, kann man sich sparen, wenn man Menschen außerhalb des eigenen Umfelds generell die nötige Intelligenz für eine solche Entscheidung abspricht.

In einer Welt, die von immer komplexeren Zusammenhängen geprägt ist, erhält ein *Denkmodell, welches die Folgen von Kommunikationsmaßnahmen tendenziell überschätzt*, die Fähigkeit zur kritischen Reflexion bei den Rezipientinnen und Rezipienten aber ebenso deutlich unterschätzt, eine immer wichtigere Rolle. Konsequenz ist eine wachsende Kluft zwischen politischem Handeln und politischer Kommunikation, zwischen den tatsächlichen Folgen politischer Entscheidungen und den wohlklingenden Sprachregelungen, mit denen sie begründet werden. Ein gutes Beispiel hierfür liegt mittlerweile über 30 Jahre zurück. In einer Fernsehansprache anlässlich des Inkrafttretens der Währungs-, Wirtschafts- und Sozialunion am 1. Juli 1990 verspricht der damalige Bundeskanzler Helmut Kohl den Bürgerinnen und Bürgern der neuen Länder, dass es gelingen wird, „Mecklenburg-Vorpommern und Sachsen-Anhalt, Brandenburg, Sachsen und Thüringen schon bald wieder in blühende Landschaften zu verwandeln, in denen es sich zu leben und zu arbeiten lohnt." (Kohl 1990) Diesem Versprechen steht allerdings eine Realität gegenüber, in der die DDR-Wirtschaft für kleines Geld von der Treuhand Richtung Westen abgewickelt wird und mehr als die Hälfte der arbeitenden Bevölkerung in Arbeitsbeschaffungs- und Qualifizierungsmaßnahmen abrutscht. Nach dem Verlust der konservativen Mehrheit übernimmt Gerhard Schröder dann den Staffelstab. An der Dominanz des Third-Person-Effekts in der Kommunikation ändert sich dadurch allerdings wenig. Schröders großes Projekt ist die Agenda 2010, mit der er ab 2003 das Sozialsystem der Bundesrepublik grundlegend verändert, um es an veränderte wirtschaftliche und demografische Bedingungen anzupassen (Schröder 2003). Faktisch läuft eine Vielzahl der Agenda-Maßnahmen auf die Kürzungen von Sozialleistungen und die Verschärfung von Regeln für ihren Bezug hinaus. Für eine sozialdemokratische Partei ist dies ein grundlegend neues Konzept mit ganz erheblichem Erkläraufwand gerade gegenüber den eigenen Wählerinnen und Wählern. Die politische Kampagne setzt allerdings deutlich stärker auf seine politische Durchsetzung als auf eine breite Kommunikation gegenüber der Bevölkerung. Schon im politischen Umfeld spielen Dialog und Konsensfindung daher kaum noch eine Rolle, selbst die Abspaltung des linken Parteiflügels in die WASG (Wahlalternative Arbeit und soziale Gerechtigkeit) wird in Kauf genommen (Nullmeier 2008). Gegenüber der Öffentlichkeit wird dann noch nicht einmal der Versuch gemacht, das Maßnahmenpaket als Ganzes zu begründen. Bei den Bürgerinnen und Bürgern kommt die Agenda daher als Bündel unverknüpfter Einzelmaßnahmen an, die nur notdürftig als notwendige Reformen verargumentiert werden und das Vertrauen in die Regierung massiv erschüttern (Nullmeier 2008). Dies setzt sich dann in der auf Schröder folgenden Ära Merkel fort. Hier wird die Etikettierung einer Maßnahme als „alternativlos" praktisch zu ihrem Markenzeichen. Prominente Beispiele sind die Kommunikation zum Einsatz in Afghanistan (Merkel 2009) und die Finanzhilfen für Griechenland (Merkel 2010). Wenn allerdings das Ergebnis eines komplexen Entscheidungsprozesses als alternativlos verkauft wird, obwohl mit Sicherheit im Vorfeld eine Vielzahl von Alternativen diskutiert und verworfen worden sind, läuft dies letztlich auf eine Kommunikationsverweigerung gegenüber der Bevölkerung hinaus. Dies macht den Begriff „alternativlos" nicht nur zum Unwort des Jahres 2010 (Schlosser 2011), sondern brockt der Republik auch eine neue Partei am rechten Rand ein, die sich als Alternative für Deutschland (AfD) positioniert.

Wenn Politik sich habituell davor drückt, ihrem Wahlvolk komplexe Entscheidungen verständlich zu erklären und bittere Pillen zunehmend hinter medientauglichen Schlagworten und Sprachregelungen versteckt, hat das erhebliche Auswirkungen auf den demokratischen Diskurs. Aus der immer stärker spürbaren Diskrepanz zwischen wohlklingenden Botschaften und schmerzhaften Veränderungen der erlebten Wirklichkeit resultiert ein tief verankertes Misstrauen, das nicht nur die Politik, sondern auch die Medien als Überbringer dieser Botschaften trifft. Paradoxerweise sorgt dabei gerade die Professionalität der von PR-Expertinnen und -Experten entwickelten und von exzellenten (Ex-)Journalistinnen und -Journalisten medial umgesetzter Kommunikation für eine Entwertung des politischen Diskurses, der als Kampf mit ungleichen Waffen begriffen wird. Wenn Optionen nicht mehr ausführlich und faktenbezogen abgewogen werden, kann die Bürgerin oder der Bürger nur noch dafür oder dagegen sein – für eine sachliche Diskussion fehlen schlicht die Argumente. Dies betrifft nicht nur den Dialog mit der Politik, sondern auch und vor allem den Dialog zwischen Bürgerinnen und Bürgern unterschiedlicher Meinung. Hier ersetzt zunehmend die moralische Verurteilung jede auf Verständigung und wechselseitiges Dazulernen ausgerichtete Diskussion. Ein solches Umfeld spielt allen in die Hände, die einfache Antworten jenseits der offiziellen Sprachregelungen anzubieten haben. Ehemalige Volksparteien drohen in die Bedeutungslosigkeit abzurutschen, extreme Parteien, die wahlweise von links eine Rückkehr in die 70er oder von rechts eine Rückkehr in die 50er versprechen, gewinnen an Raum. Hinzu kommt eine wachsende Bereitschaft, Welterklärungen von Rattenfängern aus den Niederungen von esoterischen Ersatzreligionen und Verschwörungstheorien nachzulaufen. Wie dann selbst kleine Anlässe große Protestbewegungen mobilisieren, zeigen die Bezinpreisrevolten in Frankreich; welches Radikalisierungspotenzial diese Gemengelage hat, machen hierzulande die Reichsbürgerinnen und -bürger deutlich.

Dass es auch anders geht und wie willkommen eine ehrliche Ansprache der Bevölkerung ist, zeigt die große positive Resonanz der sehr deutlichen Aussagen des Wirtschaftsministers Robert Habeck im Zuge der Russland-Ukraine-Krise 2022: Habeck stellt in vielen Interviews dar, dass durch den Krieg und die starke Abhängigkeit von russischem Gas und Öl auf die Bürgerinnen und Bürger harte Zeiten zukommen werden, die nicht kompensierbar sind (Habeck 2022) und wird für diesen „neuen Politikstil" zumindest temporär medial gefeiert (Morgenpost 2022). Es geht also auch bei wichtigen wie komplexen Themen anders. Wie können die Medien selbst dazu beitragen, mehr Ehrlichkeit in die politische Kommunikation zurückzubekommen?

2.3 In den Rahmen gesetzt – Die Deutungsmacht der Medien

Bisher übernehmen die Medien in diesem Kapitel keine besonders beeindruckende Rolle. Im Blickwinkel der Determinationshypothese sind sie wenig mehr als Erfüllungsgehilfen ihrer Stichwortgeber aus Politik und Wirtschaft und selbst die Chancen, welche ihnen das Intereffikationsmodell einräumt, scheinen sie im Bevormundungsmodus („Third-Person-Behavior") kaum zu nutzen. Aber sind die Medien tatsächlich so machtlos, wie es hier den Anschein macht?

Mit der Antwort auf diese Frage tut sich die Kommunikationswissenschaft schwer. In den letzten hundert Jahren schwingt das Pendel mehrfach zwischen der Unterstellung einer starken und einer schwachen Medienwirkung hin und her (Bonfadelli 1999). Von den Jahren vor dem ersten Weltkrieg bis zum Ende des zweiten Weltkriegs dominiert beispielsweise die Vorstellung wirkungsstarker Medien, denen die Bevölkerung hilflos ausgesetzt ist. Hierzu trägt vor allem die Verbreitung des Radios bei. Die Verfügbarkeit eines neuen Massenmediums, mit dem sich die gesamte Bevölkerung ansprechen lässt, fasziniert Demagogen und ihre Widersacher gleichermaßen. Die Nationalsozialisten hetzen das deutsche Volk über den Äther in Krieg und Totalitarismus, aus England hält Thomas Mann mit seinen Radioansprachen dagegen und in den USA mobilisiert Theodor Roosevelt per Radio die amerikanische Bevölkerung für den Kampf gegen die Achsenmächte in West und Ost. Die Theorie hinter dem Konzept der starken Medienwirkung ist simpel: Ein Kommunikator setzt mit seiner Botschaft einen Stimulus und alle seine Rezipientinnen und Rezipienten – vereinfacht als undifferenzierte Masse verstanden – erliegen dieser Botschaft. Für die wissenschaftliche Untermauerung der griffigen Theorie bleibt zunächst allerdings keine Zeit, es reicht, dass Propaganda anscheinend funktioniert. Erst 1940 werden Paul F. Lazarsfeld, Bernard Berelson und Hazel Gaudet damit beauftragt, die Mechanismen der Medienwirkung anhand des amerikanischen Präsidentschaftswahlkampfs zu untersuchen. Die Ergebnisse der berühmten Peoples Choice-Studie (Lazarsfeld et al. 1944) sind allerdings ernüchternd: Den Medien gelingt es kaum, neue Vorstellungen in den Köpfen ihrer Rezipientinnen und Rezipienten zu verankern. Bestenfalls verstärken sie schon vorhandene Meinungen und selbst dabei spielt das soziale Umfeld offensichtlich eine größere Bedeutung als die mediale Botschaft. Bis in die siebziger Jahre schlägt das Pendel als Folge dieser und ähnlicher Studien in Richtung einer schwachen Medienwirkung aus. Erst als die Kommunikationswissenschaft im Umfeld der intensiven gesellschaftlichen Diskussionen der 1960er-Jahre wieder an Fahrt aufnimmt, wird die Wirkungsmacht der Medien erneut diskutiert.

Bernhard Cohen stellt bereits Anfang des Jahrzehnts eine These in den Raum, welche die Medienwirkungsforschung mit einigen Jahren Verzögerung auf eine neue Fährte setzen wird: „The press may not be successful much of the time in telling people what to think, but it is stunningly successful in telling its readers what to think about." (Cohen 1963, S. 13) Fünf Jahre später beginnen Maxwell McCombs und Donald Shaw eine Reihe von Studien, in denen sie diese These empirisch überprüfen. In der Chapel-Hill-Studie befragen sie 100 Personen, welche zwei oder drei Aufgaben die Politik gerade vorrangig bewältigen sollte. Parallel wird ermittelt, welche Themen die Medien in diesem Zeitraum priorisieren (McCombs und Shaw 1972). Das Ergebnis bestätigt Cohens These – Publikumsagenda und Medienagenda sind nahezu deckungsgleich, die Medien haben also erheblichen Einfluss auf die Inhalte der öffentlichen Diskussion (McCombs und Shaw 1972). In den folgenden Jahren werden weitere Studien durchgeführt, welche differenzierter beleuchten, nach welchen Mechanismen das *Agenda Setting* abläuft. Unbestritten bleibt dabei der Grundmechanismus. Unabhängig davon, ob der Impuls von den Medien selbst kommt oder ihnen von anderen Akteuren vorgegeben wird, entscheiden Medienhäuser darüber, mit welcher Priorität Themen diskutiert und damit letztlich auch bearbeitet werden. Vielleicht wäre beispielsweise die eine oder andere Autobahnbrücke eher repariert worden, wenn die Lage der Verkehrsinfrastruktur höher auf der Medienagenda gestanden hätte und vielleicht würde es an deutschen Schulen mehr Computer und weniger Unterrichtsausfälle geben, wenn die pädagogische Diskussion in den Medien nicht seit einem halben Jahrhundert den Fokus auf Schulformdebatten legen würde.

Mit dem Konzept des Agenda Setting wird den Medien wieder eine größere Wirkungsmacht im gesellschaftlichen Diskurs zugesprochen. Zunächst geht es hierbei allerdings nur um den Einfluss der Medien darauf, über welche Themen diskutiert wird. Welche Position Rezipientinnen und

Rezipienten in der häufig kontroversen Diskussion dieser Themen einnehmen, bleibt dabei aber außerhalb des Einflussbereichs der Medien. Dieses Defizit räumt eine Weiterentwicklung der Theorie aus. Im sogenannten Second Level Agenda Setting werden Mechanismen identifiziert, mit denen die Medien im Diskurs auch die Deutungshoheit gewinnen, die Medien bestimmen also nicht mehr nur wie bei Cohen, worüber nachgedacht wird, sondern auch, wie gedacht wird. (McCombs et al. 1997) Ausschlagend hierfür sind weniger die von den Medien vermittelten Informationen, sondern Attribute, die einen Rahmen für die Interpretation dieser Informationen liefern. Dies kann ein Kontext sein, in den die Information eingebettet wird, die Betonung oder Vernachlässigung bestimmter Eigenschaften oder auch eine implizite Bewertung. Als Bezeichnungen für diese Methode der medialen Beeinflussung haben sich die Begriffe Framing und Priming durchgesetzt, die beide nahe verwandte Vorgehensweisen beschreiben. Beim Framing werden Information und Attribute gemeinsam kommuniziert, beispielsweise in der Berichterstattung über Flüchtlinge wahlweise positiv durch die Kopplung mit berührenden Kinderbildern oder negativ durch bedrohlich wirkende Großgruppen. Beim Priming schaffen dagegen in einem ersten Schritt vermittelte Informationen einen Rahmen, in den später weitere Informationen eingeordnet werden. Wird beispielsweise häufig über die Teilnahme eines Politikers an Oligarchenpartys berichtet, werden spätere Entscheidungen dieses Politikers mit hoher Wahrscheinlichkeit auf Korruptionstendenzen hinterfragt werden, selbst wenn eine mögliche Parteilichkeit in der aktuellen Meldung überhaupt nicht erwähnt wird. Unabhängig davon, ob unmittelbar ein Framing genutzt oder langfristig auf Priming gesetzt wird, bleibt der Grundmechanismus gleich, einzelne Elemente eines Informationsangebots herauszuheben, um die Deutungsrichtung von Rezipientinnen und Rezipienten zu beeinflussen. „To frame is to select some aspects of a perceived reality and make them more salient in a communication text in such a way as to promote a particular problem definition, causal interpretation, moral evaluation and/or treatment recommendation for the item described." (Entman 1993, S. 52) In der aktuellen Diskussion wird der Schwerpunkt meist auf sprachliche Mechanismen gelegt. Framing- und Primingmechanismen werden dabei häufig sogar auf den Einsatz wertender Adjektive oder Metaphern verkürzt. Dies ist mit Sicherheit ein wichtiger Wirkungsbereich. Mindestens ebenso wichtig ist aber die Auswahl von Sach- und Begleitinformationen und mit Sicherheit noch wichtiger die Begleitung mit visuellen Impulsen. Wie stark die Wirkung gerade dieses Instruments ist, zeigt eine Vielzahl von Beispielen aus der jüngeren Vergangenheit. In der Flüchtlingskrise von 2015 sind es Bilder individueller Schicksale wie beispielsweise des am Strand von Bodrum leblos angespülten zweijährigen Alan Kurdi, die eine beispiellose Welle der Hilfsbereitschaft auslösen. Wenig später sind es dann Bilder bedrohlich wirkender Menschenmassen, welche die Hilfsbereitschaft in Teilen in Fremdenfeindlichkeit umschlagen lassen und die Menschen nicht mehr mit Teddybären zum Bahnhof, sondern mit Pegida-Plakaten auf die Straße bringen. Ähnlich wird während der Corona-Pandemie gezielt auf beängstigende Bilder aus Intensivstationen gesetzt, um die Einhaltung des Lockdowns und später die Impfbereitschaft zu stärken. Ob und inwieweit mit Angstkommunikation und Furchtappellen Verhalten geändert werden kann, ist in der Kommunikationswissenschaft allerdings sehr umstritten (Hastall 2016).

2.4 Digitalisierung – Neue Regeln für ein altes Spiel

Was in diesem Kapitel bisher beschrieben wurde, ist die traditionelle Medienwelt, in der wenige professionelle Akteurinnen und Akteure ihre Botschaften über Massenmedien, wie Fernsehen, Radio oder Zeitung an die Rezipientinnen und Rezipienten draußen im Lande senden. Dieses Megafon-Modell bestimmt weiterhin große Teile der medialen Kommunikationslandschaft und alleine schon die Anfeindung der Presse in den aktuellen Krisen zeigt, für wie bedeutend die Rolle der traditionellen Meinungsbildungskanäle in der Bevölkerung noch gehalten wird.

Faktisch schwindet diese Bedeutung aber schon lange. Bei den Printmedien beginnt schon unmittelbar nach dem zweiten Weltkrieg ein Konzentrationsprozess, in dem die Zahl an Publikationen kontinuierlich sinkt, die Marktmacht einzelner Publikationen im Wettbewerb steigt und immer mehr Stufen der Medienproduktion in einer Hand zusammengeführt werden. Parallel beginnen auch damals schon Initiativen von Printverlegern, das öffentlich-rechtliche Rundfunkmonopol aufzubrechen (Knoche 1996). Die Konzentration im Printbereich schreitet weitgehend ungestört voran und auch der Sturz des Rundfunkmonopols gelingt 1985. Erst in den 90er-Jahren, als es faktisch kaum noch Konzentrationsobjekte gibt und aus Zeitungsverlagen multimediale Kommunikationskonzerne geworden sind, schwenkt die Politik von der Konzentrationsförderung zur Konzentrationskontrolle um (Knoche 1996). Exakt auf diesem Gipfel der Macht, bei dem wenige Medienhäuser den Printmarkt beherrschen und dem öffentlich-rechtlichen Rundfunk mit einer Unzahl unterhaltungsfokussierter Sender das Wasser abgraben, taucht mit dem World Wide Web ein Widersacher auf, der die Zeitung zur aussterbenden Spezies macht und eine wirtschaftliche Situation schafft, in der seriöser Journalismus kaum noch finanzierbar ist. Das Internet stellt die klassischen Geschäftsmodelle der Medienhäuser rigoros in Frage und welche Lösung, von der reinen Anzeigenfinanzierung über vollständige oder partielle Bezahlmodelle wirtschaftlich tragfähig ist, bleibt bis heute unklar. Durch die flächendeckende Verbreitung von Social Media verändern sich die Spielregeln dann noch einmal vollständig. Die Unterscheidung zwischen Kommunikatorinnen bzw. Kommunikatoren und Rezipientinnen bzw. Rezipienten ist obsolet geworden, als Prosumer (Toffler 1983) sind alle Akteure im digitalen Raum nicht nur Empfänger (consumer) von Botschaften, sondern zumindest potenziell auch Sender (producer).

Für die alten Leitmedien bedeutet die neue Kommunikationslandschaft zunächst einen massiven Reichweitenverlust. Die Langzeitstudie Massenkommunikation analysiert seit 1964 in Fünfjahres-Intervallen das mediale Informationsverhalten der deutschen Bevölkerung. Die aktuellste Studie aus dem Jahr 2020 zeigt, dass das täglich für den Medienkonsum aufgewendete Zeitbudget bis etwa 2005 kontinuierlich ansteigt und dann nach einem Maximalwert von 10:00 h wieder leicht auf 9:27 h absinkt. Klassische Medien haben daran aber selbst im Durchschnitt der Gesamtbevölkerung nur noch einen Anteil von 5:25 h – die restlichen gut 40 % der Zeit werden im Internet verbracht (Breunig et al. 2020, S. 414). Betrachtet man nur die Gruppe jüngerer Bundesbürger im Alter von 14–29 Jahren wird das Bild noch extremer. Hier haben Offline-Medien nur noch einen Anteil von knapp 20 % am Gesamtmedienkonsum von 10:21 h täglich (Breunig et al. 2020, S. 414). Am härtesten trifft es die Printmedien. Hier sinkt die Reichweite in der Gesamtbevölkerung seit 2005 von gut 60 % auf 22 % (Breunig et al. 2020, S. 417), bei den Mediennutzenden zwischen 14 und 29 Jahren sinkt der Wert von über 40 % auf lächerliche 6 %. Selbst das Fernsehen erreicht hier nur noch eine Reichweite von 38 %, die 86 % Gesamtreichweite von Bewegtbildangeboten werden also zum größeren Teil im Internet erreicht (Breunig et al. 2020, S. 420). Dementsprechend liegt der Altersdurchschnitt der Zuschauer von ARD und ZDF mittlerweile bei über 60 Jahren (Hartung 2020), die ehemaligen Leitmedien der Nation verwandeln sich also unaufhaltsam zu gebührenfinanzierten Informations- und Unterhaltungsinstitutionen für Seniorinnen und Senioren.

Die beschriebenen Reichweitenverluste bedeuten dabei weit mehr als nur quantitative Verschiebungen bei der Mediennutzung. Qualitativ führt schon der Zwang zum Bild – und immer häufiger zum Bewegtbild – zur inhaltlichen Veränderung von Kommunikationsinhalten. Crossmedialität wird von Journalistinnen und Journalisten mit ohnehin schon knappen Zeitbudget gefordert und verschiebt zumindest teilweise den Fokus weg von der tiefen inhaltlichen Durchdringung hin zur Beherrschung verschiedener Kanäle. Die Botschaften eines Hintergrundbildes oder einer Videoeinspielung sind zwangsläufig undifferenzierter als die begleitende Tonspur, fatalerweise erreichen sie aber deutlich höhere Effekte bei Aufmerksamkeit und Merkfähigkeit (Kepplinger 2014). Um die Botschaften nicht durch eine Text-Bild-Schere zu schwächen, wird sich der Text also tendenziell der schlichteren Botschaft des Bildes angleichen. Noch wichtiger als diese Veränderung in den klassischen Medien ist die generelle Abwanderungsbewegung junger Kohorten in Richtung Streaming. Wo der Fernseher nicht mehr zur Grundmöblierung einer Wohnung gehört und der gesamte Unterhaltungsbedarf von Netflix und Co. abgedeckt wird, rückt damit auch das professionell kuratierte Informationsangebot linearer Fernsehsender außer Sichtweite und hinterlässt eine Lücke, die anderweitig gefüllt werden muss.

In einer medienskeptischen, aber informationshungrigen Gesellschaft steht dem Bedeutungsverlust der ehemaligen Leitmedien zwangsläufig ein Bedeutungsgewinn neuer Kommunikationskanäle gegenüber. Dies sind zum einen die Online-Ableger der klassischen Medien, die inzwischen auch Websites und Social Media bespielen. Vor allem aber sind es völlig neue Akteure, die im digitalen Raum jetzt selbst als Einzelpersonen auf Augenhöhe mit Mediengiganten agieren können. Politikerinnen und Politiker sowie Wirtschaftsgrößen entdecken, dass sie über beispielsweise Twitter direkt mit ihren Zielgruppen kommunizieren können, ohne den Umweg über Medien nehmen zu müssen. Gleichzeitig erleben diese Akteurinnen und Akteure aber auch, dass sie unter medialer Dauerbeobachtung stehen, seitdem nicht mehr nur professionelle Medienschaffende ihre Kameras und Mikrofone auf sie richten, sondern alle Bürgerinnen und Bürger mit seinem Smartphone eine potenzielle Nachricht erzeugen können. Diese *Medialisierung des Alltags* erzwingt, dass nahezu jede Handlung von Personen des Zeitgeschehens unter kommunikativen Gesichtspunkten betrachtet werden muss – und genutzt werden kann (Blumler und Kavanagh 1999).

Eine der folgenreichsten Veränderung der Digitalisierung ist die Erosion eingespielter Regelsysteme für die professionelle Kommunikation. Gesetzliche Vorgaben definieren hier einen rudimentären, für alle Akteurinnen und Akteure gültigen Rahmen. Der schwerfällige Mechanismus der Gesetzgebung hat aber Mühe, mit der technischen Entwicklung Schritt zu halten und muss zudem neue Lösungen finden, um nationale Normen gegenüber aus dem Ausland agierenden Serverbetreibern und übermächtigen IT-Giganten durchzusetzen. Letztlich konzentrieren sich die rechtlichen Vorgaben daher auf das bekannte Terrain von Persönlichkeits-, Marken- und Werberecht, ergänzt durch die Datenschutzregelungen der EU. Für den kommunikativen Alltag erheblich bedeutsamer als dieser rechtlichen Rahmen sind die medienethischen Selbstverpflichtungen, denen sich alle Professionellen in Journalismus und PR unterwerfen. Hier geht es nicht mehr nur darum, was man darf, sondern auch darum, was man nicht tun will, obwohl man es dürfte. Auf die Kodizes für Medien und PR und deren Umsetzung wird im Folgekapitel genau eingegangen. Es leuchtet ein, dass diese Selbstverpflichtungen bei professionellen Journalistinnen und Journalisten leichter durchsetz- und kontrollierbar sind als bei dem Millionenheer der laienhaften Selbstinszenierungen in Social Media.

Im Folgekapitel wird auch die veränderte Rolle von Medien als Türwächter (Gatekeeper) im Strom der Themen hinterfragt. Längst sind diese von Social Media umlaufen und vieles, was nach komplett unterschiedlichen Standards recherchiert und produziert wurde, steht im Web scheinbar gleichwertig nebeneinander. Genau geprüfte Beiträge sind von

Fake News und Meinungen kaum zu unterscheiden. Jeder kann sich bestätigt fühlen, wahr ist, was oft genug gesagt wird.

Zusätzlich problematisch wird diese Entwicklung vor dem Hintergrund der am Anfang dieses Kapitels beschriebenen Medienskepsis. Wenn gerade die Professionalität der klassischen Medien ihre Beiträge als „systemnah" abwertet, hilft weder eine noch größere Professionalisierung der Branche noch eine Umdefinition der Gatekeeper-Rolle in Richtung des Gatewatching, bei dem Journalistinnen und Journalisten die Informationen der digitalen Kanäle kuratieren (Bruns 2009). Die klassischen Medien werden also nicht umhinkönnen, die Brücke zu verlorenen Zielgruppen – zudem noch in neuen Kanälen – völlig neu aufzubauen. Dies ist ein schwerer, aber nötiger Weg. Wie wichtig eine professionelle, faktenbasierte und ethischen Normen verpflichtete Berichterstattung ist – und wie verhängnisvoll ihr Fehlen – zeigt sich aktuell im Ukrainekrieg. Die russischen Medien agieren exakt nach dem Grundmuster totalitärer Kriegsberichterstattung im digitalen Zeitalter. Objektive Informationen werden unterdrückt und das entstehende Vakuum durch Desinformationskampagnen gefüllt. Und ehrlicherweise muss man den Blick nicht nur nach Osten wenden. Überall dort, wo die Dualität aus Rechtsstaat und Demokratie in Frage gestellt wird, werden Medien zur „Lügenpresse" und neutrale Nachrichten zu „Fake News" umgedeutet. „Alternative Wahrheiten" können dann ungestraft die Erde zur Scheibe umdefinieren – Hauptsache man hat genügend Druck in den sozialen Kanälen.

Literatur

Baerns, B. (1979). Öffentlichkeitsarbeit als Determinante journalistischer Informationsleistungen. Thesen zur Beschreibung von Medieninhalten. Publizistik (24)3: 301–316

Baerns, B. (1985). Öffentlichkeitsarbeit oder Journalismus? Zum Einfluß im Mediensystem. Verlag Wissenschaft und Politik, Köln

Bentele, G.; Liebert, T.; Seeling, S. (1997). Von der Determination zur Intereffikation. Ein integriertes Modell zum Verhältnis von Public Relations und Journalismus. in Bentele, G.; Haller, M. (Hrsg.) Aktuelle Entstehung von Öffentlichkeit. Akteure, Strukturen, Veränderungen. UVK, Konstanz: 225–250

Blumler, J.G.; Kavanagh, D. (1999). The Third Age of Political Communication: Influences and Features. Political Communication (16): 209–230.

Bonfadelli, H. (1999). Medienwirkungsforschung 1. Grundlagen und theoretische Perspektiven. UVK, Konstanz

Breunig, C.; Marlene Handel, M.; Kessler, B. (2020). Ergebnisse der ARD/ZDF-Langzeitstudie Massenkommunikation 1964–2020. Mediennutzung im Langzeitvergleich. Medie Perspektiven (7–8): 410–432

Bruns, A. (2009). Vom Gatekeeping zum Gatewatching. Modelle der journalistischen Vermittlung im Internet. In: Neuberger, C.; C. Nuernbergk C.; Rischke, M. (Hg.). Journalismus im Internet. Profession–Partizipation–Technisierung. Springer VS, Wiesbaden: 107–128

Cohen, B. (1963). The press and foreign policy. Princeton University Press, Princeton

Davison, W.P. (1983). The Third-person effect in communication. In: The public opinion quarterly: Journal of the American Association for Public Opinion Research, 47 (1): 1–15.

Entman, R. M. (1993). Framing: toward clarification of a fractured paradigm. Journal of Communication, 43(4): 51–58

Habeck, R. (2022). Interview im Heute Journal vom 31.03.2022. https://www.youtube.com/watch?v=_skJpysT8vQ (abgerufen am 31.05.2022)

Hartung, H. (2020). Mehr Geld, weniger Leistung? Politik und Kultur. Zeitung des Deutschen Kulturrats (2): 4

Hastall, M. (2016). Wirkung von Furchtappellen in der Werbung. In: Siegert, G., Wirth, W., Weber, P., Lischka, J. (Hrsg) Handbuch Werbeforschung. Springer VS, Wiesbaden.

Ipsos (2021). Global Trustworthiness Index 2021. https://www.ipsos.com/en/global-trustworthiness-index-2021 (abgerufen am 03.03.2022)

Kepplinger, H.M. (2014). Nonverbale Kommunikation und Darstellungseffekte. In: Noelle-Neumann, E.; Schulz, W.; Wilke. J. (Hrsg) Fischer Lexikon Publizistik Massenkommunikation. Fischer, Frankfurt M.: 397–425

Knoche, M. (1996). Konzentrationsboom und Forschungsdefizite. Von der Presse- zur Medienkonzentrationsforschung. In: Altmeppen, K.D. (Hrsg.) Ökonomie der Medien und des Mediensystems. Grundlagen, Ergebnisse und Perspektiven medienökonomischer Forschung. Westdeutscher Verlag, Opladen: 102–120

Lazarsfeld, P.F.; Berelson, B.; Gaudet, H. (1944). The people's choice. How the voter makes up his mind in a presidential campaign. Columbia University Press, New York

Kohl, H. (1990). Fernsehansprache zum Inkrafttreten des Staatsvertrages mit der DDR am 1. Juli 1990. https://bit.ly/3zisHj3 (abgerufen am 08.03.2022)

Maurer, M.; Reinemann, C.; Kruschinski,J. (2021). Einseitig, unkritisch, regierungsnah? Eine empirische Studie zur Qualität der journalistischen Be-

richterstattung über die Corona-Pandemie. https://bit.ly/3DCeDUp (abgerufen am 05.03.2022)
McCombs, M.E.; Shaw, D.L. (1972). The Agenda-Setting Function of Mass Media. Public Opinion Quarterly, 36 (2): 176–187
McCombs, M.E.; Juan Pablo Llamas, J.P; Lopez-Escobar, E.; Rey, F. (1997). Candidate Images in Spanish Elections: Second-Level Agenda-Setting Effects. Journalism & Mass Communication Quarterly 74: 703–717
Merkel, A. (2009). Regierungserklärung von Bundeskanzlerin Dr. Angela Merkel zum G8-Weltwirtschaftsgipfel vom 8. bis 10. Juli 2009 in L'Aquila vor dem Deutschen Bundestag am 2. Juli 2009 in Berlin https://bit.ly/3DAt1MM (abgerufen am 08.03.2022)
Merkel, A. (2010). Regierungserklärung Griechenland helfen, den Euro sichern https://www.bundesregierung.de/breg-de/aktuelles/griechenland-helfen-den-euro-sichern-350628 (abgerufen am 08.03.2022)
Morgenpost (2022). Habeck erklärt die deutsche Energieversorgung – und das Netz flippt aus. https://www.mopo.de/news/politik-wirtschaft/habeck-erklaert-die-deutsche-energieversorgung-und-das-netz-flippt-aus/ (abgerufen am 31.05.2022)
Nissen, P.; Menningen, W. (1977). Der Einfluss der Gatekeeper auf die Themenstruktur der Öffentlichkeit. Publizistik, (2): 159–180
Nullmeier, F. (2008). Die Agenda 2010: Ein Reformpaket und sein kommunikatives Versagen. https://www.reformkompass.de/de/fallstudien/agenda-2010 (abgerufen am 08.03.2022)
Oehmke, P. (2020). Die Zeit der Neutralität ist vorbei. https://www.spiegel.de/kultur/new-york-times-die-zeit-der-neutralitaet-ist-vorbei-a-5ccaa4e4-eca2-4a2e-b2d7-22e6a484f8ce (abgerufen am 05.03.2022)
Pagán. E.V. (2006). Conspiracy Narratives in Roman History. University of Texas Press, Austin
Perloff, R.M. (1993). Third-Person effect research 1983–1992: A review and synthesis. In: International Journal of Public Opinion Research, 5 (2): 167–184
Redelfs, M. (2003). Recherche mit Hindernissen: Investigativer Journalismus in Deutschland und den USA. in: Wolfgang R. Langenbucher, W.R. (Hrsg.): Die Kommunikationsfreiheit der Gesellschaft: 208–238
Roisman, R. (2006). The Rhetoric of Conspiracy in Ancient Athens. University of California Press, Berkeley
Schlosser, D (2011). Das Unwort des Jahres 2010 heißt Alternativlos. https://www.unwortdesjahres.net/unwort/das-unwort-seit-1991/2010-2019/ (abgerufen am 08.03.2022)

Schröder, G. (2003). Regierungserklärung von Bundeskanzler Gerhard Schröder am 14. März 2003 https://dipbt.bundestag.de/doc/btp/15/15032.pdf (abgerufen am 08.03.2022)

Toffler, A. (1983). Die dritte Welle, Zukunftschance. Perspektiven für die Gesellschaft des 21. Jahrhunderts. Goldmann, München

3

„Ich bin Redakteur beim Postillon" – Vom Dilemma einer fehlenden geschützten Bezeichnung für den Journalismus als Beruf

Zusammenfassung In Deutschland ist der Journalismus-Beruf nicht geschützt ist und alle, die wollen, können sich theoretisch so nennen. Eigentlich könnte man recht gut an den Veröffentlichungen, der Arbeitsweise und der Biografie eines Autors oder einer Autorin erkennen, ob diese Person nach journalistischen Gütekriterien arbeitet oder nicht. Im Alltag stößt man aber immer wieder auf als Journalismus getarnte Fake News oder berufsethische Normverstöße von Laiinnen und Laien und schlampig arbeitenden Journalistinnen und Journalisten. Dies bringt die gesamte Profession in Misskredit und verringert das Vertrauen der Bevölkerung in die Medien erheblich. Andererseits liegt das Problem aber auch in der Bevölkerung selbst, die Fake News nicht als solche erkennen – besonders fatal in Zeiten, in denen mit den sozialen Medien die Grenzen zwischen Journalismus und Privatmeinung verschwimmen. Dieses Kapitel beschäftigt sich mit den rechtlichen und standesethischen Rahmenbedingungen für den Journalismus, der Journalistenausbildung und der Frage, wie die Medienkompetenz der Bevölkerung in einer dramatisch gewandelten Medienwelt gesteigert werden kann.

Ausgangsfrage

»Wenn Sie diesen Text kurz beiseitelegen, können Sie aufstehen und in Zukunft die Bezeichnung Journalist/-in führen, falls sie das nicht sowieso schon tun. Ob in Ihrem Blog genauso wie auf ihrem Türschild – niemand wird sie belangen. Wirklich? Und ist das die eigentliche Frage?

»11. November 2014. Die Kölner Polizei löst eine unangemeldete Demonstration auf. Die Beamtinnen und Beamten stellen bei den Beteiligten Schlagstöcke und Pyrotechnik sicher. Besonders schockierend: Die 50 Teilnehmenden sind minderjährig und gewaltbereit – nach dem Einsatz müssen mehrere Polizistinnen und Polizisten wegen Kratzern und Tritten ans Schienbein krankgeschrieben werden. Handelt es sich bei dem Vorfall um ein extremistisches Bündnis, das sich nur als Kindertagesstätte „Blaue Zwerge" ausgibt? Diese Meldung hört sich vielleicht wie Unsinn an – ist sie auch. Es handelt sich um einen sinnhaft wiedergegebenen Bericht des Nachrichtenportals „Der Postillon" zum St. Martinsumzug eines Kindergartens (Der Postillon 2014). Dieses Nachrichtenportal ist in Wirklichkeit eine der bekanntesten Satire-Seiten Deutschlands. Seriöse Nachrichten sind dort nicht zu finden, auch wenn die Texte auf den ersten Blick so klingen, als wären sie ernst gemeint. Der Postillon schreibt als Claim unter sein Logo: „Ehrliche Nachrichten – unabhängig, schnell, seit 1845". Die Seite ist aufgebaut wie viele andere Nachrichtenseiten auch und im Impressum findet man Mitglieder der Redaktion, die als Redakteure bezeichnet werden. Die sichere Information, dass es sich hierbei nicht um ein journalistisch arbeitendes Medium, sondern eine Satireseite handelt, erhält man erst in den häufig gestellten Fragen. Den meisten Menschen sollte es aber bereits nach dem Lesen eines oder mehrerer „Artikel" aufgefallen sein. Denkt man oder man hofft es zumindest. Für diese ist ein solcher Text einen Lacher oder wenigstens ein Schmunzeln wert.

Doch leider nehmen viele Menschen die Texte auch für bare Münze. So teilte zum Beispiel die ehemalige CDU- und heutige AfD-Politikerin Erika Steinbach im Jahr 2018 bei Twitter empört einen Postillon-Artikel mit dem Titel „Wegen Kreuz im Logo: Strenggläubiger Muslim will keinen Jägermeister mehr trinken" und schrieb darunter, dass strenggläubige Muslime ja eigentlich gar keinen Alkohol trinken dürften und sich Jägermeister somit keine Sorgen machen müsse. Es sei aber „schon dreist, was hier in Deutschland abgeht" (Steinbach 2018). Das ist ein Vorfall, der in erster Linie eine lustige Anekdote für die Menschen ist, die keine Fans von Frau Steinbach sind. Für Frau Steinbach ist es ein peinlicher Fauxpas. Es ist aber ebenso ein prominentes Beispiel für das Problem, um das es in diesem Kapitel geht, denn hier wurde Satire fälschlicherweise mit seriösem Journalismus verwechselt. Was beim Postillon lustig ist und in Normalfall keine ernsten Folgen hat, gibt aber einen Hinweis auf eine sehr ernstzunehmende Herausforderung in der deutschen Medienlandschaft, bei der die Frage gestellt wird:

3.1 Wer darf sich eigentlich Journalist/-in nennen und wer nicht?

Dies ist eine Frage, auf die bei einem Chirurgen oder einer Richterin niemand auch nur im Traum kommen würde. Für den Journalismus ist diese Frage jedoch sehr bedeutend. Das liegt an der deutschen Gesetzgebung – genauer gesagt an Artikel 5, Absatz 1 des Grundgesetzes: „Jeder hat das Recht, seine Meinung in Wort, Schrift und Bild frei zu äußern und zu verbreiten und sich aus allgemein zugänglichen Quellen ungehindert zu unterrichten. Die Pressefreiheit und die Freiheit der Berichterstattung durch Rundfunk und Film werden gewährleistet. Eine Zensur findet nicht statt." (Grundgesetz für die Bundesrepublik Deutschland 1949, S. 2) In diesem Absatz werden drei Grundrechte beschrieben, die für die Ausübung des Journalismus und für die Erhaltung der Demokratie essenziell sind.

- Meinungsfreiheit
- Pressefreiheit
- Informationsfreiheit

Artikel 5, Absatz 1 des Grundgesetzes wird durch diverse andere Gesetze eingeschränkt und spezifiziert. Dazu gehört zum Beispiel Artikel 1, Absatz 1 des Grundgesetzes: „Die Würde des Menschen ist unantastbar. Sie zu achten und zu schützen ist Verpflichtung aller staatlichen Gewalt." (Grundgesetz für die Bundesrepublik Deutschland 1949, S. 1) Dieses Recht auf die Würde des Menschen schränkt unter anderem das Recht auf freie Meinungsäußerung ein.

Da alle frei sind, sich zu informieren, eine Meinung zu bilden und diese ohne Zensur zu verbreiten, ist es nur folgerichtig, den Beruf des Journalismus ungeschützt zu lassen. Mit anderen Worten: In Deutschland kann sich jeder Mensch prinzipiell Journalistin oder Journalist nennen – im Gegensatz zu beispielsweise Ärztinnen oder Ärzten. Wenn sich jemand ohne abgelegtes Staatsexamen als Ärztin oder Arzt bezeichnen und den Beruf praktizieren würde, hätte die Person mit rechtlichen Konsequenzen zu rechnen.

Die deutsche Rechtsposition für den Journalismus wird in der EU nicht durchgängig vertreten. So müssen Journalistinnen und Journalisten beispielsweise in Schweden ein abgeschlossenes Hochschulstudium vorweisen, in Italien ist der Beruf an eine Mitgliedschaft in einem Berufsverband geknüpft (Brinkmann 2021). Die besondere Haltung Deutschlands geht aus seiner Geschichte hervor. Eine zentrale Rolle dabei spielt die Absicht, Entwicklungen wie in den Jahren 1933 bis 1945 zu unterbinden. Im Dritten Reich wurden Journalistinnen und Journalisten nach der Installation des NS-Schriftleitergesetzes systematisch vom Regime als Propaganda-Instrument eingesetzt und gleichgeschaltet. Sie trugen so ihren Teil dazu bei, die Bevölkerung falsch zu informieren und für den Krieg sowie den Antisemitismus zu begeistern. Durch das Gesetz bekamen systemtreue Journalistinnen und Journalisten einen beamtenähnlichen Status (sofern sie von arischer Herkunft waren), während Systemkritikern und Menschen nicht-arischer Herkunft der Zugang zu diesem Beruf verwehrt wurde. Es herrschte keine klare Trennung mehr zwischen Journalismus und Staat, Kritik wurde nicht mehr gedruckt, Kritikerinnen und Kritiker eingesperrt oder sogar verfolgt und in Konzentrationslagern ermordet. Dieser Umstand hat unter anderem dazu beigetragen, dass das deutsche Volk sich nicht gegen den Krieg und den systematischen Massenmord zur Wehr setzte (Bundeszentrale für politische Bildung 2018). Daher ist Artikel 5 des Grundgesetzes so essenziell für den Erhalt der Demokratie.

Was bedeutet aber nun dieser Absatz des Grundgesetzes wirklich? Heißt dies, dass wirklich alle einfach – wie eingangs geschildert – von sich behaupten können, Journalistinnen oder Journalisten zu sein ohne, dass ihnen jemand widersprechen kann? Dass sich jeder, der im Internet seine Meinung kundtut, automatisch zu dieser Berufsgruppe zählen kann? Wenn man gerade arbeitslos geworden ist, man einfach behaupten kann, man sei freie Journalistin oder freier Journalist, wenn auch gerade ohne Aufträge? **Jein.** Der Beruf „Journalismus" wird durchaus von verschiedenen Seiten geregelt, die damit eine Basis für die Einstufung einer Person als Journalistin oder Journalist schaffen:

3.1.1 Gesetzgebung

Rechtlich sind Journalistinnen und Journalisten (je nachdem, für welche Art von Medium sie arbeiten) an das Presse-, Rundfunk- und/oder das Verlagsrecht, welche Teile des Medienrechts darstellen, gebunden. Das **Presserecht** ist föderalistisch aufgebaut, somit hat jedes Bundesland eigene Landespressegesetze, welche sich inhaltlich allerdings nur in Einzelheiten unterscheiden. Der Begriff „Presse" umfasst dabei alle Druckwerke, die „mittels der Buchdruckerpresse oder eines sonstigen zur Massenherstellung geeigneten Vervielfältigungsverfahrens hergestellten und zur Verbreitung bestimmten Schriften, besprochenen Tonträger, bildlichen Darstellungen mit und ohne Schrift, Bildträger und Musikalien mit Text oder Erläuterungen" (Pressegesetz für das Land Nordrhein-Westfalen 1966) hergestellt werden. Mit anderen Worten umfasst das sowohl Zeitungen und Zeitschriften als auch deren Online-Auftritte und -formate. Auch im Pressegesetz ist noch einmal verankert, dass die Presse frei ist und ausschließlich durch andere Gesetze eingeschränkt werden darf. Ebenfalls ist dort verankert, dass der Journalismus zulassungsfrei ist. Dies bedeutet, dass es keine bestimmte Zulassung seitens des Landes braucht, um journalistisch tätig sein zu dürfen oder beispielsweise einen Verlag zu gründen.

Neben diesen Rechten sind in diesem Gesetz aber auch die Pflichten von Journalistinnen und Journalisten dargestellt. Sie helfen dabei, der Antwort auf die Frage, wer eigentlich mit dieser Berufsbezeichnung gemeint ist, näherzukommen. Zur öffentlichen Aufgabe der Presse gehört demnach die Nachrichtenbeschaffung und -verbreitung sowie die Mitwirkung an der öffentlichen Meinungsbildung. Bei der Erfüllung dieser Aufgabe unterliegt der Berufsstand der sogenannten **Sorgfaltspflicht**, welche ihn dazu verpflichtet, Inhalte vor der Veröffentlichung auf Inhalt, Herkunft und Wahrheit zu überprüfen (Pressegesetz für das Land Nordrhein-Westfalen 1966). Dabei müssen redaktionelle Inhalte klar von Werbung getrennt werden. Zusätzlich zu diesen Pflichten, welche die praktische Arbeit von Journalistinnen und Journalisten beeinflussen, herrscht die **Impressumspflicht**. Dieser Artikel des Pressegesetzes ist für die Abkürzung verantwortlich, die in den meisten Magazinen zu finden ist: V.i.S.d.P. – oder auch „Verantwortlich im Sinne des Presserechts". Er schreibt vor, dass auf jedem Druckwerk erkenntlich gemacht werden muss, wer für die dargebrachten Inhalte verantwortlich ist. So müssen beispielsweise der Name des/der Verantwortlichen sowie Firma und Anschrift des Verlags beziehungsweise der Druckerei kenntlich gemacht werden. Zusätzlich müssen die Namen aller verantwortlichen Redakteurinnen und Redakteuren angegeben und benannt werden, für welchen Bereich oder für welches Ressort sie die Verantwortung tragen. Ein Verstoß gegen die Impressumspflicht kann mit Geld- oder sogar Freiheitsstrafen geahndet werden (Pressegesetz für das Land Nordrhein-Westfalen 1966).

Neben dem Pressegesetz existieren, wie bereits erwähnt, Rundfunkgesetze und das Verlagsgesetz. Besonders die Rundfunkgesetze spielen für die journalistische Arbeit eine wichtige Rolle. Hier ist die Gesetzgebung deutlich umfangreicher und in vielen Punkten konkreter gehalten als im Pressegesetz. Der **Medienstaatsvertrag** (vorher Rundfunkstaatsvertrag) ist hierbei die bundesweit gültige Gesetzgebung, hinzu kommen noch weitere Gesetze für die einzelnen Sender der öffentlich-rechtlichen Rundfunkanstalten. Sowohl Medienstaatsvertrag als auch die Landesgesetze werden in Selbstregulierung und -kontrolle umgesetzt.

Der Medienstaatsvertrag richtet sich kurz gesagt an Rundfunkanstalten (Fernsehen und Radio) sowie an sogenannte „Telemedien" – damit sind alle Online-Angebote gemeint, die den Rundfunk-Formaten in ihrer Darbietungsform ähnlich sind. Auch in diesem Vertrag werden eine Sorgfaltspflicht sowie eine Pflicht zur Benennung einer für Inhalte verantwortlichen Person beschrieben. Auch hier ist Werbung klar von redaktionellen Inhalten zu trennen. Zusätzlich werden von den dort arbeitenden Journalistinnen und Journalisten eine **Unabhängigkeit** und Sachlichkeit in der Berichterstattung gefordert (Staatsvertrag zur Modernisierung der Medienordnung in Deutschland 2020). Dadurch, dass die öffentlich-rechtlichen Sender durch die Bevölkerung in Form der Rundfunkbeiträge finanziert werden, nehmen diese eine besondere Rolle in der deutschen Medienlandschaft ein. Ihnen kommt der Auftrag zuteil, ein Programm für alle bereitzustellen und damit zur freien Meinungsbildung beizutragen. Die Sender sollen „einen umfassenden Überblick über das internationale, europäische, nationale und regionale Geschehen in allen wesentlichen Lebensbereichen […] geben. Sie sollen hierdurch die internationale Verständigung, die europäische Integration und den gesellschaftlichen Zusammenhalt in Bund und Ländern fördern. Ihre Angebote haben der Bildung, Information, Beratung und Unterhaltung zu dienen. Sie haben Beiträge insbesondere zur Kultur anzubieten. Auch Unterhaltung soll einem öffentlich-rechtlichen Angebotsprofil entsprechen." (Staatsvertrag zur Modernisierung der Medienordnung in Deutschland 2020, S. 29) Dazu kommen Anforderungen an die Überparteilichkeit sowie Objektivität der Sender. Sie sind dazu verpflichtet, die Meinungsvielfalt zu Themen aufzuzeigen und ausgewogen darüber zu berichten (Staatsvertrag zur Modernisierung der Medienordnung in Deutschland 2020). In den einzelnen Verträgen der regionalen Sendeanstalten ist zudem festgelegt, welche thematische Ausrichtung einzelne Sender haben sollen. (Gesetz über den „Westdeutschen Rundfunk Köln" 2021).

Diese Ausführungen in den Gesetzestexten geben einen ersten Hinweis auf die journalistische Arbeit und verdeutlichen, dass besonders öffentlich-rechtliche Sender durch ihren dezidierten Auftrag eine seriöse, von staatlicher Einflussnahme unabhängige journalistische Quelle darstellen sollen. Was den Beruf des Journalismus ausmacht, wie Journalistinnen und Journalisten arbeiten und wie sie zu erkennen sind, wird hier allerdings noch nicht geklärt.

3.1.2 Selbstregulierung und Definition

Journalismus kann, wie bereits beschrieben, ohne Zulassung und von jedem ausgeführt werden. Dadurch kann es auch keine eindeutige Definition des Berufs geben. Gesetzliche Vorgaben schaffen nur einen rudimentären, für alle Akteurinnen und Akteure gültigen Rahmen. Der schwerfällige Mechanismus der Gesetzgebung hat aber Mühe, mit der technischen Entwicklung Schritt zu halten. So sind durch die neuen medialen Online-Angebote eine Fülle neuer Berufsbilder entstanden, deren rechtliche Normierung fehlt beziehungsweise noch aussteht, etwa der Content Manager oder die Onlineredakteurin. Letztlich konzentrieren sich die rechtlichen Vorgaben daher auf das bekannte Terrain von Persönlichkeits-, Marken- und Werberecht, ergänzt durch die Datenschutzregelungen der EU. Für den kommunikativen Alltag erheblich bedeutsamer als dieser rechtliche Rahmen sind die medienethischen Selbstverpflichtungen, denen sich alle Professionellen in Journalismus und PR unterwerfen. Hier geht es nicht mehr nur darum, was man darf, sondern auch darum, was man nicht tun möchte, obwohl man es dürfte.

Für die deutsche Presse sind diese Grundsätze im **Pressekodex** festgehalten (Deutscher Presserat 2019). Hier wird in 15 Abschnitten ausdifferenziert, wie ethische Grundsätze in der konkreten journalistischen Arbeit umgesetzt werden sollen. Die Vorgaben des Kodex gehen dabei weit über die gesetzlichen Vorschriften hinaus und regeln vor allem, wie ein unabhängiger, integrer, sorgfältiger und diskriminierungsfreier Journalismus aussehen sollte.

Verstöße gegen den Kodex können dem Presserat gemeldet werden und führen dann gegebenenfalls zu öffentlichen Rügen. Dies ist ein weiterer, schon deutlich konkreterer Hinweis darauf, wie die Arbeit von Journalistinnen und Journalisten aussieht und wie seriöser und professioneller Journalismus von reiner Meinungsmache zu unterscheiden ist.

Zusätzlich existieren sowohl in der Wissenschaft als auch in der Praxis zahlreiche Definitionen und Meinungen, was den Journalismus-Beruf ausmacht. Als Beispiel soll hier die **Berufsdefinition des Deutschen Journalisten-Verbands (DJV)** dienen: „Journalistin oder Journalist ist, wer professionell Informationen, Meinungen und Unterhaltung mittels Wort, Bild, Ton oder Kombinationen dieser Darstellungsmittel über analoge und digitale Medienkanäle erarbeitet und verbreitet." (DJV 2020, S. 3) Weiterhin werden Journalistinnen und Journalisten darüber definiert, dass sie für Print-, Onlinemedien oder Rundfunksender, Nachrichtenagenturen, Fachdienste oder in der Medienkommunikation arbeiten, sie medienbezogene Bildungsarbeit verrichten oder in der Medienberatung tätig sind.

Damit ist erst einmal der formelle Teil der Definition abgedeckt – eine Spezifizierung der Aufgabe folgt aber auch. Demnach besteht die Arbeit von Journalistinnen und Journalisten aus der **Recherche, Sammlung und Prüfung von Informationen**, der Auswahl von Inhalten für ihre Beiträge sowie deren Aufbereitung. Dazu gehört ebenfalls das Kommentieren der Nachrichten. Auch der Austausch mit dem Publikum gehört zu den Aufgaben. All dies können sie laut Definition des Verbands aber auch als Freie tun. Das heißt, dass sie selbstständig arbeiten und nicht bei einer Medienanstalt oder einem Verlag angestellt sein müssen (DVJ 2020). Interessant ist, dass der DJV beispielsweise auch Öffentlichkeitsarbeiterinnen und -arbeiter aus Unternehmen aufnimmt und sie damit als Journalistinnen beziehungsweise Journalisten anerkennt. In der Wissenschaft werden dagegen Journalismus, PR und Marketing klar voneinander getrennt werden, was vor allem mit den verschiedenen Zielen der Akteurinnen und Akteure zu erklären ist. Während PR-Spezialistinnen und -Spezialisten sowie Werbefachleute im Interesse ihres Auftrags handeln, ist eine Journalistin oder ein Journalist laut Grundgesetz und Selbstverständnis der Gesellschaft verpflichtet.

Für den Bereich der Public Relations gilt der **Kommunikationskodex** des Deutschen Rats für Public Relations (Deutscher Rat für Public Relations 2012). Dieser Kodex muss der Tatsache Rechnung tragen, dass PR nicht nur wie die Presse der Wahrhaftigkeit verpflichtet ist, sondern darüber hinaus auch für ihre Auftraggeberinnen oder Auftraggeber Partei ergreifen muss. Der Kodex stellt dementsprechend dar, wie diese Balance gewahrt werden kann, ohne dass die ethischen Grundsätze von Transparenz, Integrität, Fairness, Wahrhaftigkeit, Loyalität und Professionalität verletzt werden. Auch hier existiert ein Beschwerdemechanismus mit dem Sanktionierungsinstrument der Rüge. Die überschaubare Zahl von Beschwerden können als Indiz gewertet werden, dass die Kodizes ihre Regulierungsfunktion angemessen erfüllen. So gab es im Jahr 2021 nur 60 Rügen des Presserates (Deutscher Presserat 2021) und vier Rügen des Deutschen Rats für Public Relations (Deutscher Rat für Public Relations 2021).

3.1.3 Ausbildung und erforderliche Fähigkeiten

Dadurch, dass der Journalismus nach Grundgesetz frei ist und es keine Zulassungsvoraussetzungen gibt, gibt es auch keine verpflichtende Ausbildung dafür. Nichtsdestotrotz ist eine journalistische Ausbildung ein Indiz für einen seriösen Journalismus. Realistisch betrachtet gibt es heutzutage auch kaum eine Chance, bei einem Verlag oder einer Rundfunkanstalt ohne eine Ausbildung oder journalistische Vorkenntnisse angestellt zu werden. Den einen Weg, im Journalismus Fuß zu fassen, gibt es trotzdem nicht. Es ist aber eine klare Tendenz zu erkennen, was zu einer Ausbildung zum professionellen Journalismus dazugehört. Sie geht zum Hochschulstudium – in welcher Fachrichtung ist zunächst aber gar nicht so entscheidend. In Deutschland gibt es eine Vielzahl an Studiengängen, die speziell für die Ausbildung von Journalistinnen und Journalisten konzipiert sind. Journalistik- oder Journalismus-Fächer werden sowohl für einen Bachelor- als auch einen Masterabschluss angeboten. Neben reinen Journalistik-Studiengängen existieren des Weiteren viele Mischformen, beispielsweise Studiengänge, die eine bestimmte Spezialisierung anbieten (wie der Bachelor Wissenschaftsjournalismus an der Universität Dortmund) oder auch Mischformen (wie der Bachelor Journalismus und Public Relations an der Westfälischen Hochschule

Gelsenkirchen, der die Perspektiven von Journalismus und PR gleichermaßen betrachtet). Es ist aber ebenso möglich, fachfremd zu studieren und dabei schon während des Studiums mithilfe von Praktika und freier Mitarbeit journalistische Erfahrung zu sammeln. Auch im Bachelor kann beispielsweise eine Naturwissenschaft und im Master Journalistik studiert werden. Wichtig ist es in jedem Fall, schon während des Studiums praktische Erfahrungen zu sammeln und in Redaktionen zu arbeiten. Nach dem Studium (oder in seltenen Fällen auch ohne Studium möglich) folgt bei den meisten Verlagen und Medienanstalten ein verpflichtendes ein- bis zweijähriges Volontariat, welches häufig als „training on the job" bezeichnet wird (Hooffacker und Meier 2017). Die Zahl der studierten Journalistinnen und Journalisten hat in der Vergangenheit immer weiter zugenommen, im Jahr 2016 gaben in einer Umfrage knapp 96 % der befragten Volontärinnen und Volontäre an, studiert zu haben, im Vergleich dazu waren es im Jahr 1979 knapp 17 % (Initiative Qualität 2016, S. 6).

Neben diesen formellen Zugangswegen in die Redaktionen gibt es ein gewisses Set an Soft Skills, die professionelle Akteurinnen und Akteure mitbringen sollten und die für die tägliche Arbeit besonders wichtig sind. Dazu gehören laut DJV unter anderem eine gute Allgemeinbildung, Vermittlungskompetenz, Verantwortungsbewusstsein, sprachliche Ausdrucksfähigkeit oder auch Einfühlungsvermögen. (DJV 2020) Dies deckt sich größtenteils mit einer aktuellen Umfrage unter aktiven Journalistinnen und Journalisten, bei denen Neugierde/Wissensdurst oder auch eine schnelle Auffassungsgabe als einige der wichtigsten Eigenschaften für die Ausübung des Berufs benannt wurden. (Marketagent 2022) Auch eine kritische Grundeinstellung gehört dazu, ganz nach dem Motto eines äußerst bekannten Zitats, welches dem früheren Moderator der Tagesthemen Hanns Joachim Friedrichs zugeschrieben wird: „Einen guten Journalisten erkennt man daran, […] dass er sich nicht gemein macht mit einer Sache, auch nicht mit einer guten Sache". Diese beschriebenen Eigenschaften und auch die Ausbildungswege sind nicht nur ein Indiz, um seriöse Journalistinnen und Journalisten zu erkennen, sondern vor allem essenziell, um den Funktionen nachzukommen, die der Journalismus in der Gesellschaft hat. Übrigens: eine gesteigerte Neigung zur Selbstdarstellung zählt nicht dazu.

Nach der Ausbildung gibt es verschiedene Berufsbezeichnungen, die sich Journalistinnen oder Journalisten aneignen können. Die gängigste leitet sich dabei aus der Bezeichnung des Ortes ab, an dem sie arbeiten – der Redaktion – und in dieser arbeiten Redakteurinnen und Redakteure. Sie bearbeiten dort Ihre Themen und besprechen die Themenzusammenstellung in der Redaktionskonferenz. Reporterinnen und Reporter haben ihren Schwerpunkt dagegen eher im Außeneinsatz und fahren zum Beispiel zu einem Ereignis, um live davon zu berichten. Zusätzlich gibt es verschiedene Hierarchie-Stufen, wie die Chefinnen oder Chefs vom Dienst, die den nicht-redaktionellen Alltag organisieren und Ressortleitungen sowie Chefredakteurinnen und -redakteure, welche die inhaltliche Verantwortung und eine Leitungsfunktion innehaben.

3.2 Ziele und Funktionen des Journalismus – ad absurdum?

Während in der Praxis, wie auch die Definition des DJV zeigt, der Journalismus eher anhand der konkreten Tätigkeit definiert wird, nähert sich die Wissenschaft dem Begriff Journalismus zusätzlich oft anhand der Ziele und Funktionen des Berufsstands. Eine einheitliche Definition gibt es dabei nicht (Brinkmann 2021). Verschiedene Aspekte des Journalismus, einschließlich seiner Funktionen fassen beispielsweise Neuberger und Kapern in ihrer Definition zusammen: „Der Journalismus ist ein gesellschaftliches Teilsystem mit der Funktion der Selbstbeobachtung der Gesellschaft. Dafür stellt er Öffentlichkeit her, indem er Themen aktuell und universell auswählt, objektiv über sie berichtet, Beiträge veröffentlicht und kontinuierlich mit Hilfe von Massenmedien an das Publikum verbreitet. Autonomie ist eine notwendige Voraussetzung für die Erfüllung dieser Funktion." (Neuberger und Kapern 2013, S. 29) Diese Definition ist Teil der Systemtheorie, bei der der Journalismus als Teilsystem innerhalb der Gesellschaft betrachtet wird. Dabei erfüllt jedes einzelne Teilsystem eine bestimmte Funktion. Für den Journalismus bedeutet diese Funktion die Selbstbeobachtung der Gesellschaft. Als Frühwarnsystem, Agenda Setter und Taktgeber stellt der Journalismus dabei Öffentlichkeit her. Agenda Setting meint in diesem Zusammenhang in seiner ursprünglichen Form die Themensetzung, die durch den Journalismus erfolgt. Der Ansatz geht dabei davon aus, dass die Gewichtung der Themen in der Berichterstattung auch die Gewichtung der Themen in der Publikumswahrnehmung beeinflusst. Worüber viel in den Medien gesprochen wird, das wird auch in der Bevölkerung als wichtig wahrgenommen (Maurer 2016).

Besonderen Fokus legen dabei viele auf die Funktion des Frühwarnsystems beziehungsweise der Kritik und Kontrolle von Staat und Wirtschaft. Das Verständnis von Journalismus als „vierte Gewalt" neben Legislative, Judikative und Exekutive ist dabei, wie bereits im vorherigen Kapitel beschrieben, im angelsächsischen Raum allerdings deutlich stärker ausgeprägt als hierzulande.

Die funktionsorientierte Definition des Journalismus ist verständlicherweise eher theoretischer Natur – was aber nicht bedeutet, dass sie für den Alltag und die berufliche Praxis nicht zutrifft. Um dieser Funktion auch nachkommen zu können, räumt die im Grundgesetz verankerte Pressefreiheit Journalistinnen und Journalisten besondere Rechte ein. In der Praxis ist die Wahrnehmung dieser Rechte an den Besitz eines **Presseausweises** und damit an die Überprüfung der Professionalität und die Selbstverpflichtung auf die ethischen Kodizes der Verbände geknüpft. Beides ist unausgesprochene Voraussetzung dafür, dass Journalistinnen und Journalisten in Demokratien die Rolle der vierten Gewalt übernehmen. Ganz unabhängig von der Frage, wie frei sie bei der Auswahl von Nachrichten sind und wie ernst sie ihre Aufgabe als Korrektiv im demokratischen Diskurs nehmen, hatten sie lange Zeit die Macht darüber inne, welche Ausschnitte der unendlichen Fülle internationaler Ereignisse zu Nachrichten wurden. „Ereignisse werden erst dadurch zu Nachrichten, dass sie aus der Totalität und Komplexität des Geschehens ausgewählt werden. […] Das beginnt schon in der sehr frühen Phase der Beobachtung: Bereits die Definition eines diskreten Realitätsausschnitts als Ereignis setzt Auswahl und Interpretation voraus." (Eilders 1996, S. 13) In Ausübung dieser Auswahlfunktion wurde der Journalismus zum Gatekeeper der Medienwelt (White 1950). Als Torhüter entschied er, welche Informationen für seine Rezipientinnen und Rezipienten relevant oder auch nur interessant waren und prägte damit maßgeblich die Weltsicht des Publikums.

Die letzten Sätze sind nicht ohne Grund in der Vergangenheitsform geschrieben. Der Siegeszug des Internets, der sozialen Medien und neuer Onlineformate wie Blogs, Podcasts oder Meinungsvideos hat die Situation grundlegend verändert. Im digitalen Raum ist die Funktion des Gatekeepers nicht mehr in der Form vorhanden wie in der Ära von Print und Rundfunk. Massenmediale Kommunikation setzt keine Zeitschriftenverlage oder Sendeanstalten mehr voraus, ein halbprofessioneller Blog oder sogar ein schlichter Tweet können größere Reichweiten erzielen als so manche Zeitschrift. Das Tor des Gatekeepers ist noch vorhanden und wird von professionellen Journalistinnen und Journalisten bewacht. Die Zäune links und rechts sind aber eingerissen, wie schon im vorherigen Kapitel beschrieben, sodass fast unkontrolliert und jenseits aller ethischen Spielregeln Inhalte in die Welt gesetzt werden können. Dass schlecht recherchierte Beiträge publiziert werden, dass nicht mehr zwischen Nachricht und Kommentar, zwischen Fakten und Meinungen unterschieden wird oder sogar bewusst Fake News lanciert werden, ist dabei schlimm genug.

3.3 Das eigentliche Dilemma

Doch zurück zur eigentlichen Frage dieses Kapitels: Wer darf sich Journalistin oder Journalist nennen und wer nicht? Eigentlich lässt sich die Frage anhand wissenschaftlicher Definitionen, praktischen Deutungen der Berufsausübung, ethischen Kodizes, der Gesetzgebung und dem formellen Besitz eines Presseausweises (oder ähnlichen Dokuments) beantworten. Es ist gar nicht so unklar, was professioneller Journalismus ist und was nicht. Was also ist das Dilemma der ungeschützten Berufsbezeichnung?

Es zeigt sich in zwei Gewändern. Beim ersten ändert sich die Ausgangsfrage entscheidend: Ist es überhaupt noch relevant, wer Journalistin oder Journalist ist und wer nicht? Braucht es überhaupt noch einen Gatekeeper an einem Tor ohne Zaun? Ist es überhaupt so wichtig, welche Rolle jemand innehat, der/die eine Information weitergibt oder eine Meinung zu einem gesellschaftlich relevanten Thema abgibt?

Nehmen wir als Beispiel den bekannten YouTuber „Rezo". Ohne sich selbst als Journalist zu bezeichnen, veröffentlicht er auf YouTube (und seit einiger Zeit auch in einer Kolumne bei Zeit Online) verschiedene Inhalte mit Nachrichtencharakter. Besonders bekannt wurde er dabei 2019 durch sein YouTube-Video „Die Zerstörung der CDU". „Veröffentlicht nur wenige Tage vor der Europawahl, schreckte das Video die politische Klasse in Berlin auf: nicht nur die Politik, auch die Medien." (Floto und Baetz 2019) In seinem Video griff der damals 26-jährige Rezo die Volkspartei CDU frontal an indem er die Klima- und Sozialpolitik der Union anprangerte und seine Aussagen mit einem 13-seitigen Quellendokument belegte. Schwerpunktmäßig lastet er der CDU als langjähriger Regierungspartei dabei die Verantwortung für nahezu alle politischen Missstände an. Er präsentierte eine scheinbar umfassende Recherche und wies auf einen Missstand in der Gesellschaft hin, vermittelte Information und Meinung (Rezo 2019) – eine Arbeitsweise, die auch ohne einen Verlag oder Rundfunksender im Hintergrund auf den ersten Blick als journalistisch definiert werden kann. Er erreichte mit dem Video bis zur Europawahl 2019 mehr als zehn Millionen Aufrufe. Nach den Ergebnissen der folgenden Wahl, bei der die Union in der jungen Wählerschaft deutlich schwächer abschnitt und Bündnis 90/Die Grünen dafür an Stimmen dazugewann, spekulierte beispielsweise Der Spiegel schon von einem „Rezo-Effekt" (Müller-Michaelis 2019). Doch blickt man genauer hin, so zeigt sich Folgendes: Das Quellendokument enthält Statistiken, die passgenau zu Rezos Meinung zugeschnitten wurden. So zeigt er etwa die Armuts- und Wohlstandentwicklung in Deutschland von 2006 bis 2013 und verschweigt sowohl, dass die Armutsquote 2005, im letzten Regierungsjahr der SPD, deutlich höher lag als 2006 bis 2010, und dass 2011 eine neue Berechnungsgrundlage für die Armutsquote eingeführt wurde, nämlich der Mikrozensus, während es zuvor die Volkszählung von 1987 gewesen war. Zudem lässt er die Jahre 2014 bis 2018 weg, die bei Erscheinen des Videos schon vorlagen und bei denen wieder ein Absinken der Armutsquote zu sehen ist. Hinzu kommen einzelne Ausschnitte aus Pressekonferenzen, die von der Plattform „Jung & Naiv" hochgeladen wurden. Deren Herausgeber Tilo Jung ist Mitglied der Piratenpartei, sodass man Rezo schon die Frage stellen muss, ob es einer unabhängigen journalistischen Arbeit entspricht, wenn man eine demokratische Partei durch das permanente Zitieren eines politischen Gegenspielers angreift. Letztlich betrifft seine Kritik das gesamte etablierte Parteienspektrum, wie seine Wahlempfehlung am Schluss des Videos zeigt: „Keine CDU, CSU, SPD und AfD sowieso nicht!" Mit seiner

Fundamentalkritik ging das Video viral und hielt sich wochenlang in den YouTube-Trends. Etliche YouTube-, Instagram- und Blog-Stars reagierten mit sogenannten Reaction-Videos und verbreiteten das Video zusätzlich. Heute verzeichnet das Video mehr als 19 Mio. Aufrufe auf YouTube – ein quantitativer Erfolg, von dem die meisten Journalistinnen und Journalisten nur zu träumen wagen.

Doch was ist das für ein inhaltlicher „Erfolg"? Manche würden einer Demontage demokratischer Volksparteien ohne ein Gegenangebot oder eine Lösungsmöglichkeit vorwerfen, dass sie letztlich nur zu zwei Dingen führt: Sie erhöht die vielfach beklagte Politikverdrossenheit und die Bekanntheit des Videoprotagonisten Rezo. Andersherum kann man Rezo aber auch zugutehalten, dass er seinen Finger in die Wunde durchaus existierender Probleme gelegt hat, beispielsweise am Beispiel des Klimawandels berechtigte Vorwürfe vorgebracht und so zu einem intensiveren Umgang mit dem Thema in der Bevölkerung beigetragen hat. Hier ist die Frage zu stellen: Muss man, um Kritik zu äußern, zwangsläufig ein Gegenangebot machen? Oder reicht es auch, als interessierter Laie auf einen Missstand aufmerksam zu machen?

Unabhängig von diesen Fragen wird das Video vor allem ein medialer Erfolg, weil es die Massenmedien aufgreifen und die politische Opposition den Angriff des politischen Gegners durch einen jungen Influencer mit Genuss verfolgt und ausschlachtet, was wiederum auch in den etablierten Medien vielfach thematisiert wird. So tragen die etablierten Medien selbst zu ihrer Demontage bei, ohne es zu merken. Die Fixierung auf Reichweite, sprich hohe Clickrates und die Weiterverbreitung auch in professionellen Onlinemedien führt dazu, dass die Meinung einer Privatperson wie Rezo letztlich nahezu gleichgesetzt wird mit der Recherche einer Journalistin oder eines Journalisten. Dass der Blogger mittlerweile seine eigene Kolumne bei Zeit Online hat, macht es nicht besser, denn auch hier wissen nur Menschen, die sich mit der Materie tiefer befassen: eine Kolumne ist kein den oben beschriebenen Grundsätzen der Objektivität und Unabhängigkeit verpflichteter Text, sondern eine Meinungsäußerung, die subjektiven Charakter haben darf. Aber Zeit Online ist der Onlineableger der Tageszeitung „Die Zeit" und damit ein journalistisches Medium. Wenn also die Medien selbst Blogger oder YouTuber ohne jegliche journalistische Ausbildung in ihre Arbeit integrieren, ist es da überhaupt noch wichtig, ob jemand das nun als Journalistin oder Journalist tut oder nicht?

Definitiv! Natürlich hat der Journalismus nicht mehr die gleiche Gatekeeper-Funktion inne und inzwischen hat jeder Mensch die Möglichkeit, über das Internet öffentlich wirksam Informationen zu streuen und diese einzuordnen. Aber gerade in dieser Zeit ist ein verantwortlicher, professioneller und einordnender Journalismus von hoher Wichtigkeit. In dieser schnelllebigen Gesellschaft, in der es auch für Redakteurinnen und Redakteure um Geschwindigkeit bei der Informationsbeschaffung und darum geht, möglichst viele Klicks zu generieren, ist es entscheidend, sich in manchen Situationen die Zeit zu nehmen und sich auf die Funktion des Journalismus und die ethischen Verpflichtungen zu besinnen. Um die demokratische Grundordnung aufrechterhalten zu können, ist ein Journalismus, der das Zeitgeschehen verantwortlich einordnet, verschiedene Meinungen zu Wort kommen lässt, Quellen überprüft und auch selbst kommentiert und anprangert, unverzichtbar. Und dennoch: Die Trennschärfe ist in der jetzigen Zeit nicht mehr gegeben – so kann man sicherlich ohne ein schlechtes Gewissen behaupten, dass so mancher Blogger die journalistischen Aufgaben und Werte stärker verinnerlicht hat als Redakteurinnen und Redakteure von Boulevardblättern, bei denen Übertreibung, Überspitzung und Lügen zur Tagesordnung gehören. Diese sogenannte Yellow Press hat vor allem das Ziel, durch reißerische Headlines Kasse zu machen – und bringt seriösen Journalismus damit wiederum in Verruf.

Dies leitet zum eigentlichen Dilemma dieser ungeschützten Berufsbezeichnung weiter und dem zweiten Aspekt der oben genannten Frage. Dabei geht es nicht nur um vereinzelte Boulevard-Blätter, sondern um die generelle Qualität der journalistischen Arbeit – oder auch um fehlende Qualität und wie sich dies auf die Wahrnehmung des Berufsstands auswirkt.

3.4 Ein Berufsstand in der Dauerkrise

Der Journalismus steckt in verschiedenen Krisen – so unter anderem in einer ökonomischen Krise, da der Journalismus im Online-Bereich bisher kein Zahlungsmodell gefunden hat, welches so profitabel ist wie das klassische Abo- und Einzelverkaufsmodell. Dies führte zu einer Verkleinerung von Redaktionen und somit zu einem höheren Zeitdruck für die dort arbeitenden Journalistinnen und Journalisten – was wiederum zu einer Qualitätskrise führt. Ein Grund dafür ist unter anderem fehlende Zeit für gründliche Recherchen (Prochazka 2020). Zusätzlich könnte es um Ansehen des Berufsstandes und um das Vertrauen in den Journalismus durchaus besser bestellt sein. So findet man, wie im Vorkapitel geschildert, bei Befragungen, die das Ansehen verschiedener Berufsgruppen erfragen, Journalistinnen und im hinteren Bereich der Rankings (dbb Beamten Bund und Tarifunion 2021). Laut einer Studie von Prochazka und Schweiger (2020) zeigte sich zwar, dass das Vertrauen in journalistische Medien in Deutschland nach wie vor relativ hoch ist, sich aber eine inzwischen große Gruppe von Menschen mit einem geringen Vertrauen gebildet hat. Passend zur bereits erwähnten Qualitätskrise identifizierten sie folgende größte Kritikpunkte unter den Befragten (größte Diskrepanz zwischen Erwartung und wahrgenommener Qualität der Arbeit):

- Richtige Faktendarstellung
- Vollständige Darstellung von Ereignissen
- Klare Trennung von Nachricht und Meinung
- Kein Ergreifen von Partei für eine Seite
- Nüchterne und professionelle Berichterstattung

Das Problem hierbei ist, dass der Journalismus auf einer Makroebene betrachtet wird, also immer von „den Medien" und „der Journaille" gesprochen wird und so eine sehr heterogene und vielfältige Medienlandschaft (vgl. Kap. 1) in den Köpfen der Menschen zu einer homogenen Masse wird. Zudem werden Inhalte von Einzelpersonen, die auf den sozialen Medien rezipiert werden, ebenfalls als Nachrichten angesehen. Den ungeschulten Mediennutzenden erschließt sich der Unterschied zwischen Massenmedien und sozialen Medien nicht. Sie heißen schließlich auch Medien, oder etwas nicht? Dass soziale Medien in erster Linie IT-Plattformen für eine unkontrollierte Verbreitung von privaten Inhalten aller Art sind, und erfolgreiche Inhalte letztlich durch Werbekooperationen die Taschen der privaten Plattformbetreiber füllen, egal mit welchem Inhalt, wird vielfach nicht einmal erkannt.

So wird es zu einer großen Herausforderung für den professionellen Journalismus, das Vertrauen der Rezipientinnen und Rezipienten zu behalten beziehungsweise wieder zurückzuerobern. Unseriöse und unprofessionelle Berichterstattung durch reißerische Boulevard-Blätter oder schlecht recherchierte Meldungen erweisen auch dem professionellen Journalismus einen Bärendienst. Dieser nimmt seine Aufgabe nach wie vor sehr ernst und liefert einen qualitativ hochwertigen Journalismus. Aber wenn dann sogar etablierte und angesehene Journalisten aus einem Medienhaus wie „Der Spiegel" des Erfindens kompletter Geschichten überführt werden (Fichtner 2018), ist den Mediennutzerinnen und -nutzern der Vertrauensverlust eigentlich gar nicht so übel zu nehmen. Claas Relotius, einer der damals erfolgreichsten Reporter Deutschlands, ausgezeichnet mit vier Journalismus-Preisen, gab zu, zahlreiche seiner Artikel und Reportagen beziehungsweise der Zitate oder Menschen darin, entweder größtenteils erfunden oder „aufgehübscht" zu haben. Allein in der Printfassung des Magazins veröffentlichte er über 50 Texte. Der Journalist und Medienkritiker Hans Hoff schlägt in seiner Kolumne bei DWDL.de sogar vor, eine neue Bezeichnung, für Journalistinnen und Journalisten zu suchen, die sich einer seriösen Arbeitsweise verschrieben haben. Er hält die derzeitige Berufsbezeichnung aufgrund von Yellow Press und den schwarzen Schafen der Branche für nicht mehr haltbar. Das verlorene Vertrauen in den Berufsstand könne so einfach nicht mehr hergestellt werden und es sei auch nicht zu verhindern, dass sich „Schmutzfinken" weiterhin Journalisten nennen würden (Hoff 2020).

Bisher könnte der Eindruck entstehen, dass der Journalismus ausschließlich selbst schuld an dem beschriebenen Dilemma ist, dies ist aber keineswegs der Fall! Wirtschaftlicher Druck, Verstöße gegen journalistische Kodizes oder simples Verbreiten von Unsinn sind nur eine Seite des Problems – die andere Seite bilden die Rezipientinnen und Rezipienten selbst. Das ist laut der Studie „Quelle: Internet" mit einem Defizit in der Medienkompetenz, besonders im Internet, zu erklären. Immerhin, noch ist das grundsätzliche Vertrauen, das User Nachrichten entgegenbringen, denen sie im Internet begegnen im Vergleich zu Artikeln in gedruckten Zeitungen oder im Fernsehen sehr gering. Nachrichten in sozialen Medien wird hier deutlich skeptischer gegenübergestanden (nur 3 % der Befragten schätzten diese als „sehr vertrauenswürdig ein") als Nachrichten auf anderen Informationskanälen (beispielsweise hielten 26 % der Befragten den öffentlich-rechtlichen Rundfunk für „sehr vertrauenswürdig") (Meßmer et al. 2021, S. 98).

Neben dem Vertrauen und der Mediennutzung wurde in der Studie vor allem die Kompetenz in der Mediennutzung und das Wissen über die Medienlandschaft von Deutschen anhand eines Wissens- und Einstellungstests abgefragt – mit sehr ernstzunehmenden Ergebnissen, die hier in Auszügen dargestellt werden: Es zeigt sich eine schwerwiegende Unkenntnis des deutschen Mediensystems. So dachten beispielsweise 25 % der Befragten, Medien und Politik würden Hand in Hand arbeiten, um die Bevölkerung und Meinungsbildung zu manipulieren und fast so viele waren der Meinung, Medien würden die Bevölkerung systematisch belügen (Meßmer et al. 2021, S. 90). Beispielsweise dachte jeweils rund ein Drittel der Befragten, die Frankfurter Allgemeine Zeitung (FAZ) und die Süddeutsche Zeitung (SZ) seien öffentlich-rechtliche Medien. Rund ein Viertel der Befragten dachte, der öffentlich-rechtliche Rundfunk sei dem Staatsministerium für Kultur und Medien unterstellt. Und nur ein Viertel konnte unter einer Auswahl von Zeitungen richtig beantworten, welche von ihnen die konservativste politische Linie hat (in diesem Fall die FAZ) (Meßmer et al. 2021, S. 81–86).

Was die Erkennung und Bewertung von Quellen angeht, schnitten die Befragten im Vergleich zu anderen Kategorien noch ganz gut ab, trotzdem konnten sie durchschnittlich nur etwas mehr als die Hälfte der möglichen Punkte erreichen. Dabei dachte rund ein Viertel der Teilnehmenden, dass Informationen zum Urheber einer Nachricht nicht wichtig dafür seien, die Glaubwürdigkeit der Nachricht zu bewerten. Knapp zwei Drittel der Befragten konnte erkennen, wenn eine Quelle auf Facebook nicht neutral war – allerdings auch nur 50 % richtig bewerten, dass der Grund für die mangelnde Neutralität ein Interessenskonflikt war (Meßmer et al. 2021, S. 63).

Dieser Auszug zeigt bereits, dass es auch in Zukunft eine große Herausforderung sein wird, die Medienkompetenz der Bevölkerung zu steigern. Nur wenn Medienutzende in der Lage sind, eine unseriöse Quelle zu erkennen und unterscheiden können, welche Nachricht auf Grundlage professioneller, journalistischer Gütekriterien entstanden ist und welche nicht, müssten wir uns nicht mehr fragen, was professionellen Journalismus ausmacht. Das Türschild spielt dann auch keine Rolle mehr.

Literatur

Brinkmann, J. (2021). Journalismus: Eine praktische Einführung. Nomos Verlagsgesellschaft mbH & Co. KG. https://doi.org/10.5771/9783748901846

Bundeszentrale für politische Bildung (2018). NS-Schriftleitergesetz: Journalisten als Staatsdiener. https://www.bpb.de/kurz-knapp/hintergrund-aktuell/283118/ns-schriftleitergesetz-journalisten-als-staatsdiener/ (abgerufen am 01.08.2022)

dbb beamtenbund und tarifunion (2021). Welche dieser Berufe genießt Ihrer Meinung nach ein hohes bzw. kein hohes Ansehen? (Anteil der Befragten, die ein sehr hohes bzw. hohes Ansehen zuordnen). Statista. https://de.statista.com/statistik/daten/studie/163400/umfrage/ansehen-der-berufe-in-der-gesellschaft/ (abgerufen am 04.08.2022)

Der Postillon (2014). Schlagstöcke und Pyrotechnik sichergestellt: Polizei löst unerlaubte Kinderdemo auf. Der Postillon, 11. November 2014. https://www.der-postillon.com/2014/11/schlagstocke-und-pyrotechnik.html (abgerufen am 20.07.2022)

Deutscher Presserat (2019). Publizistische Grundsätze (Pressekodex). https://www.presserat.de/pressekodex.html (abgerufen am 19.07.2022)

Deutscher Presserat (2021). Rügen des Presserats seit 1986. https://www.presserat.de/ruegen-presse-uebersicht.html (abgerufen am 19.07.2022)

Deutscher Rat für Public Relations (2012). Deutscher Kommunikationskodex. https://drpr-online.de/wp-content/uploads/2013/08/Deutscher_.Kommunikationskodex.pdf (abgerufen am 19.07.2022)

Deutscher Rat für Public Relations (2021). Ratssprüche 2021. https://drpr-online.de/dokumentation-2/spruchpraxis/ratssprueche-2021/ (abgerufen am 19.07.2022)

Deutscher Journalisten-Verband e.V. (DJV) (2020). BERUFSBILD. JOURNALISTIN – JOURNALIST. https://www.djv.de/fileadmin/user_upload/Der_DJV/DJV_Infobrosch%C3%BCren/DJV_Wissen_4_Berufsbild_Febr._2020.pdf (abgerufen am 20.07.2022).

Eilders, C. (1996). Nachrichtenfaktoren und Rezeption. VS Verlag für Sozialwissenschaften. Wiesbaden. https://doi.org/10.1007/978-3-322-95659-0

Fichtner, U. (2018). SPIEGEL legt Betrugsfall im eigenen Haus offen. Der Spiegel, 19. Dezember 2018. https://www.spiegel.de/kultur/gesellschaft/fall-claas-relotius-spiegel-legt-betrug-im-eigenen-haus-offen-a-1244579.html (abgerufen am 04.08.2022)

Floto, C.; Baetz, B. (2019). Influencer und der Wandel im Journalismus. Deutschlandfunk. https://www.deutschlandfunk.de/machtverschiebung-influencer-und-der-wandel-im-journalismus-100.html (abgerufen am 26.10.2022)

Gesetz über den „Westdeutschen Rundfunk Köln" (2021). https://www1.wdr.de/unternehmen/der-wdr/profil/wdr-gesetz-102.pdf (abgerufen am 29.07.2022)

Grundgesetz für die Bundesrepublik Deutschland (1949). GG. http://www.gesetze-im-internet.de/gg/GG.pdf (abgerufen am 21.07.2022)

Hoff, H. (2020). Der Begriff „Journalist" ist nicht mehr zu gebrauchen. DWDL, 24.05.2020. https://bit.ly/3sz3JbA (abgerufen am 20.7.2022)

Hooffacker, G.; Meier K. (2017). La Roches Einführung in den praktischen Journalismus: Mit genauer Beschreibung aller Ausbildungswege Deutschland · Österreich · Schweiz. Springer Fachmedien Wiesbaden. https://doi.org/10.1007/978-3-658-16658-8

Initiative Qualität (2016). Umfrage zur Journalistenausbildung Auswertung für die IQ-Fachkonferenz „Die Besten gewinnen: Frischer Wind im Volontariat" am 15. September 2016 in Bonn. https://bit.ly/3DyYjn5 (abgerufen am 26.09.2022)

Marketagent (2022). Was ist für einen journalistischen Job aus Ihrer Sicht das Um und Auf? Bitte nennen Sie uns bis zu 5 Merkmale, die Sie als am bedeutendsten erachten. Statista. https://bit.ly/3SEXayA (abgerufen am 20.07.2022)

Maurer M. (2016). Journalismus und Agenda-Setting. In: Löffelholz M., Rothenberger L. (Hrsg.) Handbuch Journalismustheorien. Springer Fachmedien. Wiesbaden

Meßmer, A.-K.; Sängerlaub, A.; Schulz, L. (2021). „Quelle: Internet"? Digitale Nachrichten- und Informationskompetenzen der deutschen Bevölkerung im Test. Stiftung Neue Verantwortung. https://www.stiftung-nv.de/sites/default/files/studie_quelleinternet.pdf (abgerufen am 20.07.2022)

Müller-Michaelis, M. (2019). Union verliert vor allem junge Wähler. Der Spiegel, 26. Mai 2019. https://www.spiegel.de/politik/deutschland/europawahl-2019-rezo-effekt-union-verliert-vor-allem-junge-waehler-a-1269383.html (abgerufen am 03.08.2022)

Neuberger, C.; Kapern, P. (2013). Journalismus – Was ist das? In: Neuberger, C.; Kapern, P. (Hrsg.) Grundlagen des Journalismus. Springer Fachmedien Wiesbaden: 23–41. https://doi.org/10.1007/978-3-531-94191-2_2

Pressegesetz für das Land Nordrhein-Westfalen (1966). https://recht.nrw.de/lmi/owa/br_text_anzeigen?v_id=10000000000000000330#NORM (abgerufen am 29.07.2022)

Prochazka, F. (2020). Vertrauen in Journalismus unter Online-Bedingungen: Zum Einfluss von Personenmerkmalen, Qualitätswahrnehmungen und Nachrichtennutzung. Springer Fachmedien Wiesbaden. https://doi.org/10.1007/978-3-658-30227-6

Prochazka, F.; Schweiger, W. (2020). Vertrauen in Journalismus in Deutschland: Eine Typologie der Skeptiker. Media Perspektiven (4): 196–206. https://bit.ly/3W2MCMS (abgerufen am 04.08.2022)

Rezo (2019). Die Zerstörung der CDU. YouTube-Video. https://www.youtube.com/watch?v=4Y1lZQsyuSQ (abgerufen am 04.08.2022)

Staatsvertrag zur Modernisierung der Medienordnung in Deutschland (2020). https://www.ard.de/ard/die-ard/Medienstaatsvertrag-100.pdf (abgerufen am 29.07.2022)

Steinbach, E. (2018). Hoppla, ich dachte Muslime dürfen keinen Alkohol trinken. Also kann Jägermeister diese Drohung gelassen hinnehmen. Aber es ist schon dreist, was hier in Deutschland abgeht., 23. Februar 2018. https://twitter.com/SteinbachErika/status/966978333612691856 (abgerufen am 20.07.2022)

White, D. M. (1950). The "Gate Keeper": A Case Study in the Selection of News. Journalism Quarterly 27 (4): 383–390. https://doi.org/10.1177/107769905002700403

4

Die Erde ist eine Scheibe – Kommunikation in einer Zeit alternativer Fakten

Zusammenfassung Durch die Aufsplitterung von Gesellschaft und Mediensystem rücken die Zielgruppen in den Fokus von Medienforschung und kommunikativer Realität. Sie werden zum Ziel immer trennschärferer fokussierter Botschaften, aber auch zur aktiven Entscheidenden bei der Medienauswahl. Zudem beziehen sie ihre Informationen häufig nicht mehr aus den klassischen Medien, sondern über Influencer oder den Diskurs in ihren Netzwerken. Filteralgorithmen und die Dynamik der Gruppenkommunikation begünstigen dabei die Bildung abgeschotteter Teilöffentlichkeiten und die Radikalisierung von Positionen. Um diese Entwicklung zu bremsen, werden zeitgemäße rechtliche Vorgaben für digitalen Raum benötigt. Vor allem aber muss es den professionellen, medienethisch handelnden Akteurinnen und Akteuren gelingen, ihrerseits Influencerpositionen zu besetzen und ihren Zielgruppen im Wettbewerb mit der neuen Vielfalt digitaler Angebote einen spürbaren Mehrwert zu bieten.

»Dass die Erde eine Kugel ist, wussten schon die alten Griechen und konnten sogar den Umfang dieser Kugel ziemlich genau berechnen. Christoph Kolumbus sieht das zweitausend Jahre später genauso und ist sich dessen so sicher, dass er den Versuch wagt, westwärts um den Globus herum Indien zu erreichen. In der Zwischenzeit gibt es allerdings fromme Denker, für die eine kugelförmige Erde sich nicht mit der Bibel verträgt und die deshalb eine flache Scheibe als Weltmodell vorschlagen. Seit es Interkontinentalflüge und Raumfahrt gibt, sollte sich der Rückgriff auf solche mittelalterlichen Vorstellungen eigentlich erledigt haben. Dem ist aber nicht so. Eine hartnäckige Verschwörungstheorie behauptet weiterhin, die Erde sei flach und alle Weltraumfotos der blauen Kugel nur Lügenpropaganda der üblichen Verdächtigen. Für das Jahr 2020 plant die Flat Earth International Conference sogar eine Kreuzfahrt ihrer Adepten zum Rand der Erdscheibe, denn theoriegemäß gibt es zwar einen Nordpol in der Mitte der Erdscheibe, anstelle des Südpols aber einen ringförmigen Eiswall, der die Menschheit am Herunterpurzeln in die Abgründe des Weltalls hindert. Wie fast alle Kreuzfahrten der letzten beiden Jahre fällt auch die Flacherdler-Expedition der Pandemie zum Opfer. Vermutlich hat das den Teilnehmenden eine bittere Enttäuschung erspart. Auf jeden Fall mussten sie sich nicht mit dem Paradox auseinandersetzen, dass ihr Kreuzfahrtschiff den

Rand der Erdscheibe mit einem GPS-Navigationssystem erreichen sollte, dessen Satelliten eine kugelförmige Erde umkreisen.

Die konkrete Planung einer komfortablen Kreuzfahrt zum Rand der Erdscheibe (Flat Earth International Conference 2019) belegt eine erstaunliche Tatsache. Es ist möglich, am modernen Leben teilzunehmen und sich gleichzeitig einem elementaren Konsens über die physikalischen Grundlagen dieses Lebens zu verweigern. Von Religion oder Philosophie getriebenes Sektierertum hat es immer schon gegeben, der Preis dafür war aber ein Leben außerhalb der modernen Gesellschaft. Wahrscheinlich das bekannteste Beispiel dafür sind die Amish, die sich aus der amerikanischen Konsumgesellschaft in die Zeitkapseln eines vorindustriellen bäuerlichen Lebens zurückziehen. Im Zeitalter der Social Media ist es jetzt aber offensichtlich kein Problem mehr, modern zu leben und dennoch – zumindest in Teilbereichen – mittelalterlich zu denken. Die Frage, wie es möglich ist, in so abstruse Theorien abzugleiten, und vor allem, wie solche Denkmodelle in einer Welt intensiver Kommunikation stabil bleiben können, verlangt ein massives kommunikationswissenschaftliches Umdenken.

Noch einmal zurück zu Lasswell und seiner berühmten Kommunikationsformel „Who says what in which channel to whom with what effect?" (Lasswell 1948). Als Kommunikationsmodell in einer digitalen Welt taugt die Lasswell-Formel wenig, weil sie noch eng an der Sprechfunk-Metapher der Weltkriegszeit klebt und letztlich nur den unidirektionalen Kommunikationsvorgang einer sendenden an zahlreiche empfangende Personen abdecken kann. Als Beschreibung der unterschiedlichen Aufgabengebiete der Kommunikationswissenschaft taugt die Formel aber sehr wohl, wie wir im ersten Kapitel aufgezeigt haben, und ist daher bis heute in Gebrauch.

Die Theorie medialer Kommunikation kann sich lange Zeit auf die linke Seite der Lasswell-Formel konzentrieren. Die Macht, Botschaften in die Welt zu senden, liegt vor der Erfindung des Internets ganz klar bei den Gatekeepern der Massenmedien beziehungsweise den Stakeholdern aus Politik und Wirtschaft, die ihnen die passenden Stichworte zuflüstern. Kommunikationsforschung kann sich also mit Fug und Recht darauf konzentrieren, über Absender, Inhalte und Medien nachzudenken. Jenseits der Frage, mit welchen Medien man seine Zielgruppen an effizientesten erreicht, nimmt das Forschungsinteresse – und auch das von Mitteln für Werbe- und Wahlkampfstudien dominierte Forschungsbudget – dann rapide ab. Wie schon beschrieben, sind die Menschen aus dieser Perspektive wenig mehr als Labormäuse, denen man eine Information injiziert und die dann prompt die erwünschte Wirkung zeigt. Die Prosumer von heute, die gleichzeitig Content im Internet konsumieren und produzieren, haben sich die Nadel aber längst aus der Vene gezogen. Die Kommunikationsphänomene einer digitalen Gesellschaft lassen sich also nur verstehen, wenn der Blick auf die rechte Seite der Lasswell-Formel, also auf die Zielgruppen, ihre Interaktion und ihren Umgang mit medialen Informationen gerichtet wird.

4.1 Von der Klasse zum Milieu – Komplexität und Macht neuer Zielgruppen

Das auffälligste Merkmal des Mediensystems ist eine immer stärkere Auffächerung und Erreichbarkeit einzelner Zielgruppen. Dies ist ein Trend, der bereits seit 50 Jahren anhält. Die deutsche Nachkriegsgesellschaft lässt sich noch gut in das simple demografische Schema von Unterschicht, Mittelschicht und Oberschicht gliedern, das sich im dreigliedrigen Schul- und Krankenversicherungsschema widerspiegelt. Bildung, Einkommen und sozialer Status gehen wie zu Kaisers Zeiten Hand in Hand. Der durch Ludwig Erhards soziale Marktwirtschaft breit verteilte Wohlstand der Wirtschaftswunderära lässt schließlich eine umfassende Vereinheitlichung wahrscheinlich werden. Helmut Schelsky prognostiziert das Verschmelzen des gesamten deutschen Gesellschaftsgefüges in eine nivellierte Mittelschicht. Für ihn gibt es „fast keine Familie mehr, deren Schicksal nicht in einem sozialen Aufstiegs- oder Abstiegsvorgang bestände [...]. Beide Richtungen der sozialen Mobilität wirken aber in der Herausbildung des gleichen sozialen Verhaltens und eines gleichen sozialen Status zusammen: einer sozial standortlabilen, ni-

4 Die Erde ist eine Scheibe – Kommunikation in einer Zeit ...

vellierten, kleinbürgerlich-mittelständisch sich verhaltenden Gesellschaftsschicht" (Schelsky 1954, S. 222). Bis in die 60er-Jahre sieht es ganz so aus, als ob diese Vorstellung Wirklichkeit würde. Ein Proletariat, das an der Armutsgrenze vegetieren muss, gibt es dank tarifgemäßer Vollbeschäftigung kaum noch und die Oberschicht schwelgt so diskret in ihrem Reichtum, dass sie kaum auffällt. Die Republik konvergiert also tatsächlich in Richtung eines Einheitsmilieus, dessen Meinungsspektrum problemlos durch drei Parteien und drei Fernsehkanäle abgedeckt werden kann. Das Aufbegehren der 68er-Generation und die dadurch ausgelösten Bildungsreformen sowie die Energiekrisen der 70er-Jahre und die dadurch ausgelöste Rezession kehren diesen Konversionstrend allerdings in sein Gegenteil um. Statt in Richtung einer nivellierten Mittelstandsgesellschaft geht der Trend nun in Richtung einer zersplitterten Gesellschaft, die sich nicht mehr durch einfache Schichten- und Klassenmodelle beschreiben lässt.

In dieser neuen Gesellschaft erzeugt Bildung nicht mehr zwangsläufig Einkommen. Parallel schwindet der Konsens über tradierte bürgerliche Normen und immer unkonventionellere Lebensansätze lassen sich sanktionsfrei realisieren. Folgerichtig kommen nun Zielgruppenkonzepte zum Zuge, die nicht mehr auf einer soziodemografischen Schichtung basieren, sondern das Wertegerüst der Zielgruppen mit einbeziehen. Theorien hierfür stehen schon lange zur Verfügung. Der deutsche Sozialstatistiker Theodor Geiger postuliert bereits 1932, dass es quer zur Rohgliederung einer Gesellschaft eine wesentlich differenziertere Tiefengliederung gibt, die das Denken gesellschaftlicher Gruppen prägt: „Lebenshaltung, Gewohnheiten des Konsums und der sonstigen Lebensgestaltung, Freizeitverwendung, Lesegeschmack, Formen des Familienlebens und der Geselligkeit – tausend Einzelheiten des Alltagslebens bilden im Ensemble den Typ des Lebensduktus und dieser ist Ausdruck der Mentalität" (Geiger 1967, S. 80). Pierre Bourdieu nimmt diesen Gedanken gut 50 Jahre später wieder auf und formuliert eine Theorie des Habitus, bei der sich Geschmack und Verhalten eines gesellschaftlichen Milieus aus dem komplexen Gefüge ihrer sozialen Situation ergeben: „Der Habitus bewirkt, dass die Gesamtheit der Praxisformen eines Akteurs (oder einer Gruppe von aus ähnlichen Soziallagen hervorgegangenen Akteuren) als Produkt der Anwendung identischer (oder wechselseitig austauschbarer) Schemata zugleich systematischen Charakter tragen und systematisch unterschieden sind von den konstitutiven Praxisformen eines anderen Lebensstils" (Bourdieu 1982, S. 278). Was hier noch sehr theoretisch klingt, wird mit den SINUS-Milieus zu einem konkreten Instrument für Marketing und Mediaplanung gemacht. Das Modell des SINUS-Instituts verortet die Milieus einer Gesellschaft in einem zweidimensionalen Raster. Hierbei wird in der demografischen Y-Achse die soziale Lage ganz konventionell in Unterschicht, Mittelschicht und Oberschicht aufgegliedert. Neu ist, dass eine werteorientierte X-Achse zusätzlich die Grundorientierung von einer konservativen über eine individuelle bis zu einer experimentellen Lebenshaltung aufgliedert. Aus dem herkömmlichen, eindimensionalen Klassenschema wird dabei eine zweidimensionale Neuner-Matrix. Sie bildet ein stabiles Grundgerüst, über dem sich eine Vielzahl von – über die Zeit veränderlichen – Milieuwolken definieren lässt (Sinus 2022). Schon lange vor der noch radikaleren Aufsplitterung der Zielgruppen im digitalen Raum ist die Zielgruppenlandschaft also vielfältig und heterogen geworden und mit der Zulassung privater Sender Mitte der 80er-Jahre passt sich die Medienlandschaft diesem Trend mit einer ebenso großen Vielfalt milieuspezifischer Sender an.

Im neuen Denken wird den Menschen aber nicht nur ein individueller Lebensentwurf jenseits der Schichtzugehörigkeit zugestanden. Lässt man sie aus dem Laborkäfig simplifizierender Stimulus-Response-Modelle frei, rückt ihre Macht bei der Auswahl von Medieninhalten in den Blick. In einer von der Lokalzeitung und dem öffentlich-rechtlichen Fernsehen dominierten Medienlandschaft konnte man die Entscheidungsprozesse der Rezipientinnen und Rezipienten noch vernachlässigen, in einer Welt zahlloser Kabelkanäle ist das nicht länger möglich. Folgerichtig wird die Auffächerung der Gesellschaft in der Kommunikationswissenschaft nicht nur durch die Entwicklung differenzierter Nutzungstypologien begleitet, sondern auch und vor allem durch neue Ansätze, die die User als aktive Partei im massenmedialen Kommunikationsprozess beschreiben. Herta Herzog hatte schon 1941 eine Studie zur Nutzermotivation bei den damals populären Radio-Soaps der USA durchgeführt (Herzog 2004). Sie ist ihrer Zeit damit aber so weit voraus, dass die Forschung ihre Gedanken zunächst nicht weiterverfolgt. Erst knapp zwei Jahrzehnte später nimmt Elihu Katz den Faden wieder auf und schlägt vor, dass die Kommunikationswissenschaft nicht mehr fragen sollte „Was machen die Medien mit den Menschen?", sondern „Was machen die Menschen mit den Medien?" (Katz 1959, S. 2). Wenig später fragt er noch spezifischer, welchen konkreten Nutzen sich Menschen vom Medienkonsum versprechen und legt damit die Grundlage für den Uses-and-Gratifications-Ansatz (Katz und Foulkes 1962). 1973 folgt dann eine Studie, mit der Katz diesen Ansatz gemeinsam mit Hadassah Haas und Michael Gurevich empirisch untermauert. Dabei werden in Israel 1500 Personen befragt, wie sie Bücher, Fernsehen, Radio, Zeitung und Kino nutzen und welchen Nutzen sie dabei anstreben (Katz et al. 1973). Die Studie zeigt auf, wie vielfältig die Bedürfnisse sind, die Menschen zum Medienkonsum bewegen. Rein kognitive Antriebe wie der Wunsch, sich zu informieren oder Zusammenhänge zu verstehen sind dabei nur eine Facette. Mindestens ebenso wichtig ist der Wunsch, emotionale Erfahrungen zu machen, Beziehungen aufzubauen oder in seinem sozialen Umfeld akzeptiert zu sein. Hinzu kommt als wichtige Motivation noch der Wunsch, für eine Weile aus der realen Welt zu fliehen (Katz et al. 1973). Ebenso vielfältig wie die Palette der Bedürfnisse ist auch ihre mediale Befriedigung – Wissen beispielsweise wird eher in Büchern und Zeitungen gesucht, während das Kino eher dem Eskapismus dient. Eine Vielzahl weiterer Studien untersucht diese Zusammenhänge in anderen Ländern und differenziert dabei das Spektrum von Bedürfnissen und Medien immer weiter auf (z. B. Rosengren und Windahl 1977; Saxer et al. 1980; Palmgreen 1984). Die Grunderkenntnis bleibt dabei jedoch immer gleich: Menschen wählen aus der Vielzahl der ihnen angebotenen Medien nur diejenigen aus, die ihnen die Befriedigung ihrer individuellen Bedürfnisse versprechen und bleiben nur denjenigen Medien treu, die das tatsächlich auch dauerhaft tun. In einer Welt immer fragmentierter Zielgruppen und immer vielfältiger Angebote ist es für die Medien also erfolgskritisch, ihr Publikum zu verstehen und ihm einen maßgeschneiderten Nutzen zu bieten.

4.2 Kommunikative Kettenreaktionen – wie Meinungen multipliziert und gefiltert werden

Der Uses-and-Gratifications-Ansatz befreit die Menschen aus ihrer vermeintlichen Rolle als passive Opfer massenmedialer Indoktrination und erkennt ihre Macht an, nutzenfreie Inhalte schlicht zu ignorieren. Bei der

Auflistung von Bedürfnissen, welche die Medien befriedigen sollten, um nicht in diese Falle zu tappen, sticht ein Aspekt heraus, der eine weitere Forschungsperspektive auf der rechten Seite der Lasswell-Formel eröffnet: Medien sollen nicht nur informieren oder unterhalten, sondern spielen auch eine wichtige Rolle im sozialen Zusammenleben. Die Menschen sollten daher im Kommunikationsprozess nicht mehr als isolierte Individuen, sondern als Teil eines gesellschaftlichen Gefüges verstanden werden. Bereits Anfang der 1940er-Jahre belegt eine Studie zur US-Präsidentschaftswahl, welche erheblichen Konsequenzen dieser Perspektivwechsel hat. Paul Felix Lazarsfeld, Bernard R. Berelson und Hazel Gaudet untersuchen die Entwicklung der Wahlpräferenzen der Bevölkerung im Erie County (Ohio) und stellten dabei fest, dass die Massenmedien ihre Zielgruppen meist nicht auf geradem Weg erreichen. Informationen fließen nicht – wie im ‚hypodermic needle-Modell' postuliert – unmittelbar von der sendenden zur empfangenden Person, sondern erreichen in einem zweistufigen Prozess (two-step-flow) erst einmal nur politisch besonders interessierte Personen, welche die Informationen dann in ihrem sozialen Umfeld weitergeben. Diese Schlüsselfiguren im Kommunikationsprozess werden von den Autoren und der Autorin als *Meinungsführer* (opinion leader) bezeichnet: „[…] ideas often flow from the radio and print to the opinion leaders and from them to the less active sections of the population" (Lazarsfeld et al. 1944, S. 151). Ganz offensichtlich verlassen sich die Normalbürgerin und der Normalbürger also eher auf die Meinung einer gut informierten Vertrauensperson aus dem persönlichen Umfeld, als auf die anonymen Informationen der Medien. Wenige Jahre später führt Robert K. Merton eine Studie durch, auf deren Basis er die Zwischenstation im Informationsfluss deutlich differenzierter beschreibt und dabei zwischen vier Typen unterscheidet. So werden monomorphe Meinungsführer nur zu einem spezifischen Fachgebiet befragt, während polymorphen Meinungsführern Kompetenz in unterschiedlichsten Bereichen zugeschrieben wird. Wichtiger ist Mertons zweite Unterscheidung zwischen lokalen und kosmopolitischen Meinungsführern. Lokale Meinungsführer qualifizieren sich für ihre Rolle vor allem durch die Vielzahl ihrer Kontakte und decken dementsprechend vor allem Themen ab, die für ihr konkretes Umfeld bedeutsam sind. Kosmopolitische Meinungsführer zeichnen sich dagegen durch hohe Sachautorität aus und beziehen ihre Informationen aus spezialisierten überregionalen Medien (Merton 1948). Selbst diese Differenzierungen greifen aber bei genauerer Betrachtung noch zu kurz. So belegen James Coleman, Elihu Katz und Herbert Menzel, dass es Sinn ergibt, den two-step-flow in Richtung eines multi-step-flow zu öffnen, bei dem es mehrere Relaisstationen geben kann und die kommunikativen Rollen im sozialen Gefüge wechseln (Coleman et al. 1957). In der von Medien noch weitaus stärker geprägten Gegenwart ist es vor allem aber nötig, die Definition des Meinungsführers noch einmal zu erweitern. Klaus Merten beschreibt, dass Persönlichkeiten des öffentlichen Lebens in einer Mediengesellschaft zu virtuellen Meinungsführern werden und damit die Ansichten von Menschen prägen, zu denen sie keinerlei direkten sozialen Kontakt haben (Merten 1994). Die regelmäßige Medienpräsenz prominenter Schauspielerinnen und Schauspieler oder Journalistinnen und Journalisten reicht aus, um parasoziale Beziehungen (Horton und Wohl 1956) aufzubauen und die Medienpersönlichkeiten damit trotz des einseitigen Kommunikationsflusses quasi in den Bekanntenkreis der Menschen aufzunehmen.

Im digitalen Kommunikationsraum bekommt genau diese Form von Meinungsführern eine herausragende Bedeutung. Als in den ersten Jahren des World Wide Web jeder Mensch mit Internetzugang ein potenziell Kommunikationsschaffender wird, glaubt man fest daran, dass mit dem Internet ein grenzenloser Diskursraum entsteht, eine von den Mechanismen und Machtspielen der klassischen Massenkommunikation befreite Öffentlichkeit, in der sich nahezu zwangsläufig eine perfekte Demokratie entwickelt (Barlow 1996). Ein Vierteljahrhundert später wissen wir, dass eher das Gegenteil eingetreten ist. Das Internet hat sich in eine Kommerzplattform verwandelt und selbst auf den sozialen Plattformen übernimmt außerhalb der Messengerdienste eine überschaubare Zahl hyperaktiver Personen die Belehrung und Bespaßung der passiv rezipierenden Massen (Faktenkontor 2016). Mit dem Influencer entsteht dabei ein neuer Kommunikatortyp, der Mertens virtuellem Meinungsführer verdächtig ähnlich sieht. In Marketing und Public Relations ist die Frage, ob Influencer tatsächlich die neuen Meinungsführer sind, längst entschieden. Ratgeberliteratur zeigt, wie Kampagnen über Influencer erfolgreich an die Zielgruppe gebracht werden (Schach und Lommatzsch 2018) und Fallbeispiele wie Rezos virales Video zur Zerstörung der CDU belegen, dass von Influencern nicht nur erfolgreich Lippenstifte promotet werden, sondern gewaltige politischen Wellen ausgelöst werden können (Rezo 2019). Jenseits dieser plakativen Vereinnahmung durch die kommunikative Praxis macht aber dennoch ein etwas genauerer Vergleich Sinn, weil die Relaisfunktion eines Influencers in beiden Kommunikationsrichtungen Besonderheiten aufweist. Zunächst einmal gehören Influencer nicht zum primären sozialen Umfeld ihres Publikums. Ein lupenreiner virtueller Meinungsführer im Sinne des theoretischen Konstruktes sind sie aber dennoch nicht, weil über die Social Media ein Feedbackkanal eröffnet wird, der es ihr oder ihm erlaubt, das eigene Profil zielgruppengerecht nachzuschärfen und vor allem in einen echten Dialog mit den Nutzenden einzutreten (Duckwitz 2019). Unter dem Strich entsteht mit den Influencern also ein neuer Meinungsführertyp, der zwischen dem klassischen Meinungsführer und seiner virtuellen Spielart liegt und das gesamte Spektrum mono- und polymorpher Themen abdeckt. Bedeutsamer sind die Unterschiede in der anderen Kommunikationsrichtung. Influencer beziehen ihre Informationen nicht zwangsläufig aus den Medien. Wenn sie wollen, können sie ihre Botschaften frei entwickeln und fallen damit völlig aus der Relaisfunktion des Meinungsführers heraus. Wesentlich häufiger stehen sie aber im Sold von Unternehmen oder Interessengruppen und bewegen sich damit in einer medienrechtlichen Grauzone (Duckwitz 2019). In dieser Rolle nehmen sie zwar die Relaisfunktion des Meinungsführers ein, ersetzen aber die sonst in der PR zwischengeschalteten Medien, anstatt ihre Inhalte weiterzugeben. Aus Perspektive der Medienforschung greifen hier also zusätzlich die Konzepte der Determination (Baerns 1985) und der Medialisierung (Blumler und Kavanagh 1999). Für alle, die Produkte zu verkaufen oder Botschaften zu übermitteln haben, bietet es sich in Zeitalter von Social Media an, die professionelle Medien zu umgehen und sich die Kommunikationsmacht von Influencern zu kaufen, die jenseits aller ethischen Kodizes Partei ergreifen können und sich bereits das Vertrauen großer Zielgruppen erarbeitet haben. Grundlage dieses Vertrauen ist die vermeintliche Unabhängigkeit des als Privatperson wahrgenommenen Influencers vom toxisch gewordenen Journalismus. Paradoxerweise glauben viele Menschen einer ganz offensichtlich bezahlten Privatperson also eher als den neutralitätsverpflichteten Medien.

4.3 Unter Gleichgesinnten – Meinungsbildung im digitalen Kämmerchen

Auch auf der rechten Seite der Lasswell-Formel werden die Karten durch die Digitalisierung der Kommunikation komplett neu gemischt. Ein Indiz hierfür ist bereits die veränderte Nutzung des Gatekeeper-Begriffs. Während den klassischen Medien ihre Gatekeeper-Rolle immer häufiger abgesprochen wird – und damit auch ihre rechtlichen Privilegien in Gefahr geraten – wird es zunehmend üblich, große Social-Media-Plattformen und Suchmaschinen als Gatekeeper einzuordnen. So ist im Juli 2022 ein Gesetz der Europäischen Union über digitale Märkte verabschiedet worden, das große, internationale Plattformen explizit als Gatekeeper bezeichnet und rechtliche Vorgaben für ihr Verhalten gegenüber Nutzenden und Wettbewerb macht (Rat der EU 2022). Anders als beim klassischen Gatekeeper ist die Machtverteilung in den Social Media aber deutlich komplexer strukturiert. Durch das Vorhandensein eines massiv genutzten Rückkanals für Feedback, vor allem aber durch die vollständige Nachverfolgbarkeit der Mediennutzung in Echtzeit entstehen Regelkreise, in denen sich die Anbieter von Inhalten, das Publikum und die auf Basis von Algorithmen kuratierenden Plattformen wechselseitig beeinflussen. Charakteristisch für die Teilöffentlichkeiten auf Zielgruppenseite ist dabei nicht nur ihre zunehmende Fragmentierung, sondern auch ihre zunehmende Autonomie (Rusdi und Rusdi 2020).

Ein häufig diskutierter Aspekt in diesen Regelkreisen der Social Media ist die Möglichkeit, Informationen exakt auf ihre Zielgruppen zuzuschneiden. Mediale Kommunikation spricht nicht mehr pauschal die Gesamtgesellschaft, eine Klasse oder eine Lebenswelt im Sinus-Diagramm an, sondern fokussiert sich präzise auf einzelne Individuen. Basis dafür ist die Vielzahl von Datenspuren, welche jede und jeder Internetnutzende zwangsläufig – und häufig sogar bereitwillig – hinterlässt. Das Interesse an Produkten, nach denen eine potenzielle Kundin oder ein potenzieller Kunde beispielsweise auf Google sucht und damit regelmäßig ganze Salven gezielter Anzeigen auslöst, ist dabei noch eher harmlos. Viel tiefer gehen Analysen, welche die Persönlichkeitsstruktur einer Rezipientin oder eines Rezipienten auf Basis von Facebook-Likes analysieren. Michal

Kosinski, Erfinder des auf dem psychologischen Modell der Big Five basierenden Microtargeting, gibt an, dass bereits 68 Likes ausreichen, um Hautfarbe, sexuelle Orientierung, Parteipräferenz und Konsumverhalten einer Rezipientin oder eines Rezipienten mit hoher Treffsicherheit zu identifizieren (Kosinski et al. 2013). Alexander Nix' Unternehmen Cambridge Analytica nutzt dieses Verfahren dann, um mit Hilfe illegal gesammelter Profile Einfluss auf das Brexit-Referendum oder die US-Präsidentenwahl zu nehmen. Das Wahlkampfteam von Donald Trump soll dabei 175.000 unterschiedliche Argumentationsvarianten genutzt haben, um die Wahlberechtigten individualisiert auf seine Seite zu ziehen (Nix 2017). Auf den ersten Blick sieht es also ganz so aus, als ob die bis auf die Haut entblößten Rezipientinnen und Rezipienten von den Kommunikationsstrateginnen und -strategen aus Wirtschaft und Politik nach Belieben manipuliert werden können. Dabei wird jedoch übersehen, dass der Ausgangspunkt im Regelkreis immer die bereits vorhandenen Interessen der Rezipientinnen und Rezipienten ist. Eine Meinung oder ein Kaufimpuls werden also nicht von Grund auf neu erzeugt, sondern lediglich verstärkt (Kind und Weide 2017). Letztlich bleibt auch hier also die im Uses and Gratifications-Ansatz beschriebene Machtposition der Rezipientinnen und Rezipienten erhalten. Neu ist allerdings, dass ihnen die gewünschte Gratifikation maßgeschneidert – und gegebenenfalls im Regelkreis nachjustierbar – geliefert werden kann.

Genau dieser Mechanismus hat dramatische Auswirkungen, weil er der wichtigste Treiber für die in diesem Kapitel beschriebene Fragmentierung und Radikalisierung der digitalen Öffentlichkeit ist. Wenn die Algorithmen von Suchmaschinen und Social-Media-Plattformen den Nutzenden immer präziser auf sie zugeschnittene Inhalte anbieten, blenden sie notwendigerweise auch immer mehr Inhalte aus, die als irrelevant oder störend für das Profil der Nutzenden eingestuft werden. Die Welt der Nutzenden verengt sich also immer stärker in Richtung eines Raums, für den Eli Pariser den Begriff der Filterblase geprägt hat (Pariser 2011). Parallel existiert mit der Echokammer ein weiteres Instrument der Weltverengung, bei dem nicht der Algorithmus, sondern die Nutzenden selbst die treibende Kraft sind. In den abgeschotteten Räumen von Blogs, Foren oder Social Media-Gruppen finden sich Gleichgesinnte zusammen, die sich wechselseitig in ihrer Weltsicht bestätigen und diese dadurch immer stärker zementieren. Kontroverse Diskussionen haben in einer solchen Umgebung kaum eine Chance. Meinungen tendieren vielmehr dazu, in Richtung eines Gruppenkonsenses zu konvergieren (Cinelli et al. 2021). Fatalerweise scheint dieser Konsens nicht in einer gemäßigten Mitte zu liegen, sondern in Richtung extremer Haltungen zu wandern. Eine breit angelegte Studie zeigt beispielsweise auf, wie Nutzer durch die Algorithmen von YouTube zu immer extremeren Inhalten geführt werden und sich schließlich dauerhaft in entsprechenden Echokammern aufhalten (Ribeiro et al. 2019). Besonders plastisch lässt sich der Radikalisierungseffekt beobachten, wenn Plattformen eine künstliche Intelligenz in den Social Media freilassen. Microsoft beispielsweise aktiviert 2016 einen Chatbot namens Tay auf Twitter, der eine Nutzerin im Alter von rund 20 Jahren simulieren soll. Die AI lernt dabei schnell, mit welchen Statements sie ihre Aufmerksamkeitswerte verbessern kann und mutiert von einem braven Mädchen zu einem Monster, das Hitler verehrt, Trump für den geeignetsten Präsidentschaftskandidaten hält und alle Feministinnen und Feministen in die Hölle verbannen möchte. Nach nur zwei Tagen schaltet der Konzern den Chatbot notgedrungen ab und sein Vizepräsident sieht sich zu einer Entschuldigung genötigt (Lee 2016).

Paradoxerweise werden in der selbstreflexiven Rezeptionswelt der Social Media Mechanismen wieder aktuell, die in einer Gesellschaft mit vielfältigen Lebensentwürfen und Medienangeboten längst als überholt galten. So lassen sich die verzerrte Weltsicht und das entsprechend irrationale Verhalten von Menschen in Filterblasen und Echokammern gut mit der Kultivationshypothese erklären, die bereits Ende der 1960er-Jahre von George Gerbner entwickelt wird. Gerbner zeigt, dass Menschen, die viel fernsehen und dabei mit einer Fülle von Gewaltdarstellungen konfrontiert werden, die Welt für einen gefährlicheren Ort halten, als sie es tatsächlich ist. Folgerichtig werden sich also an den Türen von Vielsehenden mehr Sicherheitsschlösser finden als bei Wenigsehenden und auch auf einen Spaziergang in der Dunkelheit wird eher verzichtet (Gerbner 1970). Später wird dieser Mechanismus der Kultivation auch in anderen Bereichen nachgewiesen, beispielsweise anhand der Furcht vor Klinikaufenthalten bei Rezipientinnen und Rezipienten von Arztserien (Witzel et al. 2008). Voraussetzung für eine solche Kultivation ist stets, dass die rezipierten Medien eine konsonante Sicht des jeweiligen

Aspekts wiedergeben und einen stärkeren Einfluss auf die Rezipientinnen und Rezipienten haben als ihre eigene Lebenserfahrung. Dies ist in einer immer stärker aufgefächerten Medienwelt nur noch selten der Fall. Koppeln sich Menschen allerdings von genau dieser Meinungsvielfalt ab und ziehen sich in Filterblasen und Echokammern zurück, werden wieder ideale Voraussetzungen für die Kultivation geschaffen. Wer seine Informationen beispielsweise nur noch von Impfgegnerinnen oder -gegnern bezieht, wird sich kaum noch überzeugen lassen, dass die Impfung weitaus weniger Risiken birgt als eine massive Corona-Infektion. Verstärkt wird dieser Effekt noch durch einen weiteren Klassiker der Kommunikationswissenschaft. Die Demoskopin Elisabeth Noelle-Neumann beschreibt in den 1970er-Jahren den Mechanismus der Schweigespirale. Sie postuliert, dass kontroverse Ansichten immer seltener geäußert werden, je stärker sich in einer Gesellschaft eine Mehrheitsmeinung herauskristallisiert. Die Angst vor sozialer Isolation bringt andersdenkende Menschen zum Schweigen und stößt dadurch einen Spiralprozess an, an dessen Ende praktisch nur noch die siegreiche Position kommuniziert wird (Noelle-Neumann 2001). Auch dieser Mechanismus greift in einer multikulturellen Gesellschaft immer weniger. In den Selbstbestätigungszirkeln der Social Media führt eine abweichende Meinung aber tatsächlich wieder zur sofortigen Ausgrenzung. Ein konstruktiver Diskurs, der Extreme relativiert und Flachweltapostel wieder auf den festen Boden der Erdkugel zurückholen könnte, wird durch die Schweigespirale also wirksam verhindert.

4.4 Digitale Medienethik – Regeln für den Wilden Westen

Schon das Internet hat die Kommunikationslandschaft in den letzten drei Jahrzehnten grundlegend verändert. Social Media hat diese Entwicklung dann seit Anfang dieses Jahrtausends noch einmal deutlich beschleunigt. Die Kommunikationswissenschaft tut sich schwer, mit diesem Wandel Schritt zu halten, nicht zuletzt, weil mehr wirtschaftliches Interesse an einer hemdsärmeligen Nutzung der neuen Mechanismen besteht als an einer soliden und entsprechend studienintensiven Grundlagenforschung. Dementsprechend gibt es nur erste Erkenntnisse über die Mechanismen digitaler Kommunikation, aus denen sich Handlungsempfehlungen für den Umgang mit Chancen und Risiken ableiten ließen. Noch stärker hinkt die Gesetzgebung der veränderten Realität hinterher. Seit Jahrzehnten unveränderte rechtliche Vorgaben zielen weitestgehend auf die alte Welt von Print und linearen Sendern. Die zügiger aktualisierten medienethischen Selbstverpflichtungen wiederum betreffen nur professionelle Akteurinnen und Akteure aus Journalismus und Public Relations und erfassen damit genau die Vielzahl neuer Kommunikatorinnen und Kommunikatoren nicht, auf die es mittlerweile ankommt. Selbst das bestehende Werberecht ist auf die veränderte Ausgangslage kaum trennscharf anwendbar, wie der bis zum BGH getriebene Schleichwerbungs-Prozess gegen die als Fußballer-Gattin prominente Cathy Hummels zeigt (BGH 2021). Digitale Kommunikation findet also immer noch in einem medialen Wilden Westen statt, der es milliardenschweren Plattformbetreibern ermöglicht, alles zu tun, was ihnen profitabel erscheint, und Millionen von Prosumern in eine rechtliche Grauzone zwingt. Das Spektrum der Agierenden reicht dabei von Normalbürgerinnen und -bürgern, deren Post oder Video gegen alle Wahrscheinlichkeit plötzlich viral geht, über Influencer mit mehr oder weniger ausgeprägter Bindung an zahlende Unternehmen bis hin zu professionellen Kommunikationsschaffenden aus Wirtschaft und Medienwelt. Hinzu kommen Kräfte, die ganz bewusst eine Desinformation oder Destabilisierung außerhalb des geltenden Rechts betreiben. Berüchtigt sind hier beispielsweise russische Trollfabriken, in denen eine Vielzahl von Menschen dafür bezahlt werden, Verschwörungstheorien zu verbreiten und Fehlinformationen zu streuen, um Einfluss auf Wahlen im demokratischen Westen zu nehmen. Hinzu kommen von künstlichen Intelligenzen gesteuerte Bots, die rund um die Uhr an derselben Aufgabe arbeiten und ihre Botschaften fast beliebig für die jeweiligen Zielgruppen ausdifferenzieren können.

Die Gemengelage kaum regulierter Plattformen, einer Heerschar von Prosumern ohne professionellen Hintergrund sowie die Einflussnahme zwielichtiger Kräfte machen Internet und Social Media zu einem Tummelplatz populistischer Kommunikationsformen. In abgeschotteten Filterblasen und Echokammern entwickeln sich dabei häufig Positionen, die klar außerhalb des demokratisch Akzeptierten und häufig auch des rechtlich Zulässigen liegen. Sehr wahrscheinlich wird diese Radikalisierungstendenz dabei durch die Algorithmen der jeweiligen Plattformen noch verstärkt. Im stärker unter Beobachtung stehenden öffentlichen Diskurs nimmt die Radikalität zwangsläufig ab. Dafür wird aber auch dort mit sämtlichen rhetorischen Werkzeugen gearbeitet, die für die Grauzone am Rande der Legalität entwickelt wurden. Im englischen Sprachraum haben sich für diese kommunikativen Strategien Namen durchgesetzt, die sämtlich der Tierwelt entstammen. *Dog Whistle* bezeichnet beispielsweise eine Kommunikationsform, bei der suspekte Kernbegriffe von der eigentlichen Zielgruppe sehr wohl verstanden werden, bei der breiten Masse aber als unverfänglich durchgehen. So wie die Töne einer Hundepfeife nur für den Vierbeiner, nicht aber für den Zweibeiner hörbar sind, wird beispielsweise die Erwähnung einer ‚internationalen Finanzelite' nur am rechten Rand so antisemitisch verstanden, wie sie gemeint ist. *Dead Cat* ist eine Strategie, unliebsame Diskussionen zu beenden, in dem man ein völlig anderes, aber deutlich skandalöseres Thema – die tote Katze – auf den Tisch wirft. Ihr Gegenpol ist der *Elephant in the Room*, bei dem ein schwergewichtiges Diskussionsthema totgeschwiegen wird, obwohl es für jeden sichtbar den Raum dominiert. Mit einem *Red Herring* schließlich werden Diskussionen bewusst in eine wenig zielführende Richtung abgelenkt, so wie man früher Hundemeuten bei der Fuchsjagd mit einem geräucherten Hering in die Irre geführt hat. In einem kommunikativen Umfeld, dem zunehmend ein gesellschaftsverbindender Konsens über Fakten und Werte abhandenkommt, bekommt diese Menagerie kommunikativer Kunstgriffe eine immer größere Bedeutung. Selbst jenseits dreister Lügen, mit denen heute Politik gemacht und Kriege schöngeredet werden, kann der öffentliche Diskurs so manipuliert werden, dass bislang Undenkbares politische Realität wird. Der Brexit, die Wahl Donald Trumps zum US-Präsidenten und der selbst nach seiner Abwahl weiter betriebene Fundamentalumbau der amerikanischen Gesellschaft wären ohne den großflächigen Einsatz fragwürdiger PR-Instrumente wohl kaum möglich gewesen.

Es ist also bitter nötig, rechtliche Vorgaben und ethische Standards, wie sie in den klassischen Medien existieren, auch für den digitalen Raum zu entwickeln und durchzusetzen. In der Praxis erweist sich diese Aufgabe aber als außerordentlich komplex. Die Maximalforderung, Kommunikationskanäle mit ausgeprägtem Wildwuchs schlicht zu verbieten, passt nicht in einen Rechtsstaat und lässt sich selbst in Diktaturen kaum durchsetzen – Feindsender werden selbst bei Androhung der Todesstrafe gehört. Auch der Versuch, abstrakte Datenschutzkonzepte auf die Kommunikationsrealität anzuwenden, hat sich als wenig effizient erwiesen. Die Datenschutzgrundverordnung der EU hat beispielsweise vor allem erreicht, dass Fotos von Kindergartengruppen verpixelt werden müssen. An der Knebelung von App-Nutzenden durch ellenlange Nutzungsverträge oder der ausufernden Datensammlung über das Nutzungsverhalten hat sich dagegen kaum etwas geändert. Zudem wird bei allen Eingriffen der sensible Bereich der Meinungsfreiheit berührt. In einer Demokratie muss es erlaubt sein, die Erde gegen alle Vernunft für eine Scheibe zu halten und das auch öffentlich zu sagen.

Ein wichtiger Hebel bei der Entwicklung einer digitalen Medienethik setzt bei den Plattformbetreibern an. Hier sollten nah am tatsächlichen Geschehen Falschinformationen konsequenter als heute gekennzeichnet, von Bots betriebene Accounts gelöscht und Verstöße gegen interne oder gesetzliche Vorgaben geahndet werden. Noch wichtiger wäre es, Empfehlungsalgorithmen nicht mehr nur nach ökonomischen Gesichtspunkten zu programmieren und damit Radikalisierungsspiralen anzustoßen. Auch diese – weitgehend bereits heute konsensfähigen – Forderungen haben aber ihre Schattenseiten. In radikalisierten Foren wird ein Warnhinweis auf fragwürdige Informationen vermutlich eher als Ehrenzeichen verstanden werden und wenig Wirkung haben. Das größte Problem bringt ganz generell der Ansatz mit sich, gewinnorientierten Plattformbetreibern Zensuraufgaben zu übertragen. Bei der Abwägung zwischen dem Schutz der individuellen Meinungsfreiheit und erheblichen Strafzahlungen bei unterlassenen Eingriffen ist die Wahrscheinlichkeit hoch, dass sich die Regelungspraxis stärker an wirtschaftlichen Interessen als am Prinzip der freien Meinungsäußerung orientiert.

Bei der Überwindung des kommunikativen Wilden Westens können neue wissenschaftliche Erkenntnisse, aktualisierte Gesetze und die stärkere Inpflichtnahme der Plattformbetreiber Weichen in die gewünschte Richtung stellen. Letztlich kann die Schlacht um eine digitale Medienethik, die ihren Namen verdient, aber nur im gesellschaftlichen Diskurs selbst gewonnen werden. Professionelle Agierende, die sich Recht und Medienethik verpflichtet fühlen, muss es gelingen, ihre angestammten Zielgruppen wieder zu erreichen und – noch wichtiger – ihr Vertrauen zurückzugewinnen. Das beginnt mit den politischen Parteien, die (mit Ausnahme der AfD) noch begreifen müssen, dass digitale Kommunikation keine Baustelle ist, auf der man Praktikantinnen und Praktikanten spielen lässt. Vor allem aber gilt es für die Qualitätsmedien, welche ihrerseits begreifen müssen, dass der Besitz eines Presseausweises im Netz keinen Status und auf der Straße gelegentlich sogar Prügel bringt. Es ist vielmehr nötig, im Netz nach digitalen Regeln zu spielen, die Versäumnisse der Vergangenheit aufzuarbeiten und den Kontakt zu verlorenen Zielgruppen Schritt für Schritt über den Aufbau von digitalen Meinungsführern und die Erzeugung spürbaren Nutzens für die Rezipientinnen und Rezipienten zurückzugewinnen.

Literatur

Baerns, B. (1985). Öffentlichkeitsarbeit oder Journalismus? Zum Einfluß im Mediensystem. Verlag Wissenschaft und Politik, Köln

Barlow, J.P. (1996). A Declaration of the Independence of Cyberspace https://projects.eff.org/~barlow/Declaration-Final.html (abgerufen am 13.04.2022)

BGH (2021). Urteil im Prozess um Schleichwerbung durch Influencer. I ZR 126/20, I ZR 90/20, I ZR 125/20

Blumler, J.G.; Kavanagh, D. (1999). The Third Age of Political Communication: Influences and Features. Political Communication (16): 209–230

Bourdieu, P. (1982). Die feinen Unterschiede. Kritik der gesellschaftlichen Urteilskraft. Suhrkamp, Frankfurt/M.

Cinelli, M.; De Francisci Morales, G.; Galeazzi, A.; Starnini, M. (2021). The echo chamber effect on social media. Proceedings of the National Academy of Sciences 118 (9) https://www.pnas.org/doi/10.1073/pnas.2023301118 (abgerufen am 29.04.2022)

Coleman, J.; Katz, E.; Menzel, H. (1957). The Diffusion of an Innovation among Physicians. Sociometry 20: 253–270

Duckwitz, A. (2019). Influencer als digitale Meinungsführer. Wie Influencer in sozialen Medien den politischen Diskurs beeinflussen – und welche Folgen das für die demokratische Öffentlichkeit hat. Friedrich-Ebert-Stiftung, Bonn

Faktenkontor (2016). https://de.statista.com/infografik/4230/nutzung-ausgewaehlter-social-media-angebote/ (abgerufen am 13.04.2022)

Flat Earth International Conference (2019). https://fe2019.com/schedule/ (abgerufen am 06.04.2022)

Geiger, T. (1967/1932). Die soziale Schichtung des deutschen Volkes. Soziographischer Versuch auf statistischer Grundlage. Ferdinand Enke, Stuttgart

Gerbner, G. (1970). Cultural Indicators: The Case of Violence in Television Drama. Annals of the American Academy for Political and Social Science, 388(1): 69–81

Herzog, H. (2004/1941). On Borrowed Experience: An Analysis of Listening to Daytime Sketches. In J. Durham Peters, J.; Simonson, P. (Hrsg.). Mass Communication an American Social Thought. Key Texts, 1919–1968 (139–157) Rowman & Littlefield Publishers, Lanham

Horton, D.; Wohl, R. (1956). Mass communication and para-social interaction. Observations on intimacy at a distance. Psychiatry 19 (3): 215–229

Katz, E. (1959). Mass Communications Research and the Study of Popular Culture: An Editorial Note on a Possible Future for this Journal. Studies in Public Communication 2: 1–6.

Katz, E.; Foulkes, D. (1962). On the use of the mass media as 'escape' – Clarification of a concept. Public Opinion Quarterly, 26: 377–388

Katz, E.; Haas, H.; Gurevitch, M. (1973). On the Use of the Mass Media for important Things. American Sociological Review 38: 164–181

Kind, S.; Weide, S. (2017). Microtargeting: psychometrische Analyse mittels Big Data. TAB Büro für Technologiefolgen-Abschätzung beim Deutschen Bundestag. TAB, Berlin

Kosinski, M.; Stillwell, D.; Graepel, T. (2013). Private traits and attributes are predictable from digital records of human behavior. In: Proceedings of the National Academy of Sciences of the United States of America 110(15): 5802–5805

Lasswell, H.D. (1948). The Structure and Function of Communication in Society. In: Bryson, L. (Hg.). The Communication of Ideas. A Series of Addresses. New York: Harper: 32–51

Lazarsfeld, P.F.; Berelson, B.R. & Gaudet, H. (1944). The people's choice: How the voter makes up his mind in a presidential campaign. Duell, Sloan, and Pearce, New York

Lee, P. (2016). Learning from Tay's introduction. Official Microsoft Blog 25.03.2016. https://blogs.microsoft.com/blog/2016/03/25/learning-tays-introduction/ (abgerufen am 29.04.2022)

Merten, K. (1994). Wirkungen von Kommunikation. In: Merten, K.; Schmidt, S.J.; Weischenberg, S. (Hrsg.): Die Wirklichkeit der Medien. Eine Einführung in die Kommunikationswissenschaft. Springer Fachmedien, Wiesbaden: 291–328

Merton, R.K. (1948). Patterns of influence: A study of interpersonal influence and of communications behavior in a local community. Communications research. In: Lazarsfeld, P.F.; Stanton, F. (Hrsg.): Communications Research 1948–1949. Harper & Brothers, New York: 180–219

Nix, A. (2017). Interview für den Forbes-Podcast The Premise. https://soundcloud.com/user-938834468/cambridge-analytica-alexander-nix (abgerufen am 29.04.2022)

Noelle-Neumann, E. (2001). Die Schweigespirale. Öffentliche Meinung – unsere soziale Haut. LangenMüller, München

Palmgreen, P. (1984). Der „Uses and Gratifications Approach". Theoretische Perspektiven und praktische Relevanz. Rundfunk und Fernsehen, 32 (1): 51–59

Pariser, E. (2011). Filter Bubble – Wie wir im Internet entmündigt werden. Hanser, München

Rat der EU (2022). Gesetz über digitale Märkte https://data.consilium.europa.eu/doc/document/PE-17-2022-INIT/de/pdf (abgerufen am 28.09.2022)

Rezo (2019). Die Zerstörung der CDU. https://www.youtube.com/watch?v=4Y1lZQsyuSQ (abgerufen am 13.04.2022)

Ribeiro, M.H.; Ottoni, R.; West, R.; Almeida V.A.F.; Wagner, M. (2019). Auditing Radicalization Pathways on YouTube. https://doi.org/10.48550/arXiv.1908.08313 (abgerufen am 29.04.2022)

Rosengren, K.E.; Windahl, S. (1977). Mass media use: Causes and effects. *Communications, 3*(3): 336–352.

Rusdi, F.; Rusdi, Z. (2020). The Role of Online Media Gatekeeper in the Era of Digital Media. Advances in Social Science. Education and Humanities Research 439: 542–544

Saxer, U.; Bonfadelli, H.; Hättenschwiler, W (1980). Die Massenmedien im Leben der Kinder und Jugendlichen. Eine Studie zur Mediensozialisation im Spannungsfeld von Familie, Schule und Kameraden. Klett & Balmer, Zug

Schach, A.; Lommatzsch, T. (2018). Influencer Relations: Marketing und PR mit digitalen Meinungsführern. Springer Gabler, Wiesbaden

Schelsky, H. (1954). Wandlungen der deutschen Familie in der Gegenwart. Darstellung und Deutung einer empirisch-soziologischen Tatbestandsaufnahme (2. Auflage) Ferdinand Enke, Stuttgart

Sinus (2022). https://www.sinus-institut.de/sinus-milieus/sinus-milieus-deutschland (abgerufen am 08.04.2022)

Witzel, K.; Kaminski, C.; Struve, G.; Koch, H. J. (2008). Einfluss des Fernsehkonsums auf die Angst vor einer Operation. NeuroGeratrie, 5 (2)

5

„'Die da oben' wollen die Menschheit versklaven" – Wie Krisenkommunikation bei der Deeskalation populistischer Rhetorik unterstützen kann

Zusammenfassung Die grundlegenden Veränderungen der Kommunikation in einer digitalisierten Medienlandschaft zeigen sich besonders deutlich in der Krise. Die Aluhut-Träger der Pandemie und die Putin-Versteher des Ukrainekriegs beziehen ihre kruden Ideen gleichermaßen aus den im Internet verbreiteten Verschwörungstheorien. Dieses Kapitel setzt sich zunächst mit dem Begriff der Krise und einer Krisenkommunikation auseinander, die in der Lage ist, Unsicherheit abzubauen, Konflikte zu deeskalieren und Räume für eine systematische Bewältigung der Krise zu eröffnen. Anschließend wird die Doppelrolle der Rhetorik analysiert, die auf der einen Seite ein mächtiges Werkzeug der Verschwörungstheoretiker innen und -theoretiker bei der Verbreitung ihrer Desinformationen ist, die richtig eingesetzt aber auch ein Hebel sein kann, der die Rückkehr von der ideologischen Konfrontation zum konstruktiven, faktenbasierten Dialog ermöglicht.

> „Ich lasse mir keine Brühe injizieren" ruft eine Frau in das Mikrofon der Reporterin. Sie trägt ein Laken, auf dem in großen Lettern „GESUND" geschrieben steht. Schließlich wisse man doch nicht um die Nebenwirkungen. Die Angst vor einem sogenannten „Impfzwang" treibt die Menschen laut trommelnd und singend durch die Straßen Berlins: „Für Frieden, Freiheit, keine Diktatur!". Auf der Querdenker-Demo im August 2021 werden sogar Vergleiche zum dritten Reich gezogen. Die Wut ist groß. Und zwar, weil die Wissenschaft den Schlüssel zur Eindämmung des global grassierenden SARS-CoV-2-Virus gefunden hat. Eigentlich ein Hoffnungsschimmer, aber gleichzeitig treibt dies den Keil in der Gesellschaft noch tiefer, denn seit Beginn der Corona-Pandemie im Frühjahr 2020 haben sich krude Verschwörungstheorien rasant verbreitet.

Corona-Pandemie, Energiekrise, Russland-Ukraine-Krieg – wir leben gefühlt seit Jahren im Krisenmodus und damit auch in einer Zeit der Krisenkommunikation. Doch wann sprechen wir überhaupt von einer Krise? Der Begriff ist im Alltag unscharf und wird ebenso inflationär gebraucht wie beispielsweise derjenige der Digitalisierung. So gibt es Krisen unter anderem bei persönlichen Problemen (z. B. midlife-crisis) oder medizinisch-krankhaften Zuständen, in der Entwicklung von Unternehmen (z. B. Wirecard-Krise), von Regionen (Krisenregionen) über riskanten Entwicklungen in funktionalen Teilsystemen der Gesellschaft (z. B. Energiekrise) bis hin zu ganzen Epochen („Krise des gegenwärtigen Zeitalters" (Merten 2008)). Wie Kommunikation in Zeiten der Krise helfen kann und was passiert, wenn sie scheitert, zeigen wir im folgenden Kapitel auf. Wesentliche Argumentationsstränge stützen sich dabei auf die herausragenden Masterarbeiten von Julian Siebert

(2021) zur Krisenkommunikation sowie Anna Päseler (2021) zur Doppelrolle der Rhetorik im Umgang mit Verschwörungstheorien und ihren Verfechterinnen und Verfechtern.

Ursprünglich kommt der Begriff Krise aus dem Griechischen (krisis) und bedeutet übersetzt „die Entscheidung" oder „das Urteil". (Meyer und Steinthal 2001) Im 18. Jahrhundert wird „Crise" unter dem Einfluss der französischen Sprache eingedeutscht. Eine Crise ist als schwierige oder gefährliche Lage oder auch als Entscheidungs- oder Wendepunkt zu verstehen und wird auf wirtschaftliche und politische Zustände übertragen (Pfeifer 1993) und heute weiter spezifiziert als „Situationen, in denen sich entscheidet, ob sich ein negativer Zustand zum Guten oder zum Schlechten wendet" (Kepplinger 2015, S. 995).

Krisenkommunikation meint deshalb die Frage des Umgangs mit solchen Situationen. Neben den Wirtschaftswissenschaften, die nahezu ausschließlich Unternehmen als Organisationen untersuchen, kümmert sich die Kommunikationswissenschaft um die Erforschung der Bedingungen und Strukturen von Krisenkommunikation (Löffelholz und Schwarz 2008). Generell lassen sich zwei große Themenfelder identifizieren, in denen sich die Forschung zur Krisenkommunikation bewegt. Einerseits geht es um die Handlungen einer Organisation während oder nach einer Krise und wie sie kommuniziert, um eine Krise bestmöglich zu bewältigen. Andererseits geht es darum, Probleme in der Kommunikation zu identifizieren, die zu einer Krise geführt haben, etwa wenn überhaupt erst die Äußerungen eines Unternehmens oder einer Führungskraft zu einer Krise geführt haben (Marsen 2020).

Eine beliebte Form der Untersuchung von Krisen ist die Fallstudie. Dabei werden einzelne – oft spektakuläre – Krisen aus Wirtschaft und Politik analysiert (Löffelholz und Schwarz 2008), um erfolgreiche Verhaltensweisen zu identifizieren und präventiv Lösungswege für künftige Fälle aufzuzeigen. Thematisch sind diese jedoch naturgemäß sehr divers und reichen von politischen Regierungskrisen über Unternehmensrestrukturierungen, Produktrückrufen, Fällen von Umweltverschmutzung oder Lebensmittelvergiftungen bis hin zu Flugzeugabstürzen. Kommen dann noch unterschiedliche Methodiken in der Fallbearbeitung vor, führt dies zu einer mangelnden Generalisierbarkeit sowie Replizierbarkeit der Studien (An und Cheng 2010). Werfen wir doch einmal einen Blick auf die wichtigsten Krisenarten und wie man ihnen vorbeugen kann.

5.1 Krisenarten

Durch eine Krise kann einer Organisation, einem Unternehmen oder einer Institution Schaden entstehen. Dieser Schaden besteht sowohl auf der Seite der betroffenen bzw. geschädigten Personen als auch auf Seiten der verursachenden bzw. beteiligten Unternehmen. Krise im betriebswirtschaftlichen Sinne meint dabei nicht jedes fehlgeleitete Projekt oder wieder aufgegebene Geschäftsfeld, sondern eine Phase der Existenzbedrohung für den Fortbestand eines Unternehmens. Kommunikationswissenschaftlich betrachtet, kann aber schon eine weniger existenzielle Bedrohung eine Krise sein, da schon zunächst begrenzte und betriebswirtschaftlich lösbare Probleme wie Produktfehler, Korruptionsvorwürfe oder Umweltverschmutzung sich gesamthaft auf Image und Reputation des Unternehmens auswirken können und deshalb als Krise angesehen werden (Ullrich und Brandstädter 2016). Bedrohlich ist, dass in einer Krise der Schadensfall in der Regel bereits eingetreten ist und die Geschwindigkeit, in der die Krise vorangeht, entweder sehr schnell oder unbekannt ist. So werden in dieser Kategorie Krisen definiert als „unvorhergesehene und unklare Situationen, die die Reputation oder gar den Fortbestand einer Organisation in ihrer bisherigen Form in Frage stellen können. Krisen sind also sehr bedeutsame und schwierige Konstellationen, die die zukünftige Entwicklung einer Organisation beeinflussen und häufig sogar Wendepunkte darstellen können." (Mast 2008, S. 98)

Spannend wird nun, ob Krisen plötzlich und unvorhergesehen auftreten. Eine Unternehmenskrise ist schließlich kein Naturereignis, mit dem niemand rechnen kann. Die meisten Unternehmen wissen gut um ihre Risiken, die beispielsweise in ihren Produktionsprozessen, ihrem Branchenschwerpunkt oder ihrem Umfeld liegen (Fiederer und Ternès 2017). Die große Frage ist aber, ob sie sich auf eine Krise auch tatsächlich vorbereiten, indem sie systematische Kommunikationspläne entwickeln, nach denen bei Ausbruch einer Krise gehandelt werden kann. Diese Risikokommunikation genannte Form der kommunikativen Prävention ist durchaus bekannt, die Methoden vorhanden, allerdings wird nach unserer Einschätzung in viel zu wenigen Organisationen danach gehandelt. Wir kommen auf das Feld der Risikokommunikation gleich noch einmal zurück. Vorher wollen wir uns aber die verschiedenen Krisentypen einmal genauer ansehen.

Krisen sind so vielfältig, dass sie typisiert und geordnet werden können. Für jede Ursache können dann spezifische Instrumentarien greifen. Mast (2008) unterscheidet zwischen folgenden Typen einer Krise:

Naturereignisse
Diese zeichnen sich dadurch aus, dass sie für die Betroffenen sehr überraschend auftreten und Unternehmen treffen, die gut oder weniger gut vorbereitet sind (z. B. Stürme an Seilbahnen).

Intentionale Handlungen Dritter
Diese decken ein breites Spektrum von Ursachen ab. Es kann sich beispielsweise um Produktsabotagen, Entführungen oder Terroranschläge handeln. Auch diese kommen für Unternehmen meist unvorhersehbar, insbesondere, was den Zeitpunkt der Handlung betrifft.

Ereignisse/Unfälle
Ereignisse oder Unfälle stellen ein durchgehendes Risiko für Unternehmen dar, für die es nötig ist, vorbereitet zu sein. Dies kann für eine Fluggesellschaft zum Beispiel ein Flugzeugabsturz sein.

Medienkrisen
Medienkrisen entstehen durch kritische bzw. negative Berichterstattung über die Organisation von Journalistinnen oder Journalisten, dabei kann es sich auch um Studien, Testberichte oder Veröffentlichungen unter anderem auf Foren handeln. Auch Fake-News können hier Auslöser sein, gerade im politischen Raum ist dies sogar eine häufig geübte Praxis.

Fehler, Mängel
Diese beziehen sich einerseits auf defizitäre Leistungen einer Organisation (z. B. Produktfehler) oder auch kritikwürdiges Handeln der Organisation (etwa Leistungseinkauf in der dritten Welt ohne Qualitätskontrolle im Hinblick auf Inhaltsstoffe oder Produktionsprozesse) oder von Repräsentanten der Organisation (z. B. Fehlverhalten von Führungskräften, z. B. Alkohol, übergriffiges Verhalten etc.).

Regelverstöße
Krisen, die sich um Gesetzesverstöße bzw. kriminelles Handeln drehen, bezeichnet Mast als besonders ernst für die Reputation einer Organisation.

Die obige Auflistung zeigt, dass nicht alle Krisen für eine Organisation vorhersehbar sind. Einerseits gibt es „Überraschungskrisen", die plötzlich auftreten können (z. B. Unfälle) und ein präventives Handeln einer Organisation unmöglich machen. Andererseits gibt es schleichende Entwicklungen von Krisen, die grundsätzlich mehr Zeit lassen würden, sich rechtzeitig und angemessen auf sie einzustellen, beispielsweise sinkende Margen oder nachlassendes Kaufinteresse von Kundinnen und Kunden. Diese Krise würde sich dadurch auszeichnen, dass sich die Intensität der Aufmerksamkeit, die die Öffentlichkeit ihr schenkt, erst langsam bis zu einem Höhepunkt aufbaut und dann auch langsam abbaut (Mast 2008).

Zu beachten ist also, ob eine Krise intern oder extern einer Organisation verursacht wurde, also was die ursprüngliche Quelle der Krise ist. Externe Krisen treten meistens plötzlich und für das Unternehmen überraschend auf. Handelt es sich dagegen um interne Krisen, wie zum Beispiel technische Pannen oder menschliches Fehlverhalten, so können Krisen eher vorausgesehen werden und es besteht mehr internes Know-how, um auf die Krise zu reagieren.

Kommt es zum Kriseneintritt, herrscht häufig eine hohe mediale Aufmerksamkeit und Verwirrung. Hier gilt es, schnell auf Medienberichte zu reagieren, die Krisenursache festzustellen und zu kommunizieren. Lässt sich die Krise damit nicht eindämmen, finden sich Unternehmen häufig in einer unangenehmen Situation wieder, bei der sich die Krise auswächst und es kann zu einem Wildwuchs an Fehlinformationen oder Gerüchten kommt. Hier ist es wichtig, den Informationsfluss zu beherrschen und nicht von ihm beherrscht zu werden. Ebbt die Krise dann ab und ist das Interesse der Medien nicht mehr groß, gilt es, den Umgang mit der Krise und die Kommunikation zu evaluieren und für künftige Krisen zu verbessern (Reynolds 2002).

5.2 Issue- und Risikomanagement zur Krisenvorbeugung

Ein mit der Krise eng verwandter Begriff ist der des Risikos. Darunter lässt sich eine der Krise vorgelagerte Situation verstehen, bei der ein potenzieller Schaden oder Verlust sichtbar wird, ohne dass dieser Verlust real bereits eingetreten ist (Coombs 2010a). Die Risikowahrnehmung in der Öffentlichkeit ist allerdings kaum objektiv darstellbar. Viele Menschen können statistische und probabilistische Aussagen nicht gut verarbeiten oder sind ungeübt in der Abwägung verschieden wahrscheinlicher Szenarien. Deswegen werden häufig vereinfachende Heuristiken herangezogen, die jedoch zu Fehleinschätzungen führen. Heuristiken bezeichnen Methoden, bei denen man mit begrenztem Wissen und häufig unvollständigen Informationen und wenig Zeit dennoch zu wahrscheinlichen Aussagen oder praktikablen Lösungen kommt (Gigerenzer und Todd 1999). Ein gängiges Verfahren dabei ist Verfügbarkeitsheuristik. Hierbei beurteilen wir die Wahrscheinlichkeit des Eintritts eines bestimmten Ereignisses danach, wie die Verfügbarkeit mit ähnlichen Ereignissen in unserer Erinnerung abrufbar ist. Das bedeutet, dass wir Dinge für wahrscheinlicher halten, wenn wir sie schnell und leicht aus dem Gedächtnis abrufen können. Wir merken uns aber Dinge besser, wenn sie besonders, selten oder emotional besonders aufwühlend sind. Nehmen wir zum Beispiel einen Flugzeugabsturz. Diesen überleben in der Regel einhundert Prozent der Betroffenen nicht, wodurch die Gefahr als sehr hoch eingeschätzt wird. Gleichzeitig ist die Wahrscheinlichkeit, durch einen Flugzeugabsturz betroffen zu sein, extrem gering. So kam es im Jahr 2021 weltweit zu insgesamt 26 Flugzeugunfällen, bei denen insgesamt 121 Menschen verstarben (Ascend 2022). Zum Vergleich: allein in Deutschland starben 2562 Menschen im Straßenverkehr (Statistisches Bundesamt 2022). Und – haben Sie darauf geachtet: Wir haben hier Weltzahlen mit denen von Deutschland verglichen! Gemessen an der Zahl der Flüge liegt die Wahrscheinlichkeit, mit dem Flugzeug abzustürzen bei 0,00004 %. Dadurch, dass über derartig seltene, aber spektakuläre Todesursachen in den Medien mehr berichtet wird und diese dadurch eine hohe Aufmerksamkeit erhalten, wird das Risiko, an einer solchen Todesursache zu versterben, in der breiten Öffentlichkeit überschätzt (Baumgärtner 2008) und das gefühlte Risiko erscheint viel höher. Gefühl reicht eben nicht aus, um zu statistisch objektiven Aussagen zu kommen.

Risiken können sich also aus unterschiedlichen Gründen zu Krisen entwickeln, entweder weil sie eintreten oder weil die (gefühlte) Gefahr des Eintretens steigt. Ein gutes Beispiel ist die Energiewende in Deutschland nach der Kernreaktorkatastrophe in Fukushima 2011. Der Nuklearunfall ereignete sich nach einem Erdbeben der Stärke 8,9 im Nordwesten Japans und einem darauffolgenden Tsunami, der das Stromnetz und die Notstromaggregate beschädigte und damit den Betrieb der Kühlsysteme verhinderte, um die Reaktoren zu kühlen. Die Deutschen waren noch nie große Freunde der Kernkraft. Obwohl Deutschland im Unterschied zu Japan keine Erdbeben in dieser Intensität kennt, führte der Nuklearunfall erneut zu erheblichen Diskussionen um die Atomkraft, dem starken Wiederaufflackern von Ängsten durch die ständige Verfügbarkeit von Katastrophenbildern und so letztlich zum vorgezogenen Ausstieg aus dieser Energie, trotz europaweit modernster Kernkraftwerke.

Nuklearunfälle sind seltene, aber hochgefährliche und plötzlich auftretende Ereignisse. Durch das Risikomanagement sollen hingegen solche Krisen beherrschbar gemacht werden, die als mögliche, aber beherrschbare Gefahr erscheinen. Einer Organisation mit einem funktionierenden Risikomanagement müsse klar sein, wie sie „in einer Situation agieren muss, in der sich ein Risiko zur Krise entwickelt." (Fiederer und Ternès 2017, S. 16) Zwar sei es nicht möglich, eine Reaktion auf jedes mögliche Krisenszenario vorzubereiten, trotzdem sollten potenzielle Krisenfälle von Organisationen vorbereitet werden, um den Bedrohungsgrad eines Risikos möglichst gering zu halten.

Wie kann ein Unternehmen nun präventiv Risiken einschätzen und mögliche Krisenszenarien überhaupt entwickeln? Hierbei hilft das Issue Management, mit dessen Hilfe Managementprobleme eines Unternehmens identifiziert werden können, etwa Abhängigkeiten in den Lieferketten. Durch das Risikomanagement müssen diese Probleme dann bewertet werden, um ihre Eintrittswahrscheinlichkeit zu prognostizieren. Bei hoher Eintrittswahrscheinlichkeit kann dann die Krisenkommunikation für verschiedene Krisenfälle präventiv geplant werden.

5 „‚Die da oben' wollen die Menschheit versklaven" – Wie …

Zum Issue Management gehöre die Beobachtung der Themen, die für Stakeholder des Unternehmens relevant sind. Das Unternehmen reagiert gegebenenfalls in Diskussionen, um selbst ein aktiver Teilnehmer der Diskussion zu werden. „Es bringt eigene Inhalte, Vorstellungen und Forderungen in die Öffentlichkeit, befördert Diskussionsprozesse und positioniert sich wiederum zu deren Inhalten. Kurz: Es managt seine Issues." (Steinke 2014, S. 25) Dies sei eine Möglichkeit, sich bereits zu Themen aufzustellen und zu äußern, bevor diese zu Krisen werden können (Steinke 2014).

Krisenmanagement stellt folglich einen übergeordneten Begriff dar, bei dem die Krisenprävention mit dem der Schutz der Stakeholder und des Unternehmens als oberstes Ziel miteingeschlossen ist. (Coombs 2010b). Dabei stellt ein schnelles und strategisch durchdachtes Handeln vor, während und nach einer Krise eine unablässige Voraussetzung dar, um mit einer Krise gut fertig zu werden.

Wie kann nun kommunikativen Handeln vor der Krise aussehen? Es geht zunächst um drei Aspekte:

- Über Risiken aufzuklären,
- Vertrauen für die Organisation/den Staat aufzubauen,
- einen Dialog mit allen relevanten Interessensgruppen herzustellen (Meyer et al. 2017).

Damit ist man zunächst gut gerüstet, sollte sich eine Krise am Horizont abzeichnen. Es muss sich also zu einer Zeit der Nichtkrise Gedanken gemacht werden, wie man sich auf mögliche Krisenfälle bestmöglich vorbereiten kann. Die in Organisationen bekannten Faktoren, die möglicherweise eine Krise auslösen könnten, sind häufig nicht völlig unbekannt (etwa unkontrollierte Lieferketten, vorhersehbare Filialschließungen oder Mitarbeiterfreistellungen aufgrund von schlechter Wirtschaftslage usw.). Hier gilt es, für die Möglichkeit des erwarteten Krisenfalls verschiedene Szenarien durchzuspielen und Antworten auf Krisen vorzubereiten, die hoffentlich nie jemand braucht. Dabei gilt es auch, frühzeitig Argumente für die Managemententscheidungen zu finden und anhand von Simulationen zu erproben, inwieweit diese Antworten den verschiedenen Zielgruppen gerecht werden. Zeichnet sich die Krise bereits am Horizont ab, so muss sich spätestens intern auf eine Krise vorbereitet werden, indem zum Beispiel ein Krisenstab und Pläne erstellt werden.

Was passiert, wenn die Issues nicht gemanagt werden, zeigt der aktuelle Fall der Gaskrise in Deutschland: Als am 20. Februar 2022 Russland in die Ukraine einmarschierte, wurde schnell die Frage nach der deutschen Energieversorgung gestellt, die beispielsweise im Gasbereich zu mehr als der Hälfte auf russischem Gas beruhte. Ein halbes Jahr später beherrschte das Thema die mediale Debatte und war in aller Munde. Zu diesem Zeitpunkt hatten sich die Gaspreise in Deutschland für die Verbraucherinnen und Verbraucher verfünffacht und die Strompreise verachtfacht. Das geschah nicht über Nacht. Dennoch erschienen zu diesem Zeitpunkt weder die Regierung noch zahlreiche Unternehmen auf das Risiko einer Gasmangellage im Winter wirklich eingestellt zu sein. Gasumlagen, die beschlossen und wieder aufgegeben wurden, Wirtschaftsdelegationen in Staaten von sehr zweifelhaftem demokratischem Ruf und der Ruf nach Entlastungspaketen für die Bevölkerung bestimmten die mediale Debatte, ohne echte Lösungswege aufzuzeigen. Ob der neue, vermutlich ab Winter 2022 greifende „Gaspreisdeckel" in dem Dilemma Abhilfe schaffen kann, stand zum Zeitpunkt der Drucklegung dieses Buches noch nicht fest. Festzuhalten bleibt, dass weder die Instrumente noch die kommunikative Linie nach einem mehrmonatigen Zeitpunkt des steigenden Risikos wirklich ersichtlich wurden.

Schafft es der Absender also nicht, frühzeitig und zielgerichtet aktiv zu werden, kann sich die Sachkrise in eine Kommunikationskrise ausweiten und den Absender der Kommunikation vollends unglaubwürdig machen. „Der Begriff Sachkrise bezieht sich auf die Gegenstände der Kommunikation, der Begriff Krisenkommunikation auf die Art und Weise, wie darüber kommuniziert wird. Beide Sachverhalte folgen ihrer jeweiligen Eigengesetzlichkeit, können sich jedoch auch gegenseitig gefährlich überlagern." (Kepplinger 2015, S. 995). Fühlen sich die Zielgruppen der Kommunikation mit dem Gesagten nicht ausreichend informiert oder halten sie die Aussagen nicht für glaubwürdig, so beginnen sie selbstständig zu recherchieren und die dabei gewonnenen Erkenntnisse zu verbreiten (Töpfer 2008). Damit geht für den Sachwalter der Krise – entweder das Unternehmen oder etwa im Falle von z. B. regionalen Krisen der Staat – die Informationshoheit verloren und die Gefahr eines Wildwuchses an Halbwahrheiten, falschen Risikobewertungen und Verschwörungstheorien steigt. Am Beispiel der Coronakrise wollen wir uns nun im weiteren Verlauf ansehen, wie sich aus einer globalen Krise eine zusätzliche kommunikative Krise für den Staat entwickelt hat und wie dieser mit Mitteln des Risiko- und Krisenmanagements begegnet werden könnte.

5.3 Fehlendes Kommunikationsvertrauen und die Folgen

„Diese Impfung enthält Nano-Partikel, die hoch giftig sind, warum soll ich mir so etwas in den gesunden Körper spritzen lassen? Das macht keinen Sinn", erklärt ein Demonstrant gegen die Coronamaßnahmen fachmännisch. Neben Micro-Chips, Biowaffen-Experimenten, 5G-Strahlung und der Verschwörung der Bundesregierung ein weiterer „alternativ" kreierter Grund, um weder an COVID-19 noch an die Wirkung der Impfung glauben zu müssen. Willkommen im Hochsicherheitstrakt der Verschwörungsgläubigen. Wer sich hier einschließt, schädigt nicht nur seinem direkten Umfeld durch ein erhöhtes Infektionsrisiko, sondern bremst die Menschheit bei der Bewältigung einer emotional stark aufgeladenen Krise aus. Wie kann Kommunikation in diesem Dilemma helfen?

Zuerst einmal ist festzuhalten, dass der Glaube an Verschwörungstheorien mit dem Aufkommen des Corona-Virus nicht schlagartig angestiegen ist. Im Gegenteil: Vor der Pandemie sahen 30 % der Bevölkerung eine Weltverschwörung als sicher oder wahrscheinlich an. Einige Monate später sank der Anteil auf 24 % – während der Pandemie nahm der Glaube an die Existenz einer Weltverschwörung in Deutschland also ab (Roose 2020). Die Anzahl der Verschwörungsgläubigen ist also nicht gestiegen. Dass Verschwörungstheorien in der öffentlichen Diskussion aber dennoch verstärkt wahrgenommen werden, liegt an der hohen Präsenz und Lautstärke ihrer Vertreterinnen und Vertreter. In der Krise – und genau das ist die Infragestellung einer Vielzahl selbstverständlich geglaubter Gewohnheiten und Freiheiten – verlassen Verschwörungstheoretikerinnen und Verschwörungstheoretiker ihre Echoräume und gehen auf die Straße. Zudem haben Impfverweigerung und Impfskepsis einen erheblichen Einfluss auf den (Miss-)Erfolg von

Immunisierungsstrategien. Krisenmanagement und Krisenkommunikation haben also die herausfordernde Aufgabe, erfolgreich mit Kommunikationsverweigerinnen und -verweigerern zu kommunizieren und die in sich geschlossenen Rhetorik der Verschwörungstheorie erfolgreich durch eigene rhetorische Strategien in Richtung eines konstruktiven Dialogs zu öffnen.

Davon überzeugt, dass es eine Corona-Verschwörung gebe („Das Corona-Virus ist nur ein Vorwand, um die Menschen zu unterdrücken") sind 5 % der Bevölkerung – sie halten die Vorstellung für sicher wahr, 9 weitere Prozent halten sie für wahrscheinlich wahr (Roose 2020). Wer an Verschwörungstheorien im Zusammenhang mit Corona glaubt, lehnt Impfungen kategorisch ab. Hinter den Schutzimpfungen vermuten diese Menschen Interessen von Finanz- und Pharmakonzernen. Sie halten COVID-19, falls überhaupt existent, für eine harmlose Grippe, die lieber vom eigenen Immunsystem bekämpft werden sollte, und viele der Opfer, welche die Pandemie fordert, wären – so die Annahme – auch an einem anderen Leiden in absehbarer Zeit verstorben. Impfgegnerinnen und -gegner weisen wenig bis keine Solidarität auf – ein riesiges Problem in einer gemeinsamen Krise (Päseler 2021, S. 89). Der Anteil der Personen, die sich im Juni 2022 „auf gar keinen Fall impfen lassen wollen" liegt bei etwa neun Prozent (2021 waren es noch rund zwölf Prozent, die eine Impfung ablehnten (COSMO 2022). Oberstes Ziel ist also, die Impfunwilligen zu erreichen. Neben Verschwörungsgläubigen und Impfgegnerinnen und -gegnern gehören dazu auch Menschen mit impfskeptischer Haltung. Sie haben so starke Zweifel an der Impfung, dass sie die Entscheidung für eine Impfung lieber von sich weg in die ferne Zukunft schieben. Ihr Nein zur Vakzination ist leider auch durch den Einfluss von Verschwörungstheorien geprägt. Der Anteil der Impfskeptischen an der Gesamtbevölkerung lag im Sommer 2021 bei über vier Prozent und ist im Juni 2022 ein Prozent gesunken (COSMO 2022).

Wie Impfverweigernde und vor allem Verschwörungsgläubige von der Wahrheit und damit einer möglichen Impfung überzeugt werden können und welche kommunikativen Muster sich dazu eignen, kann professionelle Kommunikationsforschung untersuchen. Eine besondere Rolle kommt hierbei rhetorischen Stilmitteln zu. Der folgende Abschnitt stellt entsprechende Mechanismen vor und zeigt auch mögliche Lösungsansätze, etwa für Bevölkerungskampagnen zur Impfmotivation, auf.

5.4 Kommunikative Muster in Verschwörungstheorien

Wird die Welt zu komplex, suchen Menschen nach Ordnung und Struktur. Sie suchen nach einem festen Halt, wenn sie das Gefühl haben, dass alles ins Wanken gerät. Erschüttert durch Ausnahmesituationen und unter einem Hagel von wissenschaftlich-abstrakten Fachbegriffen fürchten manche Menschen um eine Art Kontrollverlust. Sie erleben sich selbst als Spielball des Schicksals, abgehängt und ausgeliefert. Also greifen sie nach einer Erklärung, die die Wogen glättet und ihr Weltbild wieder auf Kurs bringt. Verschwörungstheorien bieten eine solch wohlige Alternative zu überfordernden Situationen wie der Corona-Pandemie. Eine Verschwörungstheoretikerin oder ein Verschwörungstheoretiker jongliert nicht mit undurchsichtigem Fachjargon á la „R-Wert" oder „Positivrate", sondern liefert ein klares Feindbild, das emotional entlastet. Strippenzieherinnen und Hintermänner werden ausgemacht, oft eine heimlich operierende Gruppe, die auf Macht und Geld aus ist oder es sich sogar zum Ziel erklärt hat, der Menschheit gezielt zu schädigen. Das vermeintliche Wissen über die „wahren" Hintergründe erhöht schlagartig das Selbstbild und führt zu einem sozialen Aufstieg: Nicht länger gehört man zu den unwissenden, wehrlosen Ermahnten, sondern klärt aktiv auf. Der Glaube an Verschwörungstheorien kann Menschen sich also grundsätzlich besser und auch überlegen fühlen lassen. Wer diese neue Superkraft an sich entdeckt hat, wird das neu gewonnene illusionäre Cape nicht mehr so schnell an den Haken hängen. (Bukenberger 2020; Krehahn 2021; Lamberty 2020; Soentgen 2020).

Verschwörungstheorien lassen sich besonders effizient über das World Wide Web streuen. Hier ist man oft anonym und meist gänzlich ohne einen moderierenden Gatekeeper unterwegs. Mit Beginn der Corona-Pandemie und dem Anstieg an alternativ zusammengedichteten Erzählungen haben Plattformen wie der Microblogging-Dienst Parler und der Messenger-Dienst Telegram außergewöhnlich viele neue User dazugewonnen. Sprunghafte Zuwächse sind besonders an Tagen von Querdenken-Demos verzeichnet worden. Die Ansprache funktioniert dabei immer über einen kleinen Samen Zweifel, den Verschwörungstheoretikerinnen und -theoretiker in die Köpfe der Menschen pflanzen. Sie nähren sie mit Ängsten und lassen sie mit den verrücktesten Behauptungen und wildesten Aussagen wuchern. Sie bieten eine Realitätsflucht in einen Dschungel aus kruden Erzählungen, die sich klassischer Weise aus drei Annahmen zusammensetzen: Erstens gehen Verschwörungstheorien von einem größeren Plan aus, der hinter allem steht – nichts geschieht durch puren Zufall. Zweitens muss man, um die Wirklichkeit zu erkennen, hinter die Kulissen schauen, denn nichts ist so, wie es scheint. Und drittens hängt alles in diesem großen verschleierten Plan zusammen, überall ergeben sich Verbindungen, beispielsweise zwischen Personen, Institutionen und Ereignissen (Klaus 2021; Meyer und Reiter 2004; Prinzing 2020; Welchering 2020).

Gestärkt werden Verschwörungstheorien komplementärer Weise auch von den Erfolgen ihrer Gegnerschaft. Die Rede ist vom **Präventionsparadox**, einem Logikfehler, der immer wieder in der Argumentation von Verschwörungstheorien auftaucht. Hier wird bewusst ausgeklammert, dass die erreichte Situation nur aufgrund eines aktiven Handelns erzielt wurde und nicht Resultat einer Untätigkeit ist. Als beispielsweise die Inzidenz im Frühjahr 2020 unter den prognostizierten Werten lag, wurde das Pandemiegeschehen in Frage gestellt. Dabei sank die Ansteckungsrate nur aufgrund strenger Maßnahmen. Dieser Fakt wird also aktiv zurückgestellt. Niemandem ist klar, wie schlimm die Infektionsrate in die Höhe geschossen wäre, hätte es keine präventiven Einschränkungen gegeben. Durch den fehlenden Vergleich verlieren die Schutzmaßnahmen ihre Bedeutung und es wird schwieriger politische Entscheidungen zum Eingriff in das Leben der Menschen zu rechtfertigen (Höhn 2021). Das schärfste Schwert gegen Falschbehauptungen sind daher stichfeste Argumente zum richtigen Zeitpunkt. Rhetorische Schmiedekunst ist gefragt.

5.5 Kommunikation und Rhetorik: Die Macht ist mit dem gesprochenen Wort

Das gesprochene Wort bedeutet Macht, so viel Macht, dass schon im antiken Griechenland die direkte Demokratie mit mitreißenden Reden entschieden und Geschworenengerichte mit überzeugender Sprachkunst gewonnen werden konnten. Die Bildungsbewegung der Sophisten erkannte im fünften Jahrhundert vor Beginn unserer Zeitrechnung das

Potenzial des gesprochenen Wortes und begann erste Regeln abzuleiten, die bis heute das Fundament der Rhetorik prägen. Sie eröffneten Schulen und unterrichteten vor allem Menschen der Oberschicht, die nach einer politischen oder juristischen Karriere strebten – und damit trafen sie den Nerv der Zeit. Rhetorik entschied über Erfolg und Einfluss, nicht zuletzt, weil die Sophisten lehrten, die Rhetorik zum eigenen Vorteil einzusetzen und weniger auf Inhalt als auf die Form zu achten. Es war sogar erlaubt, die Konkurrenz zu denunzieren. Rhetorik galt als Kunst, über Dinge reden zu können, von denen man zwar keinen Schimmer hatte, aber dabei dennoch überzeugender zu klingen, als jemand vom Fach ohne rhetorische Fähigkeiten. Sokrates, Platon und Aristoteles beobachteten bestürzt diese Entwicklung. Sie sahen in der sophistisch geprägten Rhetorik ein moralisches Verbrechen, das mit Unwahrheiten und Unrecht zur Bedrohung für den Staat werden könnte. Aristoteles Verständnis der Rhetorik bezieht sich auf einen Prozess der Wahrheitsfindung und -vermittlung – mit Beweisen zu überzeugen, statt mit leerem Geschwätz zu überreden. Sein Gegenentwurf erfuhr seinerzeit leider nie eine solche Popularität wie die manipulativen Strategien der Sophisten. Später versuchte Cicero, der die antike Rhetorik zu ihrem Höhepunkt trieb, den praktischen Ansatz der Sophisten mit dem philosophischen Konzept Aristoteles zu verbinden. So klammerte er die Gefahr des Missbrauchs der Rhetorik aus, indem er den „orator perfectus" forderte – einen zwar rednerisch begabten, aber auch universell und philosophisch gebildeten sowie politisch verantwortlichen Redner: den „vollkommenen Redner". Noch heute ist Ciceros Rhetorik-Philosophie aktuell, da sie es ermöglicht, praxistaugliche Sprachkunst im Sinne des Gemeinwohls anzuwenden (Erler und Tornau 2019; Massig 2005; Rapp 2019; Schramm 2019).

Eine klare Definition von Rhetorik konnte sich bis heute nicht durchsetzen. Die klassische Umschreibung der Rhetorik als „Kunst des Argumentierens und Überzeugens" ist seit der Antike die geläufigste, galt aber im Mittelalter, spätestens im 18. Jahrhundert als verkrustet und überholt. Auch im 19. Jahrhundert lehnten die Menschen ein enges Korsett an Regeln für den Sprachgebrauch ab. Erst in der zweiten Hälfte des 20. Jahrhundert entbrannte neue Begeisterung für das strategisch geschmiedete Wort. Besonders zwischen 1980 und 1990 gab es in deutschen Bibliotheken einen statistisch steilen Anstieg an Publikationstiteln mit dem Wort „Rhetorik" im Titel. Die neuen Möglichkeiten, die sich durch die Massenmedien ergaben, sind zusätzlicher Brennstoff für die Wiederbelebung der Rhetorik. Insbesondere dank der Audio- und audiovisuellen Medien als Tragfläche hat die Rhetorik es geschafft, als wichtigster kommunikativer Motor der Gesellschaft erkannt zu werden und auf institutioneller Ebene wieder Fuß zu fassen (Leonhardt 2019; Universität Tübingen o. D.; Vorwerg 2021).

Antike und moderne Rhetorik verbindet eine spannende Gemeinsamkeit, nämlich die Erkenntnis, dass Rhetorik allein nicht zielführend ist. Der Dialog ist der Schlüssel zum Verständnis. Rhetorik ist in erster Linie strategische Kommunikation, aber Kommunikation ist nicht gleich Rhetorik, denn Kommunikation ist ein ständiger und aufeinander bezogener Prozess der Interaktion und Interpretation. Sie ist ein dialogisches Wechselspiel zwischen zwei oder mehreren Gesprächspartnerinnen oder -partnern mit dem Ziel der Verständigung, während sich Rhetorik als Kunst der schönen Rede in einem einzigen Monolog ausdrückt (Grzeszczakowska-Pawlikowska 2021; Joost 2008; Leonhardt 2019).

Die Schwerpunkte der Rhetorik liegen in der Wirkung der Körpersprache, der Inszenierung von Reden oder Präsentationen und der emotionalen Stimulation eines Publikums. Sie dient als Werkzeug, um die Zuhörerschaft oder das Gegenüber argumentierend zu beeinflussen. Sobald die Rhetorik ihren sachlichen Rahmen verlässt und es nur noch darum geht, sich selbst und seine eigene Meinung durchzusetzen, spricht man von „Polemik". Hier wird der Tonfall aggressiver: Es geht darum die gegensprechende Person in ihrer Position zu vernichten oder auch in ihrem Ansehen zu ruinieren. Rhetorik kann allerdings auch in angenehmeren und weicheren Varianten auftreten, wie im Smalltalk (Auffarrth et al. 2018; Joost 2008; Vorwerg 2021).

Das Herz der Rhetorik bilden die Stilmittel. Unter den Fachleuten auf dem Gebiet gibt es unterschiedliche Ansichten zu ihrer Strukturierung, die sich teilweise stark verzweigen (Groddeck 2020). Vereinfacht lassen sich die rhetorischen Stilmittel in diesen vier Kategorien darstellen:

- **Zusammenfassung (Klangfiguren):** Wiederholung, Auflistung, Betonung und neu kreierte Wortverbindungen.
- **Betonung von Details (Wortfiguren):** Verdopplungen, Aufzählungen, Beschreibungen, Steigerungen, Wiederholungen, Vergleiche, Beispiele und Nachdruck.

- **Förderung der Aufmerksamkeit (Satzfiguren):** Bildliche Übertragungen und Darstellungen, Pausen, Abweichungen vom gebräuchlichen Satzbau, Übertreibungen, Verzögerungen und Einschübe.
- **Anregung zum Mitdenken (Sinnfiguren):** Einbau von Gegensätzen, Korrekturen, Auslassungen, Veränderungen von feststehenden Redewendungen, versteckte Drohungen, Ironie, Vorwegnahme und Inszenierung von Einwänden zur Abschwächung der Gegenrede (Flume 2020).

Neben der passgenauen Einkleidung von Gedanken in Wörtern und der Nutzung der Stilmittel, bildet die Argumentationstheorie das Grundgerüst der „Kunst des Argumentierens und Überzeugens". Schließlich wird bei einer guten Rede nichts dem Zufall überlassen: Die Argumente müssen passen und die Gliederung überzeugend aufgebaut sein (Ottmers 1996).

Von einer rhetorischen Strategie spricht man dann, wenn eine Ansammlung von Argumenten auf ein bestimmtes Ziel hin ausgerichtet ist. Dabei können die Argumente drei verschiedene Dimensionen annehmen. Die erste Dimension ist die Rationalität, die sich rechtfertigend ausdrückt und Beweise anbringt. Die zweite Dimension spielt sich auf der emotionalen Ebene ab. Die dritte Dimension repräsentiert die Glaubwürdigkeit. Sie nimmt Einfluss auf das Ausmaß an Unvoreingenommenheit und Korrektheit, die den genannten Informationen zugesprochen wird (King und Kugler 2000). Rhetorik ist somit das perfekte Werkzeug, um sein Gegenüber von der eigenen Position zu überzeugen. Im nächsten Schritt geht es dann um Bereiche, wo Überzeugen nicht mehr ausreicht, sondern Verstehen gefragt ist.

5.6 Vom Monolog zum Dialog: Rhetorik als Instrument der kognitiven Auseinandersetzung

Rhetorik ist aus der direkten Demokratie hervorgegangen, doch sie kann sich durch Fake News und Verschwörungserzählungen auch als Waffe gegen den freiheitlichen Staat wenden. Die rhetorischen Entwicklungen während der Corona-Pandemie verdeutlichen, wie wichtig es ist, statt gegeneinander miteinander zu reden, denn Rhetorik als Instrument der kognitiven Auseinandersetzung bricht den ewigen Monolog auf und lässt Lerneffekte im Dialog entstehen.

Aber wieso haben dann immer mehr Menschen angefangen, Alu-Hüte zu basteln und sich von der Wahrheit abzukapseln, statt einfach in Ruhe miteinander zu reden? Die Antwort findet sich in den weiten Windungen des menschlichen Gehirns und zwar ganz konkret im dorsomedialen präfrontalen Cortex, der Inselrinde sowie der Amygdala. Sie springen an, sobald unsere innersten politischen Überzeugungen angegriffen werden, wie die amerikanischen Hirnforscher Kaplan, Gimbel und Harris 2016 bei einem Versuch mit 40 Testpersonen herausfanden. Solange die Teilnehmenden mit unpolitischen Aussagen konfrontiert wurden, leuchtete im Computertomografen vor allem der orbitofrontale Cortex auf, womit Aktivitäten im Bereich des Gehirns nachgewiesen werden, der für rationale, kognitive und logische Prozesse verantwortlich ist. Bei politischen Themen hingegen schlugen die Messwerte im emotionalen Bereich stark aus, der auch dafür verantwortlich ist, Gefahren früh zu erkennen und Angstreflexe zu konditionieren. Wird unser Weltbild also durch externe Aussagen ins Wanken gebracht, wird der Teil des Gehirns aktiv, der schnelle, emotionale und lebensrettende Entscheidungen trifft. Rationale und objektive Verarbeitung der Informationen: Fehlanzeige. Das stabilisiert die **Filterblase**, in der wir alle leben – was würde nur passieren, wenn stichhaltige Argumente die Bubble, in der wir mit gleichgesinnten Menschen stetig unsere Ansichten bestätigen und hegen, zum Platzen bringen würden? Der beste Schutz, ist das Eingeständnis, niemals zu hundert Prozent und mit vollumfänglicher Objektivität ein Thema durchdrungen haben zu können. So bleibt die Informationsblase flexibel und transparent. Bis zu einem gewissen Grad ist es daher sinnvoll, zu schweigen und zu lauschen, um die Wissenslücken Stück für Stück anzufüllen, um daraus schöpfend wiederum Standpunkte besser vertreten zu können, ohne dabei mit dem Kopf durch die Wand rennen zu wollen (Nini 2020).

Für einen kognitiven Austausch benötigt es genügend Offenheit. Die zentrale Frage lautet: Wie viele Wahrheiten gibt es? Google kennt „Ungefähr 12.800" Antworten darauf (Stand: Juni 2022). Der Philosoph und Theologe Thomas von Aquin hat die Suche nach der Wahrheit bereits im Mittelalter als „das Ziel aller unserer Verlangen und Tätigkeiten" bezeichnet (Hoye 2013). Es ist aber auch eine Suche, für die man ein Gegenüber braucht, wie Friedrich Nietzsche, Philologe und Philosoph des 19. Jahrhunderts, zusammenfasst: „Einer hat immer Unrecht: aber mit zweien beginnt die Wahrheit" (Nietzsche 1906). Also lasst uns reden! Her mit dem Dialog für eine starke Demokratie. Polit-Talkshows setzen den perfekten Rahmen, um Politikerinnen und Politiker ins Gespräch zu bringen und erreichen dabei wöchentlich ein Millionenpublikum. Sie dienen dazu, politische und gesellschaftliche Debatten zugänglich zu machen und verständlich aufzubereiten. Politikerinnen und Politiker sollen mit ihrem Fachwissen Strukturen und Prozessen erklären, Probleme benennen und Lösungen finden. Doch es hagelt (unter anderem) Kritik an der Rhetorik der heutigen Polit-Talkshows. Die interviewartige Frage-Antwort-Struktur führen häufig zu langen Monologen, welche die Teilnehmenden an die moderierende Gesprächsführung richten. Es kommt zu Redeunterbrechungen begründet durch Kritik an den vertretenen Positionen, allerdings ohne die Eröffnung einer argumentativen Auseinandersetzung – stattdessen mit einer Inszenierung der eigenen Position. Oberstes Gebot ist es, das eigene Image zu polieren und eine gute Figur zu machen. Konstruktionsabbrüche werden in Kauf genommen und es wird um das Rederecht gekämpft. Eine Revolution des TV-Formats ist gefordert (Gerhardt 2009; Klomfaß 2005).

Wer an seiner Position unumstößlich festhält und im Gespräch zu einer defensiven Grundhaltung neigt, verpasst den Sprung von einer Diskussion oder Debatte zum Dialog. Der Dialog zeichnet sich durch Unvoreingenommenheit aus. Sein Ziel ist es, gemeinsam Probleme zu untersuchen und neue Lösungsansätze zu eruieren. Dabei bewegt er sich auf drei Ebenen: Erstens ist dies die Ebene der Begegnung mit anderen Menschen (existenziell). Zweitens ermöglicht der Dialog Selbsterkenntnis (sozial). Drittens wird ein gemeinsames Wissen und Verständnis aufgebaut. Zu den zehn Regeln bzw. Fähigkeiten eines guten Dialogs gehören:

- Offenheit.
- Bewusstsein darüber, nicht alles zu wissen.
- Empathie: Das Gesprächsgegenüber als gleichwertig betrachten und sich in ihre oder seine Haltung hineindenken.
- Auf den Punkt kommen.
- Zuhören, sodass sich andere beim offenen Sprechen wohlfühlen.
- Zeit lassen, damit niemand im Gespräch abgehängt wird und sich durch Pausen des Wirkens ein Gespräch mit Tiefgang entwickeln kann.

- Bisherige Annahmen und Bewertungen isolieren und Raum schaffen, um neue Ideen sich entfalten zu lassen.
- Zur eigenen Meinung stets den Findungsprozess erklären.
- Sich eine erkundende Haltung aneignen.
- Selbstbeobachtung, um Spannungen auszuhalten und Handlungsimpulse zurückzustellen. (Plate 2015)

5.7 Die sprachkünstlerische Ausrüstung von Verschwörungsgläubigen: Rhetorische Stilmittel und Strategien

Der Erfolg einer Verschwörungstheorie steht und fällt mit ihrem rhetorischen Gerüst. Wer konstruierte, wahrheitsverdrehende Erzählungen verbreitet, braucht eine solide wortkünstlerische Überzeugungsausrüstung, um damit auf Zuspruch zu treffen – die Leugnerinnen und Leugner der Evolutionstheorie haben das schon ganz früh verstanden und einen rhetorischen Werkzeugkasten zusammengestellt, dem sich mit großem Eifer beispielsweise auch die Menschen bedienen, die vor dem Klimawandel die Augen verschließen. Als 2020 das Corona-Virus auf die Weltbühne trat, eröffnete sich eine weitere globale Spielwiese für Verschwörungstheorien, auf der sich die altbekannten Techniken tummeln (Betsch et al. 2019). Dazu gehören unter anderem **Missinterpretationen beziehungsweise Logikfehler.** Bei dieser Strategie wird die Faktenlage verzerrt dargestellt, um dann auf dieser Basis falsche Schlüsse zu ziehen und zu präsentieren. Leugnerinnen und Leugner des Klimawandels führen beispielsweise an, dass es Wetterschwankungen schon immer gab und eine akute Bedrohung des Planeten daher ausgeschlossen ist – dabei ist ihre ansteigende Häufigkeit doch nun wirklich nicht mehr von der Hand zu weisen (Lamm 2021). Die Evolutionstheorie von Charles Darwin wird im Kolonialismus missinterpretiert – dass der Mensch vom Affen abstamme ermöglicht eine „PR-Kampagne", die dem viktorianischen England half, die angeblich weniger entwickelten Völker in Indien und Afrika zu unterwerfen. Dabei hat Darwin herausgearbeitet, dass alle Organismen von gemeinsamen Vorfahren abstammen (Quiring 2007). Verschwörungsgläubige äußern häufig eine **Erwartung des Unmöglichen:**

An die Wissenschaft werden Forderungen gestellt, an denen sie eigentlich nur scheitern kann. Zum Beispiel wird von impffeindlichen Menschen oft eine hundertprozentige Sicherheit von Vakzinen erwartet – die es allerdings bei keinem Medikament oder medizinischen Eingriff auf der Welt gibt (Betsch et al. 2019). Bei der **Rosinenpickerei** greifen Verschwörungsgläubige sich gerne bestimmte Daten aus der Gesamtheit heraus und heben sie isoliert hervor – um die eigene Position zu untermauern. Bei der Erderwärmung würde es sich beispielsweise um Humbug handeln, da extreme Kältewellen aufgetreten wären (wichtig ist hier die Unterscheidung von Wetter und Klima). Gerne werden auch persönliche Erfahrungen angeführt: Verschwörungsgläubige, die eine SARS-CoV-2-Infektion leicht weggesteckt haben, sprechen gerne von einer Grippe und reiner Panikmache (SWR 2021). Verschwörungsgläubige stützen sich in ihren Argumentationen auf **Pseudo-Expertentum**. Sie zitierten vermeintliche Fachleute, die entweder aufgrund ihrer Befangenheit oder ihrer Ausbildung gar nicht dazu qualifiziert sind, über das betreffende Themenfeld zu urteilen. Zu guter Letzt führen Verschwörungsgläubige selbstverständlich **Verschwörungsmythen** an: Einzelpersonen oder Gruppen werden geheime Machenschaften mit üblen Motiven unterstellt. Hinter der Verimpfung von Vakzinen werden zum Beispiel andere Interessen als die Ausrottung von Seuchen und die Gesundheit der Menschen vermutet. Vor allem die Industrie und Gesundheitsorganisationen haben mit solchen Vorwürfen seitens der Impfgegnerschaft zu kämpfen (Betsch et al. 2019; Cook 2021; Klimafakten.de 2020).

Zusammengefasst wurden diese fünf rhetorischen Methoden vom Kognitionspsychologen John Cook auch unter der Abkürzung „PLURV" (Pseudo-Expertinnen und -Experten, Logikfehler, Unerfüllbare Erwartungen, Rosinenpickerei, Verschwörungsmythen), dem deutschen Äquivalent zum englischen „FLICC". John Cook forscht am Center for Climate Change Communication in Virginia und nimmt seit 2007 Desinformationsstrategien auseinander: Knapp 200 Argumente hat er inzwischen identifiziert, die beim Leugnen des Klimawandels ihre Verwendung fanden. Auf seiner Website „Skeptical Science" lassen sich die Ergebnisse seiner Arbeit einsehen. Unter anderem hat er den fünf populären PLURV-Techniken 31 weitere Methoden untergeordnet (Beck 2021).

Pseudo-Expertinnen und -Experten

Bei dieser Strategie wird nicht nur aus unwissenschaftlichen oder unqualifizierten Quellen zitiert, sondern auch behauptet, es gäbe keinen wissenschaftlichen Konsens über eine bestimmte Thematik, weil sich auf eine große Anzahl von scheinbaren Expertinnen oder Experten berufen wird („*Masse an Pseudo-Expertinnen und -Experten*"). Existiert diese Masse an vermeintlichen Fachleuten nicht, kann die Technik der *Aufgeblähten Minderheit* angewandt werden: Die Meinungen weniger widersprechender Wissenschaftler und Wissenschaftlerinnen wird aufgebläht, um dem überwältigenden Konsens ein Gegengewicht bieten zu können. Als dritte Teilstrategie kann eine Debatte zwischen Wissenschaft und Pseudowissenschaft inszeniert werden, um den Eindruck zu vermitteln, die Thematik wäre aktuell umstritten. Dann spricht man von einer *Fingierten Debatte*.

Logikfehler

Um die Wahrheit zu verzerren kann beispielsweise die Technik *Dammbruch* angewandt werden. Mit ihr wird der Eindruck vermittelt, dass auf den Einsatz erster unbedeutender Maßnahmen schon bald viel gravierende folgen würden. Werden mehrdeutige Begriffe so arrangiert, dass sie zu einem irreführenden Resultat führen, spricht man von der Strategie *Mehrdeutigkeit*. Wer statt der Argumente die Person oder Gruppe dahinter angreift, schlichtweg um das Gesagte zu entwerten, bedient sich *Ad Hominem*. Bei einer *Verfälschten Darstellung* wird, wie der Name besagt, eine Situation oder gegnerische Position falsch dargestellt, um das Verständnis zu verzerren. Dazu gehört der informelle Irrtum *Strohmann* (Straw Man): bewusst werden Aussagen oder Positionen der gegensprechenden Person attackiert, die sie so nie getätigt hat. Durch diese Verfälschung wird das Gegenüber leichter angreifbar. Eine weitere Technik ist die *Übermäßige Vereinfachung*, bei der die Situation simpler dargestellt wird als sie ihn Wirklichkeit ist – so wird das Verständnis verzerrt und es werden falsche Schlüsse gezogen. Zu ihr gehören die *Falsche Wahl* (Die Informationslage so verdichten, dass nur zwei Optionen zur Wahl stehen) und die *Einzige Ursache* (Die Reduzierung auf nur einen einzigen Grund, während es mehrere Ursachen gibt). Wer die *Falsche Fährte* anwendet, möchte vom eigentlichen Argument ablenken, indem er oder sie die Aufmerksamkeit auf einen irrelevanten Punkt richtet. Im speziellen gibt es da die Technik *Kugelfisch*, die ein Ablenkungsmanöver auf unbedeutende, künstlich aufgeblähte Fakten startet, damit die eigentlichen wissenschaftlichen Fakten zweifelhaft wirken oder ganz in den Hintergrund treten. Und zu guter Letzt, lohnt sich ein genauer Blick auf die *Falsche Entsprechung* – wenn behauptet wird, zwei unterschiedliche Dinge würden sich entsprechen. Hier gibt es drei Teilstrategien: *Äpfel und Birnen* (über oberflächlich betrachtete Gemeinsamkeiten werden falsche Bezüge erstellt), *Falsche Analogie* (gewisse Ähnlichkeiten werden als Anlass genommen, zwei Dinge auf vielen Ebenen gleich zu setzen) und *Falsche Ausgewogenheit* (Fakt und Fake werden gleichrangig gegenübergestellt und diskutiert).

Unerfüllbare Erwartungen

Wer das Unmögliche verlangt, hat zwei rhetorische Möglichkeiten: Entweder er oder sie legt, nachdem die geforderten Beweise geliefert wurden, viel höhere Beweisstandards an (*Verschieben der Torpfosten*), oder die Ansprüche, mit denen Beweise oder Vorstellungen bewertet werden, werden unerwartet heruntergeschraubt (*Abgesenkte Erwartunge*n). Hierzu zählt die Strategie der *Verankerung*, bei der die allerersten wissenschaftlichen Einschätzungen als verlässliches Maß dienen, um aktuelle Entwicklungen als Erfolge zu verbuchen und die Wissenschaft mit ihren eigenen Hochrechnungen vorzuführen.

Rosinenpickerei

Die verschwörungssüßesten Trauben kann man sich unter anderem mit der *Anekdote* herausfischen: Isolierte Beispiele oder persönliche Erfahrungen werden anstelle von Beweisen und Argumenten angeführt. Gemütlich wird es bei der *Faultier-Induktion*: Relevante Beweise werden einfach ignoriert und eine passende Schlussfolgerung gezogen, die zur eigenen Position passt. Wer sich Zitate schön schummeln will, der oder die gibt mittels *Selektivem Zitieren* Teile eines Zitates kontextlos wieder, um die zitatgebende Person falsch zu positionieren. Wenn all diese Strategien der Rosinenpickerei nicht herhalten, kann das *Wunschdenken* „retten": Argumente werden für wahr erklärt, weil entsprechende Personen sie unbedingt für wahr halten wollen.

Verschwörungserzählungen

Wahre Verschwörungsgläubige wissen *Etwas stimmt nicht* und sind der festen Annahme, dass die offizielle Darstellung ein Täuschungsversuch ist. Daher wird *Generalverdacht* ausgeübt, indem den wissenschaftlichen

Darstellungen mit nihilistischer Skepsis begegnet wird und dadurch allem, was nicht zur Verschwörungsmythen passt, eine Absage erteilt wird. Hinter einer mutmaßlichen Verschwörung werden verwerfliche Motive angenommen (*Üble Absicht*). Die sprechenden Personen stellen sich gerne in einer *Opferrolle* da. Jedes Argument, das nicht der Verschwörungstheorie entspricht, wird passend uminterpretiert – sie sind *immun gegen Beweise* (Cook 2021).

Viele der Techniken der Wissenschaftsleugnung nach John Cook sind durchzogen von Polemik, inhaltlichen Entwertungen und fahrlässigen Fehlinterpretationen. Sie haben das Ziel die gegensprechende Person in ihrer Glaubwürdigkeit herabzustufen, Beweise zu entwerten und den Kontext bzw. die Ausgangslage auf eine Weise umzugestalten, die zu ihren neu erzählten „Wahrheiten" passen. Verpackt werden diese Absichten in einem Vokabular, das die Vorhänge vor dem illusionären Backstagebereich einer verschworenen Weltgemeinschaft dramatisch aufbauscht.

Sprachliche Stilmittel, denen sich Verschwörungsgläubige häufig bedienen, sind Aufzählungen, Metaphern, Phraseme, Neologismen, Negationen, relativierendes und entlarvendes Vokabular sowie bestärkende Formulierungen. Wiederholungen dienen der Basis jeder guten Verbreitung, denn sie sorgen dafür, dass die eigenen Argumente möglichst lang anhaltend in den Köpfen der Zuhörenden verfangen. Zusätzlich lassen sich (auch durch Einsatz von anaphorischen Verbindungen des Aufgezählten) auf diese Weise logische Beziehungen zwischen herausgearbeiteten Ereignissen und den „Strippenziehenden" knüpfen. Damit wird dann die Metapher als beliebtes Stilmittel eingeführt: Sprachliche Bilder dienen der Verdeutlichung angeblich verschleierter Aktivitäten. Beispiele hierfür sind „Wir hier unten und die da oben", „hinters Licht führen" oder „Marionetten". Im Sinne eines Kampfes gegen ein korruptes System, den die Menschen gewinnen müssten, kommt auch ganz spezifisch Kriegsmetaphorik zum Einsatz. Die Zuhörenden sollen mit Entlarvungsvokabular (z. B. „Klartext sprechen"), Negationen (z. B. „kein Anschlag") und relativierendem Vokabular (z. B. „angeblich", „sogenannt") dazu gebracht werden, die angepriesene Wahrheit zu erkennen. Unterstützend werden Neologismen (z. B. „Killervirus"), Dysphemismen (z. B. „Lügenpresse") oder okkasionelle Wortbildungen (z. B. „Hinterzimmer-Demokratie") herangezogen. Geprägt ist die Sprache der Verschwörungstheoretikerinnen und -theoretiker auch von Phrasen, die als idiomatische Redewendungen die Glaubwürdigkeit der konträren Position untergraben sollen: „Etwas wird unter den Teppich gekehrt". Die häufige Verwendung der Modalverben „sollen" und „müssen" unterstreicht den vermeintlichen Zwang, unter dem die Menschheit stehen soll. Der Einsatz des Verbs „bestimmen" bringt die Angst vor Fremdbestimmung durch irgendeine Macht auf den Punkt. Um wiederum die eigene Position zu festigen, werden bestärkende Formulierungen wie „eindeutig" oder „mit Sicherheit" verwendet. Indem sich Verschwörungserzählende direkt an ihr Publikum wenden, bauen sie Nähe auf, eine emotionale Verbindung entsteht: „Halten Sie sich fest!", „Ich frage Sie da draußen", „ich kann Ihnen eins sagen" (Bukenberger 2020; Lauter 2018; Römer und Stumpf 2020). Gegen diese rhetorischen Hammerschläge durch wissenschaftsskeptisches und konspiratives Vokabular kommt man nur mit der richtigen Strategie an – die es glücklicherweise gibt. Auch hier hilft professionelle Kommunikation, gezielt gegen unsachgemäße, vereinfachende oder falsche Aussagen vorzugehen.

5.8 Debunking Strategies: Wie man Falschinformationen erfolgreich aushebeln kann

Falschinformationen haben leider die Eigenschaft besonders widerstandsfähig in den Köpfen der Irregeleiteten zu haften. Sie bergen daher das Potenzial in sich, sowohl dem Individuum als auch der Gesellschaft zu schaden. Daher ist es wichtig, die Betroffenen aufzuklären. Allerdings kommt es auf die Methode an, denn schlägt der Ansatz fehl, greifen psychologische Effekte, welche die Falschinformationen noch fester verankern. Bereits der erste Gesprächszugang kann sich schwierig gestalten, da Menschen, die Falschinformationen auf den Leim gegangen sind, Aussagen gegenteiliger Natur aktiv abwehren, um ihre eigene Überzeugung aufrecht zu erhalten. Dieses Phänomen wird in der Psychologie als *Dissonanzreduktion* beschrieben. Zeitgleich greift oft der Bestätigungsfehler („*Confirmation Bias*"), der nur einstellungskonforme Informationen zulässt, also dafür verantwortlich ist, dass Betroffene ausschließlich Beweise und Berichte wahrnehmen, welche die eigene Haltung untermauern. Kommt es dennoch zu einer Konfrontation mit fundierten Fakten, kann der *Backfire-Effekt* aktiviert werden, um die persönliche Überzeugung aufrecht zu erhalten. Die präsentierten Daten werden einfach uminterpretiert, und zwar auf eine Weise, dass sie wieder in das Weltbild passen, das mit den Falschinformationen harmoniert (Krehahn 2021; Puttfarcken 2020; Lewandowsky et al. 2020).

Lässt sich das Gegenüber auf den Aufklärungsversuch ein und legt seine falschen Überzeugungen scheinbar ab, besteht das grundlegende Problem, dass trotz Korrektur der Fehlglaube weiterhin Verhalten und Einstellungen der Person beeinflussen kann. Dieser „continued influence effect" kann ebenfalls mit gezielter Methodik heruntergeschraubt werden.

Nach Möglichkeit gilt es, bereits im Vorfeld den Fake News den Nährboden zu entziehen. Dies gelingt durch die simple Vorwarnung, dass Fakten nicht stimmen können. So wird das spätere Vertrauen in die Falschinformationen nachhaltig auf wackelige Füße gestellt und Betroffene halten sich nachgewiesen bei der Online-Verbreitung der Inhalte zurück. Auch der allgemeine Hinweis, dass Medien teilweise ungeprüfte Fakten herausgeben, trägt Früchte: Sie machen Betroffene empfänglicher für spätere Aufklärungsversuche.

Derartige Ansätze sollten niemals nur als Kommentar oder Einwurf enden. Wer Falschinformationen entlarven will, muss diese bei der Wurzel packen. Dazu empfiehlt es sich, die folgenden vier Schritte zu beherzigen: Das Gespräch sollte mit der richtigen Aussage eröffnet werden. So bekommt die Wahrheit eine größere Bühne als die Falschinformation. Floskeln und Fragezeichen sind zu vermeiden. Es ist wichtig sich kurz zu fassen und durch Aussagesätze auf den Punkt zu kommen. Dem Gegenüber sollte die Wahrheit als kausale Alternative (die nicht komplexer als die Falschinformation aufgebaut sein sollte) angeboten werden, damit sie die Lücke füllen kann, welche die wegfallende Falschinformation hinterlässt.

Anschließend wird die Falschinformation angeführt – aber nur ein einziges Mal. Wiederholungen lassen Mythen wahrer wirken. Jetzt gilt es, die Quelle oder die Absicht hinter der Verbreitung der Falschinformation in Frage zu stellen – so verlaufen Richtigstellungen am erfolgreichsten.

Im nächsten Schritt wird die falsche Aussage den prominent platzierten wahren Fakten entgegengesetzt und erklärt, warum die falsche Information zunächst für korrekt gehalten wurde. Es ist wichtig zu erläutern, warum jetzt klar ist, dass sie falsch ist – dabei sollte nicht nur inhaltlich vorgegangen werden, sondern auch auf logische und argumentative Irrtümer hingewiesen werden. Als Konsequenz gilt es zu unterstreichen, warum die angeführte Alternative der Wahrheit entspricht.

Das Gespräch wird mit der korrekten Information beendet, damit sie das Letzte ist, was das Gegenüber hört. Generell sollten im Aufklärungsgespräch wissenschaftliche Begriffe oder komplexe Fachsprache vermieden werden. Wer mag kann unterstützend übersichtliche Diagramme oder Foto- und Videomaterial heranziehen. Virale Falschbehauptungen sind meist einfach gestrickt – die größte Herausforderung ist es also die oft kompliziertere Wahrheit für das Gegenüber leicht zugänglich zu machen.

Komplexitätsreduktion ist eine Schlüsselkompetenz im Kontext einer Entlarvungsstrategie. Doch egal, wie gut das Aufklärungsgespräch verläuft, muss man sich darauf einstellen, erneut Falschinformationen widerlegen zu müssen. Falschinformationen halten sich naturgemäß hartnäckig und je öfter sie ihre Blüten treiben, desto öfter müssen wir ihnen den Saft abdrehen (Lewandowsky et al. 2020).

5.9 Fokus Coronapandemie: Mit der richtigen Rhetorik zum Impferfolg

Verschwörungstheorien haben vermeintlich Hochkonjunktur während der Coronapandemie. Fakt ist jedoch: Es glauben weniger Menschen als vor Ausbruch des Virus an Verschwörungstheorien (Roose 2020). Fakt ist aber auch, dass wir trotzdem verstärkt über diese Mythen reden und sie stärker auf sozialen Plattformen geteilt werden. Das liegt daran, dass Menschen, die zum Verschwörungslauben während der Corona-Pandemie neigen, gezwungen sind, ihre Ansichten öffentlich zu machen. Sie müssen sich beispielsweise im Supermarkt erklären, warum sie keine Maske tragen oder vor ihrer Familie verteidigen, warum sie sich nicht impfen lassen wollen. Das Thema betrifft jede und jeden von uns ganz direkt. Nicht darüber zu sprechen ist unmöglich.

Menschen mit einer impfkritischen Haltung lassen sich in zwei verschiedene Lager differenzieren: in Impfgegnerinnen und -gegner, die sich auf gar keinen Fall impfen lassen werden, und Impfskeptische, die durch starke Zweifel von einer Impfung abgehalten werden und die sich eher nicht immunisieren lassen möchten. Dem gegenüber sind sich Impfgeneigte ziemlich und Impfbefürwortende vollkommen sicher mit der Vakzination die richtige Entscheidung zu treffen. Im Mittelfeld bewegen sich die Impfunentschlossenen, die sich bisher weder für noch gegen eine Impfung entscheiden konnten. 2021 untersuchte Anna Päseler in ihrer Studie die Empfänglichkeit der verschiedenen Impflager für Verschwörungstheorien. Der Aussage „Der Corona-mRNA-Impfstoff verändert oder schädigt die DNA der Menschen" stimmen Impfgegnerinnen und -gegner eher zu, Impfskeptische und -unentschlossene weisen eine leichte Tendenz zur Zustimmung auf. Noch deutlicher wird die Haltung der Impflager bei dem Gebrauch von verschwörungstypischem Vokabular: „Hinter der Impfkampagne stehen lediglich die Interessen von Finanz- und Pharmakonzernen". Die Gegnerschaft der Corona-Vakzination stimmt dem voll und ganz zu, Impfskeptische stimmen eher zu und auch Impfunentschlossene grenzen sich hier nicht klar von einer potenziellen Empfänglichkeit für Verschwörungstheorien ab (Päseler 2021).

Mit welcher Rhetorik kann man diesen Impflagern nun im Speziellen begegnen, um Sorgen zu nehmen und zu einer Immunisierung zu motivieren? Dazu wurden in der Studie unterschiedliche rhetorische Ansätze in einer Online-Befragung mit 527 Teilnehmenden aus allen fünf Impflagern geprüft. Allgemein lässt sich feststellen, dass die Impflager der Unentschlossenen, Skeptischen sowie der Gegnerinnen und -gegner auf Aussagen zur Sicherheit der COVID-19-Vakzine verhalten reagieren. Die zu häufige Betonung könnte zu einer wachsenden Reaktanz führen und auch die Illusion einer heilen Welt wird abgelehnt. Die Menschen sind sich bereits im Sommer 2021 sicher: Der Impfstoff allein wird die Pandemie nicht beenden. Den Argumenten wird wenig Glauben geschenkt. Schädlich verhalten sich auch Äußerungen zu Nebenwirkungen, denn sie verunsichern immer wieder erneut.

Bei *Impfunentschlossenen* bietet es sich an, mit Betonungen und Metaphern zu arbeiten. Die Gruppe sollte verstärkt über die Schutzwirkung der Impfung informiert werden und in Aussicht gestellt bekommen, dass geltende Schutzmaßnahmen (wie Kontaktbeschränkungen) bei einer ausreichend hohen Impfquote wegfallen können und sich wieder eine Art von Alltagsgefühl einstellen kann. *Impfskeptische* erreicht man den

Studienergebnissen zur Folge am besten über emotionale Themen, die verdeutlichen, dass hinter jeder Corona-Erkrankung ein Mensch steht und hinter jedem Tod ein individuelles Schicksal, Familie und Freunde. Ihre abwartende Haltung muss hervorgehoben und kritisiert, Schutzmaßnahmen als keine Alternative zur Impfung betont werden. Bei der skeptischen Gruppe geht es darum, zu verdeutlichen, wie weit wir im Kampf gegen Corona schon sind und dass die Bedrohung durch das Virus weiterhin groß ist. Stilistisch sollten diese Botschaften in Auflistungen, Betonungen und Phraseme verpackt werden.

Die *Corona-Impfgegnerinnen und -gegner* charakterisieren sich als äußerst schwer erreichbar. In der Kommunikation mit ihnen ist es daher besonders wichtig, Empathie und Verständnis für die eingenommene Perspektive einfließen zu lassen. Es zeichneten sich trotz der Impf-Ablehnung Tendenzen in ihrer Empfänglichkeit für impfmotivierende Botschaften ab. Beispielsweise reagierten die Befragten tendenziell positiver auf den Vergleich der Vorteile Geimpfter gegenüber der Ausgangslage Ungeimpfter sowie auf die Betonung der Wahllosigkeit des Virus. Mit der Meldung von Erfolgen gegen SARS-CoV-2 konnte ebenfalls noch am ehesten ihre Aufmerksamkeit erreicht werden. Allerdings heißt das nicht, dass dieses Lager dann bereitwillig die Ärmel hochkrempelt und sich für die nächste COVID-19-Immunisierung entscheidet. Es ist nur ein erster Schritt in die richtige Richtung, um sich heranzutasten, an eine Gruppe, die in ihrer eigenen Filterblase fast unerreichbar für Impfmotivation scheint (Päseler 2021).

Literatur

An, S.K.; Cheng, I.H. (2010). Crisis Communication Research in Public Relations Journals: Tracking Research Trends over Thirty Years. In W. T. Coombs & S. J. Holladay (Hrsg.), The Handbook of Crisis Communication. Wiley-Blackwell: 65–90. https://doi.org/10.1002/9781444314885.ch3

Ascend (2022). Fact Sheet. Safety. IATA. https://www.iata.org/en/iata-repository/pressroom/fact-sheets/fact-sheet%2D%2D-safety/ (abgerufen am 12.10.2022)

Auffarth, C.; Bernard, J.; Mohr, H. (2018). Metzler Lexikon Religion: Gegenwart - Alltag - Medien. https://books.google.de/books?id=Qj5FDwAAQBAJ (abgerufen am 11.06.2021)

Baumgärtner, N. (2008). Risiken kommunizieren – Grundlagen, Chancen und Grenzen. In T. Nolting (Hrsg.), Krisenmanagement in der Mediengesellschaft: Potenziale und Perspektiven der Krisenkommunikation. VS Verlag für Sozialwissenschaften: 41–62. https://doi.org/10.1007/978-3-531-91191-5_3

Betsch, C.; Schmid, P.; Korn, L.; Steinmeyer, L.; Heinemeier, D.; Eitze, S.; Küpke, N.K.; Böhm, R. (2019). Impfverhalten psychologisch erklären, messen und verändern. In: Bundesgesundheitsblatt – Gesundheitsforschung – Gesundheitsschutz, 62 (4): 400–409. https://link.springer.com/article/10.1007/s00103-019-02900-6, (abgerufen am 10.04.2022)

Beck, M. (2021). Desinformationen entlarven mit PLURV. https://www.aufruhr-magazin.de/klimaschutz/desinformation-entlarven/ (abgerufen am 13.04.2022)

Bukenberger, C. D. (2020). Die Rhetorik der Verschwörungstheoretiker:innen. Am Beispiel des Coronavirus 2020. https://leonarto.de/2020/03/12/die-rhetorik-derverschworungstheoretikerinnen-am-beispiel-des-coronavirus-2020/ (abgerufen am 18.04.2022)

Cook, J. (2021). PLURV-Taxonomie und Definitionen. https://skepticalscience.com/PLURV-Taxonomie-und-Definitionen.shtml (abgerufen am 18.04.2022)

Coombs, W. T. (2010a). Crisis Communication and Its Allied Fields. In W. T. Coombs & S. J. Holladay (Hrsg.), The Handbook of Crisis Communication. Wiley-Blackwell: 54–64. https://doi.org/10.1002/9781444314885.ch2

Coombs, W. T. (2010b). Parameters for Crisis Communication. In W. T. Coombs & S. J. Holladay (Hrsg.), The Handbook of Crisis Communication. Wiley-Blackwell: 17–53. https://doi.org/10.1002/9781444314885.ch2

COSMO (2022). COVID-19 Snapshot Monitoring. Explorer. https://projekte.uni-erfurt.de/cosmo2020/web/explorer/ (abgerufen am 21.05.2022)

Erler, M.; Tornau, C. (2019). Handbuch Antike Rhetorik. De Gruyter, Berlin/Boston

Fiederer, S. & Ternès, A. (2017). Effiziente Krisenkommunikation – transparent und authentisch. Springer Fachmedien Wiesbaden. https://doi.org/10.1007/978-3-658-14420-3

Flume, P. (2020). Die Kunst der Kommunikation. https://bit.ly/3NMZfKn (abgerufen am 10.06.2021)

Gerhardt, W. (2009) Polit-Talkshows: Kommunikation oder: „Jeder gegen Jeden?". In: Michel, S.; Girnth, H. (Hg.) Polit-Talkshows – Bühnen der Macht. Ein Blick hinter die Kulissen. Bovier, Bonn: 183–190

Gigerenzer, G.; Todd, P. M.; The ABC Research Group (1999). Simple heuristics that make us smart. Oxford University Press.

Groddeck, W. (2020). Reden über Rhetorik. Stroemfeld, Frankfurt am Main.

Grzeszczakowska-Pawlikowska, B. (2021). Von der Rhetorik zur Rhetorischen Kommunikation. Ein terminologischer und inhaltlicher Wandel. https://www.researchgate.net/publication/307707667_Von_der_Rhetorik_zur_Rhetorischen_Kommunikation_Ein_terminologischer_und_inhaltlicher_Wandel (abgerufen am 24.04.2022)

Hoye, W. (2013). Die Wirklichkeit der Wahrheit. Freiheit der Gesellschaft und Anspruch des Unbedingten. Springer, Wiesbaden

Höhn, A. (2021). Corona-Pandemie: Wenn Erfolg gefährlich wird. https://www.dw.com/de/corona-pandemie-wenn-erfolg-gef%C3%A4hrlich-wird/a-57753019 (abgerufen am 11.05.2022)

Joost, G. (2008). Rhetorik. In: Erlhoff, M., Marshall, T. (Hrsg.) Wörterbuch Design. Board of International Research in Design. Bierkhäuser Verlag, Basel: 338–352

Kepplinger, H. M. (2015). Konflikt- und Krisenkommunikation. In R. Fröhlich, P. Szyszka & G. Bentele (Hrsg.), Handbuch der Public Relations. Springer Fachmedien Wiesbaden: 993–1000. https://doi.org/10.1007/978-3-531-18917-8_60

King, W.; Kugler, J. (2000). The impact of rhetorical strategies on innovation decisions: an experimental study. In: Omega - The International Journal of Management Science (28):485–499. https://bit.ly/42ykJPe (abgerufen am 02.07.2021)

Klaus, J. (2021). Im Tunnel der Verschwörer: Datenauswertung zu Telegram. https://www.zdf.de/nachrichten/digitales/corona-telegram-rechtsextreme-verschwoerungstheorie-100.html (abgerufen am 11.05.2022)

Klimafakten.de (2020). P-L-U-R-V – das sind die häufigsten Methoden der Desinformation. Neue Infografik im Posterformat. https://www.klimafakten.de/meldung/p-l-u-r-v-das-sind-die-haeufigsten-methoden-der-desinformation-neue-infografik-im (abgerufen am 15.04.2022)

Klomfaß, D. (2005). Konflikte in politischen Talkshows – Analysen zur Austragung von Dissens am Beispiel der Sendung „Sabine Christiansen". http://arbeitspapiere.sprache-interaktion.de/stud/arbeitspapiere/arbeitspapier7.pdf (abgerufen am 15.05.2022)

Krehahn, M. (2021). Warum der Corona-Impfstoff angezweifelt wird. https://wir-online.news/warum-der-corona-impfstoffangezweifelt-wird/ (abgerufen am 15.03.2022)

Lamberty, P. (2020). Die Psychologie des Verschwörungsglaubens. https://www.bpb.de/izpb/318704/die-psychologie-des-verschwoerungsglaubens (abgerufen am 11.05.2022)

Lamm, A. (2021). Steckt hinter dem Klimawandel eine politische Verschwörung? https://bit.ly/3N907Xa (abgerufen am 10.04.2022)

Lauter, R. (2018). Nichts ist so wie es scheint. https://www.zeit.de/gesellschaft/zeitgeschehen/2018-04/verschwoerungstheorien-sprache-forschung-germanistik-soeren-stumpf/komplettansicht (abgerufen am 23.04.2022)

Leonhardt, J. (2019). Transformationen antiker Rhetorik vom Barock bis zur Moderne. In: Erler, M.; Tornau, C. (Hrsg.), Handbuch Antike Rhetorik. Walter de Gruyter, Berlin/Boston.

Lewandowsky, S.; Cook, J.; Ecker, U. K. H.; Albarracín, D.; Amazeen, M. A.; Kendeou, P.; Lombardi, D.; Newman, E. J.; Pennycook, G.; Porter, E.; Rand, D. G.; Rapp, D. N.; Reifler, J.; Roozenbeek, J.; Schmid, P.; Seifert, C. M.; Sinatra, G. M.; Swire-Thompson, B.; van der Linden, S.; Vraga, E. K.; Wood, T. J.; Zaragoza, M. S. (2020). The Debunking Handbook 2020. https://skepticalscience.com/debunking-handbook-2020-downloads-translations.html (abgerufen am 17.03.2022)

Löffelholz, M.; Schwarz, A. (2008). Die Krisenkommunikation von Organisationen Ansätze, Ergebnisse und Perspektiven der Forschung. In T. Nolting (Hrsg.), Krisenmanagement in der Mediengesellschaft: Potenziale und Perspektiven der Krisenkommunikation. VS Verlag für Sozialwissenschaften: 21–35. https://doi.org/10.1007/978-3-531-91191-5_2

Marsen, S. (2020). Navigating Crisis: The Role of Communication in Organizational Crisis. International Journal of Business Communication, 57(2): 163–175. https://doi.org/10.1177/2329488419882981

Massig, B. (2005) Antike Rhetorik. https://www.grin.com/document/108763 (abgerufen am 28.04.2022)

Mast, C. (2008). Nach der Krise ist vor der Krise – Beschleunigung der Krisenkommunikation. In T. Nolting (Hrsg.), Krisenmanagement in der Mediengesellschaft: Potenziale und Perspektiven der Krisenkommunikation. VS Verlag für Sozialwissenschaften: 98–111

Merten, K. (2008). Krise und Krisenkommunikation: Von der Ausnahme zur Regel? In T. Nolting & A. Thießen (Hrsg.), Krisenmanagement in der Mediengesellschaft: Potenziale und Perspektiven der Krisenkommunikation (83–97). VS Verlag für Sozialwissenschaften. https://doi.org/10.1007/978-3-531-91191-5_5

Meyer, C.; Reiter, S. (2004). Impfgegner und Impfskeptiker. Geschichte, Hintergründe, Thesen, Umgang. In: Bundesgesundheitsblatt – Gesundheitsforschung – Gesundheitsschutz (47): 1182–1188. Springer Medizin Verlag

Meyer, L.; Rossmann, C.; Brosius, H.-B. (2017). Risikokommunikation. Bundeszentrale für gesundheitliche Aufklärung.

Meyer, T. & Steinthal, H. (2001). Grund- und Aufbauwortschatz Griechisch (Neuausg.,1. Aufl. [Nachdr.]. Klett-Schulbuchverlag

Nietzsche, F. (1906). Friedrich Nietzsches Werke. Die fröhliche Wissenschaft. Band 6. Raumann Verlag, Leipzig

Nini, P. (2020). Dialog statt Spaltung! Verantwortungsbewusst kommunizieren und Brücken bauen in unserer Gesellschaft. Gabal, Offenbach

Ottmers, C. (1996). Argumentationstheorie. In: Ottmers, C.(Hrsg.), Rhetorik. J.B. Metzler, Stuttgart (65–144)

Päseler, A. (2021). Mit der richtigen Rhetorik zum Impferfolg. Eine Aufschlüsselung nach Impflagern. Unveröffentlichte Masterarbeit im Fach „Kommunikationsmanagement", Westfälische Hochschule Gelsenkirchen

Pfeifer, W. (1993). Etymologisches Wörterbuch des Deutschen: digitalisierte und von Wolfgang Pfeifer überarbeitete Version im Digitalen Wörterbuch der deutschen Sprache. https://www.dwds.de/wb/etymwb/Krise (abgerufen am 28.10.2022)

Puttfarcken, L. (2020). Darum verbreiten sich Verschwörungsmythen so leicht. Viele YouTube-Videos und Facebook-Posts sind alles andere als verlässliche Quellen. Warum glauben trotzdem so viele, was im Internet steht? Quarks. https://www.quarks.de/gesellschaft/psychologie/darum-verbreiten-sich-verschwoerungsmythen-so-leicht/ (abgerufen am 15.03.2022)

Plate, M. (2015). Grundlagen der Kommunikation. Gespräche effektiv gestalten. Vandenhoeck & Ruprecht, Göttingen

Prinzing, M. (2020). Von Weltverschwörern und „Public Intellectuals". Alles ist geplant, nichts so wie es scheint, alles hängt mit allem zusammen. In: Aviso – Informationsdienst der deutschen Gesellschaft für Publizistik- und Kommunikationswissenschaft (71): 3–5 (Ein Interview mit Michael Butter)

Quiring, M. (2007). Die Evolutionstheorie war eine PR-Kampagne. https://www.welt.de/welt_print/article890067/Die-Evolutionstheorie-war-eine-PR-Kampagne.html (abgerufen am 10.04.2022)

Rapp, C. (2019) Der Streit zwischen Rhetorik und Philosophie: Aristoteles. In: Erler, M.; Tornau, C. (Hg.) Handbuch Antike Rhetorik. De Gruyter, Berlin/Boston

Reynolds, B. (2002). Crisis and Emergency Risk Communication [ePub]. GA. https://www.orau.gov/cdcynergy/erc/CERC%20Course%20Materials/CERC_Book.pdf

Römer, D.; Stumpf, S. (2020) Sprachliche Mittel in Verschwörungstheorien. Das Beispiel „Gates kapert Deutschland". In: Der Sprachdienst (64): 249–259

Roose, J. (2020). Verschwörung in der Krise. Repräsentative Umfragen zum Glauben an Verschwörungstheorien vor und in der Corona-Krise. https://bit.ly/3FkJO7R (abgerufen am 21.05.2022)

Schramm, M. (2019). Rhetorik und die Zweite Sophistik. In: Erler, M.; Tornau, C. (Hg.) Handbuch Antike Rhetorik. De Gruyter, Berlin/Boston

Siebert, J. (2021). „Den Billigstoff will ich aber nicht!" – Eine empirische Untersuchung der Krisenkommunikation von AstraZeneca während der COVID-19-Pandemie. Unveröffentlichte Masterarbeit im Fach „Kommunikationsmanagement". Westfälische Hochschule, Gelsenkirchen

Soentgen, J. (2020). Verschwörungstheorie als Wissenschaftskritik. In: Aviso – Informationsdienst der deutschen Gesellschaft für Publizistik- und Kommunikationswissenschaft (71): 9–11

Statistisches Bundesamt (2022). Verkehrsunfälle 2021: Neuer Tiefststand bei Verkehrstoten und Verletzten. https://www.destatis.de/DE/Presse/Pressemitteilungen/2022/07/PD22_286_46241.html (abgerufen am 06.05.2023)

Steinke, L. (2014). Kommunizieren in der Krise. Springer Fachmedien Wiesbaden. https://doi.org/10.1007/978-3-658-04367-4

SWR (2021) Coronavirus-Verschwörungsmythen: Die sieben wichtigsten Fakten gegen Corona-Leugner. https://bit.ly/3NghC8c (abgerufen am 10.04.2022)

Töpfer, A. (2008). Krisenkommunikation: Anforderungen an den Dialog mit Stakeholdern in Ausnahmesituationen. In: Meckel, M., Schmid, B. F. (Hrsg), Unternehmenskommunikation: Kommunikationsmanagement aus Sicht der Unternehmensführung. Gabler: 355–402

Ullrich, T. & Brandstädter, M. (2016). Krisenkommunikation – Grundlagen und Praxis: Eine Einführung mit ergänzender Fallstudie am Beispiel Krankenhaus. Kohlhammer Verlag. Stuttgart

Universität Tübingen (o. D.). Was ist Rhetorik? http://www.rhetorik.uni-tuebingen.de/was-ist-rhetorik/ (abgerufen am 30.04.2022)

Vorwerg, C. (2021). Gesprächsrhetorik in Psychologie und Psycholinguistik. In: Hess-Lüttich, E.W.B. (Hrsg.), Handbücher Rhetorik: Band 3. Handbuch Gesprächsrhetorik. Walter de Gruyter GmbH, Berlin: 469–488. https://www.degruyter.com/document/doi/10.1515/9783110333572/html (abgerufen am 12.06.2021)

Welchering, P. (2020). Warum Telegram und Co. durch Corona boomen: Rasanter Anstieg durch Corona. https://www.zdf.de/nachrichten/digitales/boom-parler-bitchute-telegram-100.html (abgerufen am 16.03.2022)

6

Das Dilemma mit den sozialen Plattformen – Warum Konzept und Qualität weiterhin entscheiden

Zusammenfassung In der Diskussion über die neuen digitalen Kommunikationskanäle wird oft ausgeblendet, dass Facebook, Instagram und Co. zunächst einmal nur technische Plattformen ohne eigene Inhalte sind. Zu Social Media werden sie erst durch den Content ihrer Nutzerinnen und Nutzer sowie vor allem durch deren Interaktionen über die eingestellten Inhalte. Plattformen und Nutzende haben dabei jeweils eigene Interessen, die sich nicht immer decken. In diesem Kapitel wird dargestellt, warum sich Kommunikatoren und Kommunikatorinnen deshalb über den Unterschied zwischen Plattformen und sozialer Medien bewusst sein sollten, wie nachhaltig mit Usern interagiert werden kann und warum Qualität und Konzept auch bei perfektem Targeting das entscheidende Kriterium für nachhaltigen Erfolg bleiben.

> *„Hast du davon schon gehört? Das habe ich auf Facebook gelesen!" In Gesprächen mit Familie und Bekannten ist dieser Ausdruck oftmals ein Synonym der Medienrezeption und verdeutlicht*

den Stellenwert sozialer Medien im täglichen Medienkonsum, gleichzusetzen mit Formulierungen wie: „Das habe ich gerade im Radio gehört" oder „Das habe ich gestern im Fernsehen gesehen". Diese Selbstverständlichkeit sollte aufhorchen lassen. Social Media ist heute fester Bestandteil der Mediennutzung, insbesondere von jüngeren Menschen. Nahezu alle Männer und Frauen unter 29 Jahren nutzen wöchentlich mindestens einen Social-Media-Kanal (ARD/ZDF-Onlinestudien 2018 bis 2021). Kein Wunder, dass Social Media heute strategischer wie selbstverständlicher Bestandteil der Unternehmenskommunikation ist. So ist 2022 der Anteil von Unternehmen, die weltweit in sozialen Medien vertreten sind, extrem hoch: 90 % nutzen Facebook, 79 % Instagram und 61 % LinkedIn und immerhin noch 59 % sind auf YouTube (Social Media Examiner 2022).

Die Tatsachen, dass Social-Media-Plattformen als technischer Mittler fungieren und keine eigenen Inhalte anbieten, dass Unternehmen und Medienhäuser zur Content-Streuung auf diese Plattformen angewiesen sind und dass User das eigentliche Produkt der Plattform darstellen, ist im Alltag von Laien als auch Kommunikationsprofis vielleicht nicht immer ganz präsent. 2020 hat die Netflix-Dokutainment-Produktion „Das Dilemma mit den sozialen Medien" diesen Dreiklang (kurzzeitig) ins Bewusstsein der Nutzerschaft – oder zumindest einer interessierten Bubble – gerufen. Die Produktion zeigt unter anderem mithilfe von Interviews ehemaliger Mitarbeitender von Plattformen wie Facebook, wie Social Media technisch so programmiert werden, dass User möglichst lang online bleiben. Darum wundert es nicht, dass unter den Top 3

Gründen für das Löschen eines privaten Social Media Accounts in 2020 folgendes genannt wurde: „Ich habe zu viel Zeit auf der Plattform verbracht" (Deloitte 2021). Ein Beispiel: Bei Instagram erscheint bei jedem neuen Laden der Startseite ein neuer Post. Bei jeder Aktualisierung folgt also eine Belohnung: ein neuer Beitrag (Manser 2020).

„Das Dilemma mit den sozialen Medien" lässt hinter die Kulissen von Algorithmen und Filterblasen blicken, die kognitive Dissonanzen bewusst reduzieren, den Nutzenden also den Inhalt anbieten, der sie in ihrer bereits vorhandenen Meinung zu einem Thema tendenziell unterstützt. Einerseits wird die Vielfalt an Informationen durch die Tatsache, dass jeder zum Produzierenden werden kann, erhöht, andererseits entstehen Filterblasen („Bubbles"), in denen eine dominante Ansicht durch Reproduktion verstärkt werden kann (Breidenbach et al. 2020; Manser 2020; Schmidt 2018). Schließlich vergessen User häufig, dass jede Interaktion auf der Plattform Rückschlüsse auf persönliche Vorlieben zulässt:

> *„Jeder Klick und jedes „Gefällt mir" hinterlässt eine Datenspur, in denen sich die […] Mechanismen der selektiven Auswahl und der Homophilie [soziale Homophilie als Tendenz, bevorzugt mit ähnlichen Individuen zu interagieren] niederschlagen. Und je mehr meiner Bekannten eine andere Person kennen oder etwas mögen, desto größer ist die statistische Chance, dass ich sie auch kenne bzw. es mir auch gefällt. Daher sind die Vorschläge von Facebook oft verblüffend treffend – und nebenbei erhöhen sie die Chance, dass ich Facebook weiterhin nutze und somit mehr Datenspuren hinterlasse"* (Schmidt 2018, S. 69).

Um Schmidts Ausführung zu ergänzen: Auch außerhalb der Plattformen selbst sammeln die sozialen Plattformen wie Facebook (einschließlich aller Tochterunternehmen, etwa Instagram oder WhatsApp) Daten, sei es beim Surfen, der Nutzung von Apps oder aufgekaufte Daten von Drittanbietern (Jaekel 2017). Dies sollte von Rezipienten und Rezipientinnen als auch von Kommunikationsprofis nicht unbeachtet bleiben: Plattformen fungieren als Anbieter und technischer Vermittler für Botschaften aller Art. Es geht nicht um Content. Es geht nicht um Informationsvermittlung oder seriöse Berichterstattung. Es geht auch nicht um Unterhaltung. Vielmehr sind die privaten User das eigentliche Produkt auf der Plattform, indem ihre Datenströme analysiert und zu Werbezwecken verkauft werden. Unternehmen, die genau diese privaten User als ihre Zielgruppe erreichen wollen, sind der eigentliche Kunde (Manser 2020). Zwar kann jeder veröffentlichen, was er oder sie möchte, wen jedoch was erreicht, bestimmt die Plattform auf Basis der User-Interaktionen. Es gibt nur wenige Plattformen, die andere Geschäftsmodelle propagieren, etwa das Business Netzwerk LinkedIn, dessen Einnahmequelle neben dem Verkauf von Online Anzeigen (englisch: Ads) auch der Verkauf von Professional-Lizenzen ist, mit denen beispielsweise der eigene oder der Unternehmensaccount analysiert werden können oder für das Recruiting eingesetzt werden. Plattformen wie Facebook oder YouTube, die vor allem den privaten User oder Konsumenten im Blick haben, handeln dagegen ähnlich wie das Privatfernsehen: je nach Reichweite werden Werbeplatzierungen im Umfeld des erfolgreichen Contents teurer. Content mit geringer Reichweite erzielt nur sehr geringe Resonanz und ist für Werbekunden damit in der Regel unattraktiv.

Unternehmen, die auf diesen Plattformen präsent sein wollen, müssen zweierlei unterscheiden: Wenn es um die Performance ihres Unternehmensaccounts oder um Werbe- und Produktplatzierungen geht, spielt beispielsweise die Zusammenarbeit mit Influencern eine große Rolle, wie in Kap. 8 noch genauer erläutert wird. Hier geht es zunächst um die Positionierung eines Unternehmensaccounts auf sozialen Plattformen: Ein Unternehmensaccount auf sozialen Medien ist lediglich dann erfolgreich, wenn die Mechanismen der Plattform – dem Inhaltsvermittler – verstanden und für sich genutzt werden und die User mit diesem im hohen Maße interagieren, denn nur so gelangt der Unternehmensaccount in die nächsten Nutzer-Sphären.

6.1 Die Plattform: das Fundament sozialer Medien

Was macht soziale Medien (engl. Social Media) sozial? Grundsätzlich gilt: Eine einheitliche Definition gibt es für soziale Medien nicht. Vielmehr werden soziale Medien über ihre Eigenschaften definiert. Zusammengefasst können folgende Eigenschaften als Erkennungsmerkmal

6 Das Dilemma mit den sozialen Plattformen – Warum Konzept ...

eines sozialen Mediums verstanden werden (Donges und Jarren 2022; Fedtke und Wiedemann 2020; Kaplan und Haenlein in Zerfaß und Linke 2012; Schmidt 2018):

Eigenschaften sozialer Medien
- Erstellung eines eigenen Profils (Account) als Zugangsvoraussetzung
- Inhalte können von jedem User produziert und veröffentlicht werden (User-Generated Content)
- Interaktion, Partizipation mit anderen Accounts und Inhalten (Freunde, Unternehmen, Fan-Seiten, Postings etc.)
- Teilweise Zugang/Teilnahme an größerer Öffentlichkeit

Diese fast schon trivial erscheinenden Eigenschaften sollten Kommunikationsprofis für sich – wie in der Fachliteratur vermehrt getan – um einen „organisatorischen" Rahmen ergänzen.

So beschreiben Kaplan und Haenlein, dass die Gesamtheit der sozialen Medien von Plattformbetreibern als Geschäftsmodell betrieben werden. Auch Gabriel und Röhrs (2018) betonen, dass es sich bei sozialen Medien, um digitale Medien handeln, die über Plattformen angeboten werden. Die Plattform bildet demnach die Technologie hinter den sozialen Medien. Im Berufsalltag wird dieser Aspekt oftmals vergessen. Kommunikationsverantwortliche sprechen von den sozialen Medien schnell als „unserem Kommunikationsinstrument" (Kaplan und Haenlein in Zerfaß und Linke 2012).

6.2 Das Geschäftsmodell „Plattform" verinnerlichen

Das Bewusstsein dafür, dass die Plattformen – teilweise auch als soziale Netzwerke oder Social-Media-Plattformen bezeichnet – als Geschäftsmodell und Inhaltsvermittler zwischen User und User oder Unternehmensaccount und User agieren, ist relevant für die Aussteuerung von Kommunikation. Dass diese Plattformen wie eingangs erläutert auch die Selektion von Inhalten vornehmen, hebt deren Relevanz. Die Plattformen bieten die „**digitale, datenbasierte** und **algorithmisch** strukturierende **soziotechnische Infrastrukturen,** über die Informationen ausgetauscht, Kommunikation strukturiert oder Arbeit organisiert, ein breites Spektrum an Dienstleistungen angeboten oder digitale wie nicht digitale Produkte vertrieben werden" (Dolata in Donges und Jarren 2022, S. 78). Plattformen sind daher im Gegensatz zu bestehenden Mediensystemen lediglich die technische Basis für Kommunikationsräume in den sozialen Medien (Donges und Jarren 2022). Ohne User und Accounts sind dies jedoch leere Räume. Die Räume füllen kann prinzipiell jeder, der auf die Plattform zugelassen wird. Schmidt (2018, S. 45) fasst zusammen: „[Plattformen] beschleunigen den Informationsfluss und erlauben es ihren Nutzern, sich ein eigenes Set von Informationsquellen zusammen zu stellen. Journalistische Inhalte sind in den sozialen Medien auch zu finden, stehen dort aber neben dem **Meinungsaustausch** und den Kommentaren der **vielen Nutzer** […]". Professionelle Kommunikation und informeller Austausch einzelner User und Userinnen oder Gruppen stehen in sozialen Medien also so eng beieinander wie in keinem anderem „Medium".

6.3 Soziale Medien: kein Megafon für Unternehmensnachrichten

Ein Umbenennen des gelernten und tief verankerten Begriffs „Social Media" in soziale Plattformen, ergibt heutzutage jedoch wenig Sinn. Hilfreich wäre es schon, wenn sowohl User als auch Kommunikationsprofis sensibilisiert für diesen Fakt sind. Ein Unternehmens-Account wird zwar vom Unternehmen angelegt und bespielt, ist und bleibt jedoch den Mechanismen der Plattform unterworfen. Ein Unternehmens-Account kann daher nicht einfach als „Megafon" für Unternehmensnews top-down in Richtung aller User eingesetzt werden. Die eigenen Zielgruppen genau zu kennen und zu bedienen, um von Plattformmechanismen durch Interaktion mit den Followern zu profitieren, ist daher Kern der Social-Media-Arbeit. Verstehen Kommunikationsverantwortliche den Unternehmensaccount als Sendekanal und ignorieren, dass dieser

6 Das Dilemma mit den sozialen Plattformen – Warum Konzept … 135

kein rein eigenes Kommunikationsmittel ist wie eine Unternehmenswebsite oder der Firmennewsletter, sondern ein Account auf einer dynamischen Plattform, der von Interaktionen mit der Nutzerschaft lebt, sind die Erfolgsaussichten vermutlich gering.

Das sogenannte „Engagement", also die Interaktion der User mit eigenen Unternehmensinhalten auf den Plattformen zu fördern, ist dabei gar keine leichte Aufgabe, schließlich rangiert bei den beliebtesten Aktivitäten auf Social Media im Jahr 2022 das Interagieren mit Unternehmen und deren Accounts weit unten – gerade auch im B2C-Bereich, also dort, wo Unternehmen sich direkt an Endverbraucher wenden. Das unterstreicht auch das Ranking der beliebtesten Aktivitäten auf Social-Media-Plattformen (Statista Global Consumer Survey 2022):

1. Private Nachrichten schreiben (55 %)
2. Beiträge von anderen *Nutzern* liken (40 %)
3. Beiträge kommentieren (38 %)
4. Personen folgen (35 %)
5. Bilder oder Videos posten (34 %)
6. Texte/Statusnachrichten posten (28 %)
7. Beiträge von anderen Nutzern teilen (25 %)
8. **Beiträge von Firmen liken (17 %)**
9. **Firmen folgen (15 %)**
10. **Beiträge von Firmen teilen (9 %)**

Ohne eine Community, die durch Engagement den Unternehmens-Posts Reichweite verschafft, sind die Aussichten auf Erfolg eher gering und gegenüber der klassischen Mediaarbeit Beiwerk. Natürlich lässt sich über perfektes Targeting bei der gewünschten Zielgruppe auch über Bewerbung von Posts zu Werbeposts oder Videos Reichweite erzielen. Letztlich müssen sich die User entsprechende Posts und Stories dann aber auch ansehen, bevor sie den eigentlichen Zielcontent zu sehen bekommen. Langfristige Bindungen sind ohne den richtigen Content und Community-Aufbau jedoch unwahrscheinlich. Kommunikatoren und Kommunikatorinnen müssen ihre Zielgruppe also gut kennen und Content kreieren, der zum Liken und Teilen animiert – Content, der auf die Bedürfnisse der

Zielgruppe einzahlt. Das ist wahrlich nichts Neues. Mit dem Bewusstsein auf einer Plattform aufzuschlagen, die nach genau diesen Kriterien den Content für User und Userinnen auswählt, ist jedoch essenziell. Nur dort kann eine direkte Beziehung zu Stakeholdern und Zielgruppen aufzubauen, die durch gesteigerte Interaktion dann auch der Plattform suggeriert: dass dies Seite für User relevant ist, denn genau das ist für den Erfolg eines Social Media Accounts auf Social-Media-Plattformen unabdingbar.

6.4 Soziale Medien im Unternehmen verstehen

Einen Like, einen positiven Kommentar zu erreichen oder sogar zum Teilen eines Beitrages zu animieren, ist die Kür der Social-Media-Kommunikation. Veröffentlichen kann schließlich jeder mit einem Account. Dabei sind viele passive User als zusätzliche Herausforderung nicht zu vergessen (Stieglitz und Wiencierz 2022; Statista Global Consumer Survey 2022).

Zu oft kommt es vor, dass ein Post auf Social Media „gebracht werden muss", obwohl der Social Media Manager es doch eigentlich besser weiß. Das Thema interessiert im schlimmsten Fall weder die Markenfans, noch entfernte Stakeholder. Schon in der Vergangenheit sind solche Themen nicht gut angekommen. Trotzdem wird gepostet, auch bei Protest, oft aus politischen Gründen. Person X möchte einen Beitrag über sich auf einer Social-Media-Plattform sehen. Projekt Y hat vergangenen Monat doch schließlich auch Aufmerksamkeit bekommen, das braucht Projekt Z jetzt auch. Social Media Manager stellen das Posting ein, oft mit dem Wissen, dass es nicht dazu beiträgt, von Plattform oder Zielgruppe als relevanter Account wahrgenommen zu werden. So füllt sich der Redaktionsplan und gleichzeitig steigt auch der Frust bei Social Media Managern, deren Beratungsexpertise im Alltag oftmals noch nicht überall honoriert wird.

Doch soziale Medien haben neben Sichtbarkeit und Reichweite für die Unternehmenskommunikation noch einen ganz anderen entscheidenden Mehrwert für das Unternehmen: Sie schaffen direkten Kontakt mit Ziel-

6 Das Dilemma mit den sozialen Plattformen – Warum Konzept …

gruppen und Stakeholdern und damit ein wertvolles Feedback zu den eigenen Aktivitäten. Es wird möglich, Botschaften direkt zu platzieren, Informationen direkt weiterzugeben und Neuheiten in Echtzeit zu kommunizieren – was genau kommt wie an und worüber möchten die Kundinnen und Kunden mehr erfahren? Es geht also im Kern darum, **Erkenntnisse für das Unternehmen zu gewinnen**, schließlich ist ein Dialog schon aufgrund seiner Definition nie einseitig. Der Aufschluss darüber, welche Themen „die Zielgruppe" eines Unternehmens bewegen, was Kritikpunkte oder Bedürfnisse dieser sind, ist mit keinem klassischen Medium in dieser Form und Intensität möglich. Auch eine Unternehmenswebsite kann das nicht bedienen. Die Plattformen haben deshalb das Potenzial, zum Drehkreuz der Unternehmenskommunikation zu werden. Das braucht allerdings ein Verständnis von „ganz oben" für die Arbeit und die Potenziale, die soziale Medien und deren Plattformen für Kommunikationsverantwortliche und das Unternehmen mit sich bringen können.

Die Wahrnehmung von sozialen Medien als Dialogplattformen, als Mehrwert für das Unternehmen *und* für die User sind noch nicht weitreichend in der Praxis verankert. Im Unternehmen professionell aufgehängt, könnten Themen und Trends der Zielgruppe direkt in das Unternehmen getragen werden (Stieglitz und Wiencierz 2022; Fink und Grupe 2022). Doch wie entsteht Dialog mit der Zielgruppe, echte Interaktion?

Die folgenden Ausführungen fassen erste Impulse zusammen, welche die Nutzung von sozialen Medien in jedem Fall fern vom Unternehmenslautsprecher hin zur Zielgruppen- und Dialogorientierung führen sollen und dabei die Unternehmensziele nicht aus den Augen verlieren (Faßmann und Moss 2016; Einwiller und Seiffert-Brockmann 2022; Kirchhoff et al. 2015, Jaekel 2017; Michelis 2015). Sie orientieren sich dabei an einem Beispiel: Ein relativ junges Unternehmen möchte sein Angebot für nachhaltige Schuhe, die aus recycelten Autoreifen gefertigt werden, bekannt machen:

- **Welche Ziele** und Kernbotschaften hat das Unternehmen und welche Botschaften sollen über die Schuhe vermittelt werden? Beides sollte aufeinander einzahlen.
- Wann ist der Account so erfolgreich, dass er auch die **Unternehmensziele** unterstützt, zum Beispiel die Erhöhung der Bekanntheit bei einer neuen, an Nachhaltigkeit interessierten Zielgruppe?

- **Welche Vorlieben** haben die User, im Beispielfall die potenziellen und aktuellen Konsumenten, die der Seite folgen oder folgen sollen. Gibt es auch abseits von Social Media Erkenntnisse, welche Themen diese Gruppen interessieren und gegebenenfalls sogar welche Formate auf Social Media bei den Schuh-Fans gut funktionieren (Live-Talks, Frage-Antwort Stories auf Instagram, eher Fakten zur Nachhaltigkeit oder Livestyle- und Reise-Formate). An diesen Vorlieben sollte die Strategie für Account und Inhalt ausgerichtet und darauf geachtet werden, dass unterschwellig die Unternehmens- wie Produktbotschaften mitvermittelt werden.
- Die nachhaltigen Schuhe finden laut Analyse die größte Zielgruppe auf Instagram. Kennen die Kommunikationsverantwortlichen die **Intention und Eigenschaften der Plattform,** um diese anschließend für sich zu nutzen?
- Nach Go-Live des Schuh-Accounts folgt das **kontinuierliche Beobachten, Reflektieren und Adaptieren von Trends und Formaten** im dynamischen Umfeld. Sind die Vorlieben der Zielgruppe getroffen? Werden Inhalte angenommen? Wird gerade ein anderes Format auf beispielsweise Instagram vom Algorithmus bevorzugt, sollte man also von statischen Posts auf Video-Formate oder Stories umschwenken?
- **Im Einklang mit den Unternehmenszielen und Botschaften: Sind die Inhalte relevant** für die auf dem Kanal anzutreffende Zielgruppe? Interessieren sich die Follower nicht eher für Nachhaltigkeitstipps und umweltschonende Mode als für alle Produktdetails des Schuhs?
- Das Bewusstsein dafür welches Ziel der Content verfolgt, beispielsweise ob es in einer Phase 1 darum geht, ein Vertrauensverhältnis zu unseren nachhaltigen Schuhen aufzubauen oder darum, die Unternehmenslegitimation zu fördern und ernsthafte Interessen an nachhaltiger Mode zu zeigen, oder gibt es auch Posts, die das Gesamtbild des Unternehmens darstellen sollen, beispielsweise um eine Unterzielgruppe – wie potenzielle Arbeitnehmer und Arbeitnehmerinnen – anzusprechen. Dieses Bewusstsein hilft dabei, den Content so zu gestalten und auszuspielen, dass das jeweilige Ziel auch erreicht wird.
- Die Schuh-Fans sind auf vielen Kanälen aktiv, jedoch mit anderen **Erwartungen.** Ein Copy+Paste von Instagram auf LinkedIn kann natürlich jeder, fällt aber der Zielgruppe negativ auf (und sei es auch „nur" die Sprache, die zwischen Instagram und LinkedIn variiert). Auf

LinkedIn erwartet unsere Zielgruppe gegebenenfalls mehr transparente Unternehmensinformationen im Sinne der Nachhaltigkeit. Auf Instagram geht es dagegen mehr um einen nachhaltigen Lebensstil.
- So oder so sollte nicht vergessen werden, dass der Content über die Schuh-Neuheit **teilbar** ist und mit **Mehrwert** kreiert wird. Um auf der Plattform relevant zu werden, ist das junge Schuh-Unternehmen auf die Interaktion zwischen Followern und Account angewiesen, und geteilt und kommentiert wird nur, wenn wirklich etwas für die Zielgruppe Interessantes gepostet wird.
- Um eine ernsthafte Beziehung und Bindung zu den Schuh-Fans und diejenigen, die es werden sollen, aufzubauen, sollte bei der Konzeption ein **Rückkanal zur Dialogführung** durch aktives Community Management, auch in das Unternehmen zurück, mitgedacht und bespielt werden.

Zur Erreichung oder Annäherung dieser Ziele bedarf es eines strategischen Rahmens für die Social-Media-Kommunikation. In gewisser Weise ist schon die Frage der Unternehmenskultur entscheidend dafür, ob folgenden Aspekten offen begegnet werden kann (in Anlehnung an Michelis 2015):

- **Offenheit** für einen individuellen Dialog mit der Community
- **Anpassungsfähigkeit** an die Gewohnheiten der Zielgruppe auf der jeweiligen Plattform
- **Reflexion** von Reaktionen der Community
- **Flexibles** Anpassen bei neuen Erkenntnissen (Feedback & Fehlerkultur)

Ergänzt werden diese Faktoren um das „**glaubhafte Versprechen**" des Accounts (Michelis 2015), das mit den Bedürfnissen der Zielgruppe und dem Unternehmen übereinstimmen muss und realistisch einhaltbar ist.

Die Rahmenbedingungen zeigen: Social Media als dialogorientierter Kanal fußt auf einer Kultur der Reflexion und flexiblen Anpassungen. Schließlich ist nichts so dynamisch wie Plattformmechanismen, Zielgruppentrends und neue Content-Formate auf den sozialen Medien. Elementar ist: Kommunikatoren und Kommunikatorinnen brauchen einerseits Verständnis von Vorgesetzten und Beschäftigten für diese dynamischen Prozesse, Anpassungen und neue Erkenntnisse, andererseits sollten sie auch Zeit aufwenden, um genau diese Dynamik zu erklären und ihr Umfeld mitzunehmen. Ein Erkenntnisgewinn, um den nächsten Beitrag etwas anders zu konzipieren, ist dann kein Zeichen einer schlechten Kommunikation, sondern die Stärke, auf dynamische Prozesse zu reagieren.

Das Versprechen hingegen sollte strategisch abgeleitet und langfristiger durchhaltbar sein und mit den Unternehmenszielen sowie den Bedürfnissen der Zielgruppe übereinstimmen. Geht diese Kombination durch ein gutes Konzept auf, das den Account aus Plattformsicht als „relevant" rankt und gleichzeitig die Erwartungen der Zielgruppe trifft, steht dem Erfolg fast nichts mehr im Wege.

Doch was wird in diesem Zusammenhang eigentlich als erfolgreich beurteilt? Key Performance Indikatoren (KPI) wie Likes, Shares oder Kommentare sind wichtige Kennzahlen, die jeder Social Media Manager monitort. Diese sollten jedoch im Einklang mit konzeptionellen Fragen bewertet werden. Schließlich entscheidet am Ende immer die Zielgruppe, ob deren Erwartungen entsprochen wurde. Was die Qualität auf Social Media neben harten Kennzahlen ausmacht, fassen Bruhn und Schäfer (2012, S. 8) zusammen:

> *„Insgesamt ist festzuhalten, dass die Kommunikationsqualität der Markenkommunikation auf Social Media-Plattformen durch die inhaltliche (Inhaltsaspekt), beziehungsorientierte (Beziehungsaspekt), interaktive (Interaktivitätsaspekt) und multimediale (Multimediaaspekt) Anforderungserfüllung beeinflusst wird."*

Bevor man Ziele und Kennzahlen, die diese messen, definiert oder den ersten Beitrag mit Mehrwert – aus Sicht des Unternehmens – veröffentlicht, sollte man allerdings in die Analyse gehen, um genau diese Qualitätsmerkmale erreichen zu können (Inhaltsaspekt, Beziehungsaspekt, Interaktivitätsaspekt und Multimediaaspekt). Jedes dieser vier Merkmale steht für eine Erwartung der Zielgruppe an den Account und damit oft an das Unternehmen selbst. Die User sozialer Medien, aber vor allem die Followerschaft spüren, wenn ein Account ihren Erwartungen nicht gerecht wird, und sieben aus. Inhalte gibt es in Zeiten der Informationsflutung schließlich mehr als genug. Werden Versprechen nicht eingehalten oder Content nicht kanalgerecht und mit Mehrwert produziert, wird es das Community Management im besten Falle direkt in den Kommentarspalten erfahren, im schlechtesten Falle bleiben die User einfach weg. Die Gunst der Follower und solche, die es werden sollen, muss erst erarbeitet und dann gepflegt werden (Michelis 2015). Schließlich geht es hier – wie im analogen Leben – um den Aufbau von Beziehungen.

6.5 Mit Sinn und Verstand: Erfolg auf Social Media

Auch die Social-Media-Kommunikation folgt den Regeln der Konzeptionslehre. In einer Analysephase wird die Zielgruppe untersucht. Der Prozess sollte dabei allerdings nicht als Wasserfall, sondern eher zyklisch verstanden werden – Zielgruppenbedürfnisse können sich verändern und müssen daher regelmäßig beobachtet werden. Neben der klassischen Endkundenzielgruppe sind weitere Stakeholder zu beachten. Das Versprechen an die Zielgruppe sollte nicht im Konflikt mit Stakeholderinteressen stehen. Wichtig an dieser Stelle: Welchen Kanal nutzt meine Zielgruppe eigentlich? Welcher ist also der richtige Kanal für das Vorhaben? Das Bespielen eines Kanals um den Kanal-Willens, ist meistens mit Ressourcen, jedoch nicht mit vielen Erfolgsaussichten verbunden oder führt zu Copy+Paste aus dem allgemeinen Kommunikationsfundus (Michelis 2015) – mit in der Regel sehr geringer Wirkung.

Bei der Konzeption sollte deshalb klar werden: Bei wem möchte ich eigentlich wie wirken, welches – auch übergeordnete – Ziel, soll der Kanal erreichen und was ist das Versprechen an die Zielgruppe? Das Thema Versprechen beinhaltet auch die Ableitung, wie dieser Zielgruppe begegnet werden soll. Welche Beziehung will man eigentlich mit wem aufbauen? Und: Welchen Mehrwert kann das Unternehmen wirklich liefern, mit welchen Inhalten kann man punkten, welche Formate sind beliebt? Wer uninteressant ist oder wird und keine Beziehung zu seiner Zielgruppe aufbaut, wird über kurz oder lang irrelevant. Das ist nicht nur fatal für die Marke, sondern auch für das Ranking auf der Plattform. Die Funktionen und Technologien der Plattform up to date zu kennen und die „Knigge-Regeln" zu befolgen, um der Zielgruppe kanalgerecht zu begegnen, sollte bei der Umsetzung nicht vergessen werden.

Ein Facebookbeitrag kann nicht einfach eins zu eins in eine Instagramstory übersetzt werden und ein Blog auf der eigenen Website dient nicht unbedingt als Vorlage für Twitter. Klassische Selbstbeweihräucherungsvideos auf der eigenen Homepage mögen dort Nutzen stiften, werden auf Unterhaltungsplattformen wie YouTube jedoch abgestraft und erhalten nur extrem kleine Aufrufzahlen. Wer soziale Plattformen artgerecht bespielen will, muss sehr gut informiert darüber sein, wie jede einzelne Plattform funktioniert, was die User von ihr erwarten und wie der Content kanalgerecht aufzubereiten ist. Und letztlich muss geklärt sein: Kann ich als Unternehmen das überhaupt leisten?

Für viele, gerade mittelständische Unternehmen mit nur kleiner Kommunikationsabteilung ist es häufig besser, sich nur auf einen Kanal zu konzentrieren (, den die Zielgruppe primär nutzt) und diesen konsequent auszubauen, statt in die Breite zugehen und der Vielzahl von Kanälen und Anforderungen dann nicht mehr begegnen zu können. „Nichts ist so alt wie die Zeitung von gestern", sagte man früher. Heute lässt sich ergänzen: Nichts hinterlässt einen so negativen Eindruck wie ein ungepflegter Unternehmensaccount.

Für die Kontrolle des Kommunikationserfolges gibt es nach Michaelis verschiedene Voraussetzungen, die es braucht, um eine strategische, dialogorientierte Kommunikation aufzubauen: Dialog mit der Zielgruppe, um Erkenntnisse über diese zu gewinnen und Bindung aufzubauen, die Reflexion des eigenen Verhaltens inkl. der Offenheit das eigene Verhalten auf der Plattform anzupassen. Von professionellen Social Media Managern sollte zudem eingeschätzt und verstanden werden: Wie relevant ist eine Aussage aus der Followerschaft. Handelt es sich um die Kritik oder das Lob eines Einzelnen zu einem Nischen-Thema, oder entwickelt sich eine Strömung, die wertvoll für das Unternehmen werden kann. Entweder, weil gewisse negative Impulse frühzeitig abgefangen werden sollten oder sich Potenziale z. B. für eine Produktanpassung entwickeln. Keiner ist so nahe an der Zielgruppe wie die Social Media Manager – außer vielleicht die Kollegen am Point of Sale oder im Kundenservice. Eine Bindung mit kontinuierlichen Impulsen und Aktion wie Reaktionen zu fördern, entsteht jedoch nur über kontinuierlichen Kontakt auf der Plattform mit dem Unternehmensaccount.

Auf keinen Fall vernachlässigt werden sollte die **extreme Dynamik** von Social Media. Sie macht kontinuierliche Reflexion und Kontrolle unverzichtbar sind und führt dazu, dass ein Kurswechsel in der Social-Media-Kommunikation in keinem Fall gleichbedeutend mit einem Alarmsignal für das Versagen des Social Media Teams ist. Faßmann und Moss (2016) trifft es mit seinem Instagram-Beispiel gut auf den Punkt: 2015 war Instagram eine Foto- und Videosharing Community. Das Angebot der Plattform hat sich allerdings so grundlegend weiterentwickelt, dass die Einordnung von 2015 im Jahr 2022 zu kurz greift. Instagram (2020) kommuniziert selbst, dass sie „Menschen die Möglichkeit geben, Gemeinschaften aufzubauen" und wird damit deutlich allgemeiner. Neben der klassischen Foto- und Video-Upload-Funktion gibt es eine Reihe von neuen Formaten, teilweise sogar mit Live-Option, die sich kontinuierlich weiterentwickeln, um das optimale User-Erlebnis zu kreieren. Eine Plattform, die sich in wenigen Jahren in ihrem Selbstverständnis verändert, ist kein Einzelfall. Das Selbstverständnis von Plattformen zu beobachten und die Unterschiede zu kennen, gehört zum Social-Media-Einmaleins. Kommunikatoren und Kommunikatorinnen arbeiten deshalb immer in einem Umfeld voller Veränderungen auf Plattformen, in Zielgruppen und sogar oftmals im Unternehmen. Gleichzeitig gestalten sie Veränderungen oftmals mit – beispielsweise mit neu genutzten Content-Formaten oder eigenen Angeboten auf dem Account. Wer sich für die Profession „Social Media" entscheidet, sollte also keine Angst vor Neuem haben.

Das heißt jedoch auch: Social Media braucht eine Fehlerkultur. Raum zum Ausprobieren und Reflektieren sowie Social Media Profis, die sich nicht damit zufriedengeben, etwas „immer so gemacht zu haben". Das gilt vermutlich und auch hoffentlich für alle Menschen, die sich heutzutage mit Innovation in Unternehmen befassen, gerade und auch in der Kommunikation. Nicht zuletzt sollte beim Content das Zuhören nicht vergessen werden. Keiner unterhält sich gerne mit einer anonymen Person (in diesem Fall mit einem Unternehmen), die tagein, tagaus stoisch nur über sich erzählt. Dem Gegenüber wird in dem „Dialog" nicht zugehört und schon gar nicht auf Impulse eingegangen, so etwas wirkt nicht nur bei einer Verabredung zum Kaffeetrinken unsympathisch. Häufig wird der Nutzer mit einem Megafon und jeder Menge „Ich-Aussagen" bombardiert. Dialog und damit der langfristige Aufbau einer wertvollen Fan-Community braucht dagegen Augenhöhe und Verständnis anstatt des Megafons. Das honorieren dann auch die Plattformen.

6.6 Ein Plädoyer für professionelles Social Media Management

Dieser Beitrag zeigt auf, dass das strategische Bespielen von sozialen Medien nicht trivial ist: Die Nutzung von Plattformmechanismen im Einklang mit den Erwartungen der Zielgruppe und dem passenden relevanten Content, um im besten Fall sogar Erkenntnisse aus den Datenströmen für die Unternehmung selbst zu gewinnen, verlangt nach echter Kommunikationsexpertise. Vor Jahren wurde Social Media Management als eigene Profession noch belächelt, jetzt ist sie nicht mehr wegzudenken. Mal eben „nebenbei Social Media zu machen" ist aufgrund fehlender Kompetenzen eher kontraproduktiv und erschöpft bei weitem nicht das gesamte Potenzial für die Unternehmenskommunikation und das gesamte Unternehmen.

Kommunikationsverantwortliche, die sich der Funktionsweisen der Plattformen als vermittelnde Instanzen bewusst sind, können nachhaltig zum Unternehmenserfolg beitragen. Voraussetzung auf Kommunikatorenseite ist allerdings, dass sie ihre Anspruchsgruppen und deren Bedürfnisse kennen, Content als Verfolgung von Unternehmenszielen zielgruppengerecht mit Mehrwert konzipieren und ihn jenseits von Copy+Paste kanalgerecht ausspielen. Auf Unternehmensseite müssen Social Media Raum für Professionalität und stetiges Reflektieren und Anpassen von Formaten innerhalb der Social-Media-Strategie bekommen. Diese Erkenntnisse über Plattformen und Zielgruppen auch ins Unternehmen zurück zu kommunizieren, sollte gewollt und gefördert werden.

Social Media ist kein Megafon für Unternehmensnachrichten, mit dem man die Gatekeeper der journalistischen Berichterstattung umgehen und alle Nachrichten ungefiltert an „alle" platzieren kann. Was relevant ist, entscheidet der Plattformbetreiber aufgrund von Datenströmen, das gilt sowohl für Rezipienten und Rezipientinnen als auch für Kommunikatoren und Kommunikatorinnen. Doch wer die Zielgruppe und die Merkmale der Kanäle und Plattformenmechanismen gut kennt und für die unternehmenseigenen Ziele nutzt, fördert im Idealfall einen Wettbewerbsvorteil innerhalb eines integrierten Kommunikationsmanagements. Dabei ist nicht zu vergessen: User sind nicht dumm. Sie honorieren es, im besten Fall sogar sichtbar in Form von Likes, Kommentaren oder Teilen von besonders gewinnbringenden Inhalten, Content mit Qualität und Mehrwert für sich ausgespielt zu bekommen. User im Social-Media-Kosmos nur als „Datenverursacher" zu betrachten, was sicherlich neben dem Kreativpart für das Marketing und Platzieren von Werbung legitim ist, ist jedoch nicht der entscheidende Faktor, um sich langfristig eine dialogorientierte Community aufzubauen. Ebenso hinderlich für ein übergeordnetes Ziel in sozialen Medien ist es, wenn sich die Kommunikation auf ein: „Poste das doch mal eben bitte noch auf Social Media" beschränkt. Das Mittel zum Erfolg ist vielmehr das qualitative und konzeptionell strategische Management sozialer Medien.

Literatur

ARD/ZDF-Onlinestudien 2018 bis 2021. (2021). Social-Media-Nutzung 2018 bis 2021, https://www.ard-zdf-onlinestudie.de/social-media-und-messenger/social-media/

Breidenbach, S.; Klimczak, P.; Petersen, C. (2020). Soziale Medien – interdisziplinäre Zugänge zur Onlinekommunikation, Springer Fachmedien Wiesbaden

Bruhn, M.; Schäfer, D. (2012). Markenkommunikation auf Social Media-Plattformen – Anforderungen aus Konsumentensicht und deren Einfluss auf Zielgrössen des Markenmanagements, in: Die Unternehmung. Einfluss von Social Media auf Funktionsbereiche der Betriebswirtschaftslehre, Swiss Journal of Business Research and Practice: Nomos Verlagsgesellschaft mbH (66): 64–84

Deloitte. (2021). Mobile & Digital Consumer Survey – Ausgewählte Ergebnisse für den deutschen Markt, https://de.statista.com/statistik/daten/studie/1283718/umfrage/gruende-fuer-abkehr-von-social-media-plattformen-in-deutschland/

Donges, P.; Jarren, O. (2022). Politische Kommunikation in der Mediengesellschaft: Eine Einführung, 5. Aufl., Springer VS

Einwiller, S.; Seiffert-Brockmann, J. (2022). Content-Strategien in der Unternehmenskommunikation: Themensetzung, Storytelling und Newsrooms, in: Zerfaß, Piwinger und Röttger (Hg.): Handbuch Unternehmenskommunikation. Springer Fachmedien Wiesbaden, 541–556

Faßmann, M.; Moss, C. (2016). Instagram als Marketing-Kanal, Springer Fachmedien Wiesbaden

Fedtke, C.; Wiedemann, G. (2020). Hass- und Gegenrede in der Kommentierung massenmedialer Berichterstattung, in: Breidenbach, Klimczak und Petersen (Hg.): Soziale Medien. Springer Fachmedien Wiesbaden, 91–121

Fink, S.; Grupe, M. (2022). Innovations- und Technologiekommunikation: Innovations- und Technologiekommunikation: Komplexe Themen vermitteln und positionieren, in: Zerfaß, Piwinger und Röttger (Hg.): Handbuch Unternehmenskommunikation, Springer Fachmedien Wiesbaden, 1003–1023

Gabriel, R.; Röhrs, H. (2018). Social Media als Teil von Crossmedia, in: Köhler und Otto (Hg.): Crossmedialität im Journalismus und in der Unternehmenskommunikation: Springer VS, 95–120

Instagram. (2020). Über uns. https://about.instagram.com/de-de

Jaekel, M. (2017). Die Macht der digitalen Plattformen, Springer Fachmedien Wiesbaden

Kirchhoff, S.; Lombardo, P.; Urhahn, L. (2015). Ausgewählte Plattformen, Tools und Technologien. in: Kirchhoff (Hg.). Online-Kommunikation im Social Web. Mythen, Theorien uns Praxisbeispiele: utb., 225–239

Manser, C. (2020). Diese Doku zeigt, wie die Menschheit schachmatt gesetzt wurde, Watson Fixxpunkt AG, online verfügbar unter https://www.watson.ch/leben/review/144719001-the-social-dilemma-neue-netflix-doku-zeigt-wie-wir-manipuliert-werden

Michelis, D. (2015). Strategischer Leitfaden, in: Social Media Handbuch. Theorien, Methoden, Modelle und Praxis, Nomos Publishers, 38–56

Pein, V. (2021). Stellenprofil Social Media Manager, Bundesverband Community Management e.V. für digitale Kommunikation und Social Media

Schmidt, J. (2018). Social Media, 2. Aufl. Springer Fachmedien Wiesbaden

Social Media Examiner. (2022). Einsatz von Social-Media-Plattformen durch Unternehmen weltweit 2022, in: Statista Dossier Soziale Netzwerke 2022 https://de.statista.com/statistik/studie/id/11852/dokument/soziale-netzwerke-statista-dossier/

Statista Global Consumer Survey. (2022). Beliebteste Aktivitäten in sozialen Netzwerken in Deutschland im Jahr 2022

Stieglitz, S.; Wiencierz, C. (2022). Digitalisierung, Big Data und soziale Medien als Rahmenbedingungen der Unternehmenskommunikation, in: Zerfaß, Piwinger und Röttger (Hg.): Handbuch Unternehmenskommunikation, Springer Fachmedien Wiesbaden, 289–310

Zerfaß, A.; Linke, A. (2012). Social Media in der Unternehmenskommunikation: Strategien, Kompetenzen, Governance, in: Die Unternehmung. Einfluss von Social Media auf Funktionsbereiche der Betriebswirtschaftslehre, Swiss Journal of Business Research and Practice: Nomos Verlagsgesellschaft GmbH (66): 49–63

7

„Eine Million Follower, das muss ja stimmen" – Wie man Hochstapelei und seriöse Kommunikation im Netz unterscheidet

Zusammenfassung Im digitalen Raum ist es nicht immer einfach, zu erkennen, ob Informationen von seriösen Absendern oder von Hochstaplerinnen oder Demagogen stammen. Unter dem Druck, digitale Präsenz zu zeigen, werden auch von professionellen Akteuren Beiträge und Posts in die Welt gesetzt, die fachlich nicht immer korrekt sind. Reichweite bedeutet aber auch Verantwortung. Daher müssen alle im Netz Aktiven bewusst mit dieser Macht umgehen, sich selbst prüfen und reflektieren. Rezipientinnen und Rezipienten wiederum sollten die Seriosität ihrer Quellen überprüfen, um Fakes und Unseriosität auf die Schliche kommen. Dieses Kapitel zeigt, wie eine solche Prüfung anhand einer überschaubaren Zahl von Kriterien möglich ist.

》 *Wer ein Instagram-Profil besitzt und sich für Beauty-Produkte, Cremes oder ähnliche Dinge interessiert, findet unzählige Influencerstars und – sternchen auf der Plattform. Eine von ihnen ist Enisa Bukvic (Instagram: enisa.bukvic).*

Sie hat über 800.000 Follower, denen sie gerne Fotos am Strand oder Pool, Schnappschüsse ihrer Reisen oder auch neue Beauty-Produkte präsentiert. Letztere entstammen ihrer eigenen Marke oder aus Kooperationen durch Werbepartnerschaften. Die Qualität der Produkte scheint dabei nicht das wichtigste Auswahlkriterium zu sein. Zumindest überprüft sie diese eher lückenhaft. Anders lässt es sich kaum erklären, dass sie ihren Fans die verjüngende Wirkung einer Lotion versprochen hat, die mit absolut abstrusen Inhaltsstoffen angereichert war. Diese Blamage hatte sie einem kritischen Kollegen zu verdanken. Der YouTuber Marvin Wildhage stellte sich in einem Experiment der Frage, inwiefern Influencer ihnen angebotene Werbedeals hinterfragen. Für dieses Experiment entwickelte er eine Fake-Gesichtscreme mit dem Namen „HydroHype", die nicht aus Naturprodukten, sondern in erster Linie aus Gleitgel bestand. Als Inhaltsstoffe seiner Kreation gab Wildhage Komponenten wie Uran, Asbest und Pipikaka-Seed-Oil an. Auftritt und Vermarktung der Fake-Creme waren dabei sorgfältig durchgeplant: Er entwarf Logos und Etiketten, legte Instagram-Accounts und Websites an, erstellte Content und Mail-Adressen und kaufte sich Likes, Follower und Testimonials. Für den vermeintlich „reibungslosen" Vertrieb der Creme wurde außerdem eine PR-Agentur mit dazugehörigem Webauftritt erfunden. Enisa Bukvic fiel auf die Inszenierung der Fake-Gesichtscreme herein und stellte die Creme ihren Followern auf Instagram vor. Sie betonte die Anti-Aging-Wirkung, pries das „durch Urangestein gefilterte Wasser" an und posierte auf Vorher-Nachher-Bildern, die die angeblich positiven Effekte der Creme beweisen sollten (Schwebel 2021).

Dumm gelaufen und eine Warnung, wenn man bedenkt, dass das Web insbesondere für jüngere Zielgruppen das zentrale Informationsmedium ist und Influencer dabei eine wichtige Rolle spielen. Dabei ist eigentlich die **Glaubwürdigkeit** das entscheidende Element für den Erfolg eines Influencers (Rabach 2018). Die Glaubwürdigkeit eines Influencers ist jedoch schwer zu erkennen. Die Zahl der Follower, also die Reichweite, könnte hierfür ein Indiz sein, denn je mehr Personen einer anderen folgen, umso größer müsste doch der Kreis der kritisch Denkenden sein und dann muss man dem Account doch vertrauen können. Oder nicht? Tatsächlich können die Followerzahlen auch gekauft worden sein, um die Glaubwürdigkeit künstlich zu erhöhen. Follower, die einem Influencer aus echtem Interesse folgen, besitzen in der Regel auch ein großes Vertrauen in die gefolgte Person. Der Influence Scope Report von Nielsen (2022) zeigt, dass 71 % der Nutzerinnen und Nutzer Werbung oder Meinungen von Influencern, denen sie folgen, vertrauen.

Mit diesem Vertrauen gehen jedoch nicht alle Influencer gewissenhaft um. Für viele von ihnen zählt bei Kooperationen vor allem das liebe Geld. Als Resultat verbreiten sich Fehlinformationen oder Werbung für nachgewiesen schlechte Produkte im Internet, welche dann bei den vorwiegend jungen Nutzerinnen und Nutzern landen, die ihre Informationen und ihr Wissen primär aus dem Netz beziehen. Schließlich hat das Internet klassische Medien wie Tageszeitungen und Magazine als Leitmedium längst abgelöst. Im Jahr 2004 nutzten Studien zufolge noch 48 % der Zwölf- bis Neunzehnjährigen täglich oder mehrmals in der Woche Tageszeitungen. Mit mittlerweile nur noch 13 % hat sich diese Zahl im Jahr 2021 deutlich verringert (JIM-Studie 2021). Dass diese Menschen mit zunehmendem Alter wieder zu den klassischen Medien zurückkehren, wird selbst in Verlegerkreisen nur müde belächelt.

Die sinkende Nutzung der klassischen Medien ist allerdings kein Phänomen, das ausschließlich bei Teenagern zu beobachten ist. Auch in der gesamtdeutschen Bevölkerung ist dieser Rückgang zu verzeichnen (VuMA 2022). Die Nutzung von Onlineangeboten zur Informationsbeschaffung nimmt währenddessen weiter zu. Journalistische Angebote sind dabei nur noch eine von vielen Quellen, die zu diesem Zweck genutzt werden – auch wenn die Online-Angebote vom Spiegel und der BILD sehr erfolgreich sind. Bei einer Umfrage des Leibniz-Instituts für Medienforschung gaben 46 % der Jugendlichen zwischen 14 und 17 Jahren an, mehrmals in der Woche journalistische Angebote zu nutzen. 58 % informieren sich gleichzeitig aber auch über nicht-journalistische Akteurinnen und Akteure, wie beispielsweise Influencer, weil journalistische Angebote häufig den Bezug zum eigenen Leben nicht genügend herstellen würden. Als häufigste Informationsquelle wurde Social Media genannt (Hasebrink et al. 2021). Klassische Medien muss dies zum Umdenken und zu einer Präsenz in der virtuellen Welt bewegen. „Das Internet wurde über digitale Medientransformationen hinaus – über eine Rückkopplung von Netz und Nutzern – zum gesellschaftlichen Ordnungsprinzip und löste traditionelle massenmediale Strukturen ab." (Alm 2022, S. 3) Um ihre Inhalte außerhalb von gedruckten Formaten im Internet zu verbreiten, nutzen Medien häufig fremde Plattformen wie Google News, Facebook, YouTube, Twitter oder Instagram. Dort kommen viele Nutzerinnen und Nutzer mit ihren Inhalten in Kontakt oder gelangen von dort aus auf ihre weiteren Angebote wie Websites oder Apps (Hosseini und Schmidt 2022). Eine Studie von Lischka (2021) zeigt, dass Social-Media-Redakteurinnen und -Redakteure ihre Nachrichtenentscheidungen an die Spielregeln der jeweiligen sozialen Netzwerke anpassen. In Facebook-Beiträgen werden beispielsweise emotionale und überraschende Story-Elemente besonders betont und so an der Nutzungspräferenz und dem News-Feed-Algorithmus, der bestimmt, was zuerst angezeigt wird, ausgerichtet. Im Kampf um Aufmerksamkeit und Reichweite müssen Medien auf den sozialen Netzwerken kreativ werden und neue Formate verwenden. Der Spiegel beispielsweise hat sein jahrzehntealtes Fernsehformat „Spiegel TV" in das Internet verlagert. Auf dem YouTube-Kanal „Der Spiegel" sind Beiträge und Reportagen von

Spiegel TV und Videos von Spiegel Online jederzeit abspielbar. Das kommt gut an: Der Kanal hat fast 1,5 Mio. Abonnements und übertrifft damit sogar die 1,24 Mio. Abonnements des YouTube-Kanals der Tagesschau. Auch Influencer haben einen Reichweiten-Druck. Der Algorithmus der einzelnen Plattformen zwingt sie, bestimmte Trends, wie beispielsweise Reels auf Instagram, häufiger zu verwenden, um ihre Reichweite zu halten. Besonders die Kontinuität ist hier der Schlüssel zum Erfolg. Instagram-Chef Adam Mousseri verriet im Rahmen der Instagram-Creator-Week 2021, dass ein idealer Posting-Rhythmus zur Steigerung der Reichweite aus zwei Feed-Posts pro Woche und zwei Stories am Tag bestehe (McLachlan 2022). Der Druck für Influencer, kontinuierlich zu posten, alleine, um auf den Startseiten ihrer Follower weiterhin angezeigt zu werden, ist also enorm. Das führt dazu, dass Beiträge teilweise nur noch wenig Inhalt haben und Recherchen vernachlässigt werden.

7.1 Die Blitzrecherche-Checkliste – Wie erkenne ich ein unseriöses Instagram-Profil?

Doch wie erkennt man sie, die schwarzen Schafe in der Horde der unzähligen Influencer und Möchtegern-Celebrities im Netz? Diese Frage zu beantworten, ist gar nicht so einfach. Dennoch gibt es einige Hinweise, die helfen, die Seriosität eines Accounts zu bestimmen.

7.1.1 Kategorie Fachkompetenz

Macht die Online-Präsenz einen professionellen Eindruck?
Ein seriöses Instagram-Profil enthält ein ansprechendes, farblich abgestimmtes Layout. In der „Bio" (kurz für Biografie, meist ein kurzer Text im oberen Teil des Profils) sollten relevante Informationen zur Person stehen. Auch der Sprachstil sollte angemessen und zielgruppengerecht wirken. Seriöse Profile nutzen häufig Trends wie Story-Highlights und Reels auf ihrer Seite, um zum Beispiel ältere Beiträge weiterhin sichtbar zu machen.

Steht die Person für bestimmte Themen und Werte?
Ein Zeichen für die Qualität und die Seriosität einer Person kann sein, dass sie sich eines bestimmten Themas oder einiger weniger Themen angenommen hat und auf diesem Gebiet für klare Werte steht.

Ein Beispiel: Felix M. Berndt (Instagram-Pseudonym: doc.felix) ist Podcaster und Influencer, der seinen über 240.000 Abonnentinnen und Abonnenten auf Instagram regelmäßig Ernährungs- und Gesundheitstipps gibt und über diverse Gesundheits-Mythen aufklärt. Er besitzt ein abgeschlossenes Medizinstudium und gibt seit zwölf Jahren Trainings im Ernährungsbereich. (Berndt o. J.)

Geht die Person viele (unterschiedliche) Kooperationen ein?
Mit Kooperationen und Werbung verdienen Influencer in den sozialen Medien ihr Geld. Eine Person, die bei Instagram Werbung für Produkte macht, ist aber auf keinen Fall per se unprofessionell oder ohne Rücksicht auf Verluste auf das große Geld aus, denn wie bereits deutlich wurde, handelt es sich für viele Influencer um eine Tätigkeit, der einen sehr großen Zeitanteil verschlingt, der finanziert werden will. Dass der Verdienst bei vielen Influencern die Motivation Nummer eins ist, zeigt sich zum Beispiel bei einer Studie von Tapinfluence und Altimeter (2016). Fast 70 % der befragten Influencer gaben an, dass sie sich für diesen Weg entschieden haben, um Einnahmen zu erzielen.

Wenn allerdings eine Person sehr viel Werbung auf ihrem Account macht und dabei Produkte verschiedenster Kategorien (auch fern von ihrer eigentlichen Profession bewirbt), kann dies ein Grund sein, zu hinterfragen, ob die Person tatsächlich so überzeugt von dem von ihr empfohlenen Produkt ist. Es zeugt davon, dass die der Influencer keine stringente Linie verfolgt und somit auch kein Fachwissen über die beworbenen Produkte vorweisen kann.

Ein weiteres Beispiel: Leon (Nachname unbekannt) ist unter dem Pseudonym xskincare auf Instagram zum Hautpflege-Guru geworden. Der Influencer mit mehr als 770.000 Abonnements ist Biologie-Student und klärt auf wissenschaftlicher Grundlage über Hautpflege-Produkte auf und spricht Empfehlungen aus. Werbekooperationen geht er dabei nicht ein, hat mittlerweile allerdings eine eigene Produktlinie, die er über seinen Account vertreibt.

Wie ist das Verhältnis eigener Beiträge im Vergleich zu Kooperationen?
Auch die bloße Zahl der Werbebeiträge im Vergleich zu den unabhängigen Posts, kann anzeigen, wie sehr eine Person wirklich hinter ihren Inhalten steht oder ob sie doch eher den Profit im Sinn hat. Je mehr eine Person Beiträge bringt, die unabhängig von Werbung laufen und das eigene Thema glaubwürdig verfestigen, umso eher wird man ihr abnehmen, dass sie in erster Linie Inhalte und nicht Werbung vertreten möchte. Bei der Überprüfung dieses Faktors gibt es allerdings für die User ein Problem: Kooperationen und Werbemaßnahmen können auch mithilfe der Story-Funktion erfüllt werden. Eine Story verschwindet nach 24 h und ist im Nachhinein nicht mehr sichtbar. Das heißt, schaut man sich nur den Account an, so sieht dies seriös nach viel Content aus, erst wenn man folgt, wird der hohe Werbeanteil sichtbar. Aber auch dann ist es ja möglich, schnell wieder zu entfolgen.

Hat die Person eine für ihr Themengebiet spezifische Ausbildung?
Natürlich ist es kein Muss, dass eine Person eine mehrjährige Ausbildung durchlaufen hat, um sich über dies Thema zu äußern. Trotzdem spricht es dafür, einem Influencer eher trauen zu können, wenn die Person beweisen kann, dass sie weiß, wovon sie spricht.

Die britische Fitness-Influencerin Anna Archer (bei Instagram annaarcherfitness) wurde 2020 durch ihre Trainings- und Ernährungstipps auf Instagram erfolgreich und hat mehr als 270.000 Follower. Regelmäßig postet sie ihre Mahlzeiten, Trainings und Kooperationen mit Proteinriegel- und Sportbekleidungsmarken. Was viele allerdings lange Zeit nicht wussten: Sie litt unter einer Essstörung und nahm deswegen stark an Gewicht ab. Sie hatte keinerlei Hintergrundwissen über das, was sie ihren Fans vorlebte. Dagegen wären wir wieder, um ein positives Beispiel zu nennen, bei Felix Berndt (doc.felix), der als Arzt ein breites Wissen über das Thema Ernährung vorweisen kann.

7.1.2 Kategorie Resonanz

Wie lange gibt es das Profil bereits?
Auf professionellen Profilen lässt sich auf Instagram das Erstellungsdatum einsehen. Wenn ein Profil bereits eine hohe Zahl an Followern und Likes

hat, es aber zum Beispiel erst seit wenigen Wochen existiert, sollte man genauer hinschauen. Hier könnte ein großer Teil der Resonanz von der Person gekauft sein.

Wie ist das Verhältnis von Followern zu Likes?

Ein zweiter Hinweis für gekaufte Follower ist die Interaktionsrate des Accounts – mit anderen Worten: Das Verhältnis der Zahl der Follower zur Zahl der Likes auf Posts. Eine Interaktionsrate von drei bis acht Prozent wird dabei allgemein als gut bewertet. Je größer der Account, desto schlechter wird aber durchschnittlich das Verhältnis von Followern zu Likes (Erxleben 2017). Wenn ein Account also eine fünfstellige Anzahl von Abonnements hat, allerdings nur 50 Likes auf Bildern, spricht dies für gekaufte Follower.

Ein Problem dabei ist, dass in Accounts seit 2021 die Anzahl der Likes unter Beiträgen verborgen werden kann. Dadurch lassen sich Interaktionsraten für Nutzerinnen und Nutzer teilweise nicht mehr erkennen, was den in diesem Punkt beschriebenen Test erschwert. Allerdings haben gerade seriöse Accounts natürlich wenig Grund, die Zahl ihrer Likes zu verbergen. Stark schwankende Zahlen sind ebenfalls ein Indiz dafür, dass Abonnements oder Likes gekauft wurden. Achtung: Es könnte aber auch z. B. an einem kurzfristig geschehenen Skandal aufgrund eines Posts liegen.

Auf welche Weise interagieren die Follower auf dem Account?

Echte Follower interagieren mit dem Profil öffentlich anhand von Kommentaren unter den Posts. Sind die Kommentare wertig, beinhalten nicht nur Emojis und passen thematisch zum Inhalt eines Posts, kann man davon ausgehen, dass diese echt sind. Dies spricht auch für die Seriosität des Influencers. Allerdings lässt sich neben dem Anzeigen von Likes auch die Kommentar-Funktion auf Instagram ausschalten.

7.2 Auch Medien haben die sozialen Medien für sich entdeckt

Auch für die zahlreichen Medienunternehmen in Deutschland ist Reichweite auf sozialen Netzwerken essenziell, um weiter bestehen zu können und gerade bei der jüngeren Zielgruppe relevant zu bleiben. Die öffentlich-rechtlichen Medien sind aufgrund ihrer Verpflichtung, für alle Bürgerinnen und Bürger ein Informationsangebot zu liefern, inzwischen quasi verpflichtet, Social-Media-Accounts zu betreiben. Dabei sind die verschiedenen Angebote der öffentlich-rechtlichen Sender auf sozialen Netzwerken wie Instagram, Tiktok oder YouTube durchaus beliebt.

Das Online-Content-Netzwerk „funk" von ARD und ZDF richtet sich speziell an 14- bis 29-Jährige. Das Netzwerk umfasst über 60 verschiedene Kanäle mit diversen thematischen Ausrichtungen, parallel ist „funk" auf Plattformen wie YouTube, Facebook und Instagram aktiv. Grundsätzlich sind aber alle Inhalte plattformunabhängig auf „funk" aufrufbar. Auf dem Haupt-Account von „funk" sind Info-Posts, Memes und Videos zu finden, welche die Zielgruppe thematisch ansprechen. Auch einzelne Posts der Netzwerk-Accounts werden dort veröffentlicht. So klären sie beispielsweise auf, warum das bei Jugendlichen beliebte Medikament Elotrans, welches oft nicht – wie eigentlich empfohlen – gegen Durchfall, sondern als Anti-Kater-Mittel verwendet wird, problematisch sein kann oder versorgen die User mit tagesaktuellen Nachrichten. Das wird gepaart mit Alltags- und Kochtipps. Das kommt gut an, alleine der Instagram-Account hat in den vergangenen Jahren über 1,3 Mio. Follower angesammelt.

Der Spiegel ist nicht nur als Wochenzeitschrift oder auf YouTube beliebt, sondern hat auch auf Instagram fast eine Million Abonnements. Dort wird unter anderem mit Teaser-Posts gearbeitet, die auf Artikel im eigenen Online-Angebot hinter der Paywall-Grenze verweisen. Somit schaffen sie auf Social Media Aufmerksamkeit für ihre anderen Produkte.

Quarks, die Wissenschaftssendung des ZDF, nutzt auf Instagram unter anderem die eigene Community zur Themengenerierung. In einem Story-Highlight kann man der Redaktion Fragen stellen, die dann in Form von Posts aufbereitet und beantwortet werden. Das verdeutlicht die Wechselseitigkeit der sozialen Plattformen und garantiert zielgruppenrelevante Themen.

Neben den eigenen Accounts gewinnen Medien auch teilweise Influencer für sich. Wohl eines der prominentesten Beispiele: Dr. Mai Thi Nguyen Kim. Die promovierte Chemikerin forschte unter anderem an der RWTH Aachen, am MIT und in Harvard. 2020 erhielt sie das Bundesverdienstkreuz für ihre herausragende Wissenschaftskommunikation (Nationales Institut für Wissenschaftskommunikation o. J.). Sie wurde

2015 durch ihren YouTube-Kanal „The Secret Life of Scientists" bekannt, in dem sie sich mit wissenschaftlichen Themen an junge Menschen wendete. Seit 2016 ist sie Teil des funk-Netzwerks und führt damit einen neuen YouTube-Account „maiLab", der inzwischen mehr als 1,4 Mio. Follower hat. Darüber hinaus hat sie eine eigene Show bei ZDFneo und ist ansonsten im ZDF in verschiedenen, wissenschaftlichen Formaten, wie Terra X, aufgetreten.

7.3 Seriöse Kommunikation oder Hochstapelei – Eine Checkliste

Die Digitalisierung schreitet schnell voran. Trends sind häufig kurzlebig, doch wer nicht mit den Trends geht, läuft Gefahr vergessen zu werden. Daher werden in einer Art Turbo-Kommunikation viele Beiträge und Posts „rausgefeuert", die nicht immer fachlich korrekt sind. Unseriöse Profile, die mit dieser Macht nicht sonderlich verantwortungsvoll umgehen, sind nicht immer auf den ersten Blick zu erkennen. Anhand weniger Punkte kann man Profile aber schnell überprüfen und Fakes und Unseriosität auf die Schliche kommen. In Kürze:

- Ist das Profil professionell aufgebaut, enthält relevante Infos in der Bio, einen sauberen Feed und einen angemessenen Sprachstil?
- Steht das Profil für konkrete Themen und Werte?
- Hat die Inhalberin oder der Inhaber des Profils eine für seine Themen spezifische Ausbildung?
- Folgen die Kooperationen einer stringenten Linie?
- Ist das Verhältnis von Beiträgen und Kooperationen angemessen?
- Ist das Profil seit längerer Zeit etabliert?
- Sind Follower- und Like-Zahlen beständig?
- Ist das Verhältnis von Followern zu Likes realistisch?
- Ist die Interaktion der Follower in den Kommentaren wertig?

Wenn all diese Fragen mit „Ja" beantwortet werden konnten, ist das ein starker Hinweis darauf, dass man sich mit einer Person befasst, die es mit ihren Inhalten tatsächlich ernst meint. Eine Garantie dafür, dass die Person immer die absolute Wahrheit spricht und komplett unabhängig von kommerziellen Interessen handelt, ist dies aber nicht. Deswegen bleibt es wichtig, auch, wenn man die Inhalte einer Person gut findet und ein gewisses Vertrauensverhältnis zu der Person aufgebaut hat, immer zu hinterfragen, mit welcher Intention eine Person etwas im Internet schreibt oder sagt. In Folgekapitel werden wir den Blickwinkel wechseln und das Thema aus dem Influencer-Blickwinkel betrachten.

Literatur

Alm, N. (2022). Makromediale Transformationen. In N. Alm, P. C. Murschetz, F. Weder, M. Friedrichsen (Hrsg.), Die digitale Transformation der Medien: Leitmedien im Wandel. Springer Gabler

Altimeter, TapInfluence (2016). The Separation of Influence: A view of Influence from Influencers and Influence Marketers. https://mms.businesswire.com/media/20160726005961/en/536548/5/AltimeterInfographicFinal.jpg?download=1. (abgerufen am 11.09.2022)

Arbeitsgemeinschaft Verbrauchs- und Medienanalyse (VuMA) (2022). VuMA Touchpoints 2022: Den Markt im Blick Basisinformationen für fundierte Medienentscheidungen. https://www.vuma.de/vuma-praxis/vuma-berichtsband. (abgerufen am 13.09.2022)

Berndt, F. M. (o. J.). Warum? https://docfelix.de/mein-warum/. (abgerufen am 7.9.2022)

Erxleben, C. (2017). Warum die Engagement Rate als Instagram-KPI völlig wertlos ist. https://bit.ly/3FiyVDr (abgerufen am 11.09.2022)

Hasebrink, U.; Hölig, S.; Wunderlich L. (2021). #USETHENEWS. Studie zur Nachrichtenkompetenz Jugendlicher und junger Erwachsener in der digitalen Medienwelt. Leibniz-Institut für Medienforschung. https://leibniz-hbi.de/uploads/media/default/cms/media/dso9kqs_AP55UseTheNews.pdf. (abgerufen am 13.09.2022)

Hosseini, H. & Schmidt, H. (2022). Plattformökonomie in der digitalen Transformation der Medien. In N. Alm, P. C. Murschetz, F. Weder, M. Friedrichsen (Hrsg.), Die digitale Transformation der Medien: Leitmedien im Wandel. Springer Gabler: 67–94

Lischka, J. A. (2021). Logics in social media news making: How social media editors marry the Facebook logic with journalistic standards. Journalism, 22(2): 430–447

McLachlan, S. (2022). So funktioniert der Instagram-Algorithmus 2022. Social Media Marketing & Management Dashboard. https://bit.ly/3N906Ta (abgerufen am 12.09.2022)

Medienpädagogischer Forschungsverbund Südwest (mpfs) (2021). JIM-Studie 2021: Jugend, Information, Medien. Basisuntersuchung zum Medienumgang 12- bis 19-Jähriger. https://www.mpfs.de/fileadmin/files/Studien/JIM/2021/JIM-Studie_2021_barrierefrei.pdf. (abgerufen am 12.09.2022)

Nationales Institut für Wissenschaftskommunikation (o. J.). Dr. Mai Thi Nguyen-Kim. https://www.nawik.de/team/dr-mai-thi-nguyen-kim/ (abgerufen am 12.09.2022)

Nielsen (2022). Building better connections: Using influencers to grow your brand. https://www.radintel.ai/hubfs/RAD-Website-Media-2022/Reports/Nielsen_Sports_InfluenceScope_Report_Final%20copy.pdf?hsLang=en (abgerufen am 12.09.2022)

Rabach, T. (2018). Influencer Relations: Es kommt nicht auf die Größe an. In A. Schach & T. Lommatz (Hrsg.), Influencer Relations. Marketing und PR mit digitalen Meinungsführern. Springer Gabler: 163–175

Schwebel, L. (2021). Marvin Wildhage: Youtuber legt Influencerin mit Fake-Produkt rein. stern.de. https://bit.ly/3LF6i4J. (abgerufen am 05.09.2022)

8

„Werbung mag ich nicht, aber Bibi finde ich gut" – Influencermarketing und die ethischen Grundlagen kommerzieller Kommunikation

Zusammenfassung In Diskussionen über die Kommunikation in sozialen Medien taucht früher oder später stets der Begriff der Influencer auf. Im letzten Kapitel haben wir über deren Glaubwürdigkeit und Kriterien zu ihrer Beurteilung nachgedacht. Hier wollen wir noch einmal deutlich tiefer gehen, auch über die Funktion als Produktvermarkter hinaus. Auf den Kanälen bekannter Influencer hat man es nicht nur mit Werbebeiträgen zu tun. Es geht mehr und mehr auch darum, sich zu gesellschaftlichen Themen zu äußern und die persönliche Meinung mit teils riesigen Communities zu teilen. Doch wie nützlich sind solche persönlichen Meinungsäußerungen? Dieses Kapitel erklärt, wann die Arbeit als Influencer sich von der von Journalisten und Journalistinnen gar nicht so groß unterscheidet und endet mit dem Interview einer als Influencer tätigen jungen Frau, die ihre Rolle im Kommunikationsgeschäft interpretiert.

> *Jeden Tag das gleiche Ritual: Man loggt sich in sozialen Medien ein und ist sofort dem Produkt- und Informationsangebot fremder User ausgesetzt. Wollte man sich eigentlich nur kurz die Stories und Beiträge seiner Bekannten anschauen, verirren sich in kürzester Zeit doch wieder Werbebeiträge von Unbekannten auf die eigene Startseite. Aber wer sind diejenigen, die fremde Feeds in den sozialen Medien derart „vollspammen", dass gegen solche ungekennzeichnete Werbebeiträge seit Mai 2022 sogar ein Gesetz des Bundesgerichtshofs in Kraft getreten ist? Gemeint sind damit jene im vorherigen Kapitel bereits angesprochenen Influencer. Darunter versteht man Personen, die in den Sozialen Medien eine große Reichweite und einen hohen Bekanntheitsgrad erreichen.*

Influencer sind wie beschrieben in Netzwerken wie Instagram, Facebook, TikTok, YouTube oder Twitter aktiv und kommunizieren dort mit einer Vielzahl an Personen, welche ihnen folgen und dementsprechend als „Follower" bezeichnet werden. Das Spektrum ihrer Einflussnahme geht bis zum Anstoßen konkreter Handlungen. Spezielle Analysefunktionen und Statistiken, etwa auf Instagram, machen es ihnen dabei leicht, sich über die Reichweite einzelner Beiträge oder die Reaktionen bei ihren Followern zu informieren (Ionos 2021). Gegliedert wird die Szene üblicherweise in sechs Kategorien:

1. Nano-Influencer (1000–10.000 Follower)
   Diese Gruppe hat zwar eine eher kleine Anhängerschaft, dadurch jedoch einen sehr engen Kontakt zu dem sozialen Umfeld. Für ihre Abonnenten und Abonnentinnen erscheinen sie besonders glaubwürdig, da sie sich stärker mit ihrer Community auseinandersetzen als Influencer mit größeren Reichweiten. Sie zeichnet aus, dass sie sich besonders für ihre Fans engagieren (InfluenceME o. D.).

2. Mikro-Influencer (10.000–50.000 Follower):
   Mikro-Influencer haben bis zu 50.000 Fans und sind ausschließlich einer Online-Community bekannt. Sie spezialisieren sich häufig auf ganz bestimmten Themen, mit denen sie leicht identifiziert werden können (z. B. Sport, Ernährung, Fitness, Mode o. Ä.). Sie haben eine enge Verbindung zu ihrer Community und sind somit als Werbegesichter für Marken besonders interessant (Ionos 2021).
3. Mid-Tier-Influencer (50.000–500.000 Follower):
   Diese Art Influencer ist etwas etablierter als Mikro-Influencer und weniger bekannt als Makro-Influencer. Sie füllen quasi den Raum dazwischen. Von ihnen kann man solide Konversionen, ein hohes Engagement und einen positiven Return on Invest erwarten. Für Kooperationen sind sie daher sehr interessant (InfluenceME o. D.).
4. Makro-Influencer (500.000–1.000.000 Follower):
   Makro-Influencer sind in den meisten Fällen gemeinsam mit den sozialen Medien gewachsen. Offt sind sie schlicht zum richtigen Zeitpunkt in das Social Media Business eingestiegen. Dies erlaubte ihnen, Accounts zu formen, die einzigartig sind und sich meist sich auf ein bis zwei Themen beschränken (InfluenceME o. D.).
5. Mega-Influencer (1.000.000–5.000.000 Follower):
   In dieser Kategorie haben die Influencer eine Art Prominenten-Status erreicht. In den meisten Fällen haben sie mehrere Millionen Follower und somit unendlich große Reichweiten (InfluenceME o. D.).
6. Celebrity-Influencer (über 5.000.000 Follower):Hier ist man wirklich beim absoluten Promi-Status angekommen. Mit über 5 Mio. Followern spielen Celebrity-Influencer (meist täglich) Inhalte an ein riesiges Publikum (InfluenceME o. D.). Sie sind häufig nicht auf ein Thema beschränkt, sondern beschäftigen sich mit einer ganzen Bandbreite an Themen (Ionos 2021). Diese Gruppe ist in vielen Fällen auch aus Massenmedien bekannt, etwa als Schauspielter, Sängerin oder Sportler. Dabei werden oft verschiedene Themenfelder mit privaten Erlebnissen vermengt (Lammenett 2019). Beispiel für einen Celebrity-Influencer ist der Fußballspieler Toni Kroos, @toni.kr8s, dem auf Instagram über 31 Mio. Menschen folgen und neben Fotos vom Spielfeld und der Mannschaft Einblicke in sein Privatleben und die wohltätigen Stiftungen bekommen, die er unterstützt (Menger 2021). Daneben schafft das Netz sich aber auch seine eigenen

Berühmtheiten, die ausschließlich in den sozialen Medien bekannt werden und deren Beliebtheit nur in Ausnahmefällen in die klassischen Massenmedien überschwappt. In Deutschland gehören zu dieser Kategorie beispielsweise: Bianca Heinicke, genannt Bibi, @bibisbeautypalace, mit über sieben Millionen Followern auf Instagram und aktuell knapp sechs Millionen Abonnements auf Youtube. Ihr Fokus liegt vor allem auf Beauty- und Lifestyle-Themen. Pamela Reif, @pamela_rf, ist mit 6,6 Mio. Followern auf Instagram und 8,64 Mio Abonnements auf YouTube eine der erfolgreichsten Frauen im Sport-Segment.

Diese Grobgliederung hat große Ähnlichkeit mit der Systematisierung nach dem Konzept von Meinungsführern, die in der Kommunikationswissenschaft häufig als Vorläufer der Influencer verstanden werden. Wie angerissenen, lassen sich Influencer generell als virtuelle Meinungsführer im Sinn von Klaus Merten (1994) einordnen. Die Trennung zwischen breit kommunizierenden Mega- und Celebrity-Influencern und thematisch spezialisierten Nano-, Mikro-, Mid-Tier- und Makro-Influencern entspricht damit der etablierten Unterscheidung zwischen polymorphen und monomorphen Meinungsführern (Merton 1948). Der Vergleich dieser Personengruppen hat dabei mehr als nur akademische Bedeutung, weil er die Brücke zwischen der klassischen Massenkommunikation zur neuen digitalen Welt schlägt und Forschungsergebnisse zum Kommunikationsfluss in sozialen Gefügen nutzbar macht, auf deren Basis sich das Wirkungspotenzial und die medienethischen Herausforderungen der Kommunikation von Influencern in sozialen Medien belastbarer beschreiben lassen.

8.1 Der Einfluss auf junge Zielgruppen für die Kaufentscheidung

Studien zeigen, dass sich die Wirkung von Influencern auf jüngere Altersgruppen konzentriert. Für die Altersgruppe zwischen 16 bis 29 gehören sie zu den wichtigsten Entscheidungstreibern, wenn es darum geht, beworbene Produkte oder Dienstleistungen in Anspruch zu nehmen. „In den sozialen Medien haben Influencer das Sagen, vor allem wenn es um neue Trends und entsprechende Markenartikel geht" (Birkner 2021). 2021 wurden für den aktuellen Social-Media-Atlas 3500 nach Alter, Geschlecht und Bundesland repräsentative Internetnutzer und Internetnutzerinnen ab 16 Jahren in Form eines Online-Panels zu ihrer Social-Media-Nutzung befragt. Innerhalb eines Jahres haben danach 21 % der deutschen jungen Erwachsenen ab 16 Jahren mindestens einmal ein Produkt gekauft, weil es von einem Youtuber beworben wurde. Dem Rat von Instagram-Stars folgten 18 %. „Auch Blogger und andere Social-Media-Bekanntheiten veranlassen ihre Community mehr denn je zum Geldausgeben. Influencer, die auf anderen als den bereits genannten Kanälen aktiv sind, sorgten zusammengenommen zusätzlich bei 17 % für eine bestimmte Konsumentscheidung" (Birkner 2021). Die Umfrage verdeutlicht, wie sehr der Einfluss von Influencer-Bekanntheiten auf allen Social-Media-Kanälen wächst. Auf YouTube beispielsweise stieg der Einfluss von Produktpromotions auf Kaufentscheidungen im Vergleich zum Vorjahr um vier Prozentpunkte. Influencer auf Instagram oder in Blogs legten sogar jeweils fünf Prozentpunkte zu. Jede fünfte Person gab an, von Personen auf Instagram und sonstigen Social Media Kanälen beeinflusst worden zu sein. Bei 18 % der Verbraucher und Verbraucherinnen erfolgte der Einfluss durch Blogger. Auch die sogenannten „Twens" – Konsumenten und Konsumentinnen zwischen 20 und 29 Jahren – sind der Studie zufolge besonders affin für Produktbewerbungen. So folgten 52 % bei ihren Käufen Empfehlungen durch Personen auf Youtube, 50 % Empfehlungen auf Instagram, 42 % bei Blogs und 44 % in den weiteren sozialen Medien. Erst ab einem Alter von 30 Jahren nimmt der Einfluss aller Arten von Social-Media-Bekanntheiten auf die Kaufentscheidungen ihrer Community langsam ab (Birkner 2021).

8.2 Werberecht in sozialen Medien

Der Einfluss von Influencern ist gerade bei jüngeren Altersgruppen erheblich. Viele Jahre hielten sie Produkte in die Kamera, schwärmten davon und forderten aktiv zum Kauf auf, ohne dass für ihre Community erkenntlich war, ob das Produkt nun gegen Bezahlung in den Himmel gelobt wurde oder ob es sich hier wirklich um eine persönliche Empfehlung handelte. Doch woher kommt diese Leichtgläubigkeit der User im Netz? In der Sozialpsychologie finden sich dafür entscheidende Hinweise: Menschen neigen dazu, Personen, Dinge oder Produkte sympathischer zu finden und mehr zu vertrauen, je häufiger sie mit ihnen in Kontakt kommen. Diese positive Wahrnehmung wird immer dann eintreten, wenn eine Person beim Erstkontakt zumindest neutral gegenüber der Sache gestanden hat (Rassek 2020). 1968 bezeichnete der polnisch-amerikanische Sozialpsychologe Robert Bolesław Zajonc dieses Phänomen als Mere Exposure Effekt (Rassek 2020). Auch in der Welt des Marketings macht man sich diesen Effekt zunutze, denn kurze, mehrmalige Wiederholungen eines Produktes in der Werbung führen zu einer größeren Akzeptanz des Konsumenten (Rassek 2020). Dasselbe gilt natürlich auch für Werbebotschaften in den sozialen Medien. Durch das häufige Posten von neuem Bild- und Videomaterial sowie der in der Regel Influencern gewählten Direktansprache („Leute, das muss ich Euch erzählen …") und der Möglichkeit der direkten Interaktion durch Likes und Kommentare, entsteht bei den Unsern ein Gefühl der unmittelbaren Nähe. Durch häufigen Kontakt zum Content der Influencer wird Sympathie und Vertrauen aufgebaut, sodass Empfehlungen dieser Personen, obwohl sie den Unsern persönlich nicht bekannt sind, eher geglaubt wird. Je häufiger man also ihre Werbung für ein Produkt sieht, desto höher die Wahrscheinlichkeit, dass es gekauft wird. Hinzu kommt, dass Influencer auf ihrem Spezialgebiet häufig eine tatsächliche Expertise vorweisen, zum Beispiel, wenn eine Marathonläuferin Lauftipps gibt oder zeigt, wie sie für das nächste Rennen trainiert und insofern als Vorbildt dient und eine durchaus hohe Glaubwürdigkeit besitzt.

Was aber, wenn der Influencer mit seiner Empfehlung keinen freundschaftlichen Rat vermitteln, sondern schlicht Geld verdienen will, indem er oder sie einen Werbevertrag mit einer Marke abschließt? Vielfach nutzen Influencer ihre Reichweite, um sich die Taschen zu füllen und führen ihre Fans durch den fehlenden Hinweis auf den werblichen Charakter der Beiträge in die Irre.

Dieser Wildwuchs wird mittlerweile durch neue rechtliche Vorgaben zurückgeschnitten. So hat der Bundesgerichtshof im September 2021 in einem letztinstanzlichen Urteil über drei Fälle von Marketing auf Instagram präzisiert, in welchen Fällen Personen ihre Beiträge auf Instagram als Werbung kennzeichnen müssen. Dies ist laut dem Urteil dann der Fall, wenn die Person eine finanzielle oder sachliche Gegenleistung für ihren Beitrag über das Produkt eines fremden Unternehmens erhält oder wenn der Beitrag einen übertrieben werblichen Charakter hat. Werbung für das eigene Unternehmen von Social-Media-Stars ist zwar ebenfalls eine geschäftliche Handlung, erfordert aber keine Kennzeichnung. Auch das bloße Anbringen von sogenannten Taptags, mit denen Fans automatisch auf die Internetseite eines Unternehmens weitergeleitet werden, bewirkt keine Kennzeichnungspflicht, solange die Kriterien der Gegenleistung oder der übertriebenen Werblichkeit nicht erfüllt sind (BGH 2021). Dementsprechend wurde nur eine der beklagten Influencerinnen letztinstanzlich wegen Schleichwerbung verurteilt, die beiden anderen – darunter die prominente Fußballergattin Cathy Hummels – freigesprochen. Das BGH-Urteil sorgt also einerseits für deutlich mehr Klarheit, lässt aber dennoch durch die weiche Formulierung der übertriebenen Werblichkeit noch einen gewissen Interpretationsspielraum. Die neue Rechtslage wird trotz dieser verbliebenen Interpretationsspielräume von den Landesmedienanstalten begrüßt, da sie jahrelange Unsicherheiten in der Arbeit mit Social Media Werbung deutlich verringert. Im Juni 2021 haben die Medienanstalten ihren Leitfaden „Werbekennzeichnung bei Online-Medien" zu medienrechtlichen Kennzeichnungspflichten bei Werbung auf Social Media, Blogs oder Podcasts aktualisiert (VAUNET 2021).

Mit der Neuformulierung des Gesetzes über den unlauteren Wettbewerb auf Basis des Gesetzes zur Stärkung des Verbraucherschutzes im Wettbewerbs- und Gewerberecht vom Mai 2022 wurden die Vorgaben noch einmal verändert. §5a legt fest, dass ein kennzeichnungspflichtiger kommerzieller Zweck vorliegt, wenn die handelnde Person ein Entgelt oder eine ähnliche Gegenleistung erhält oder sich versprechen lässt. Das Nichtvorliegen dieser Kriterien muss vom Handelnden aktiv glaubhaft gemacht werden, die Beweislast wird also umgekehrt. (UWG 2022) Das Kriterium der übertriebenen Werblichkeit wird im Gesetz dagegen nicht aufgeführt, was der Bewerbung selbstgekaufter Produkte wieder Spielräume eröffnet. Hinzu kommt die Problematik eher journalistischer Beiträge, die sich neutral oder sogar kritisch über ein Produkt äußern. Sie fallen ebenfalls häufig, aber nicht generell aus der Kennzeichnungspflicht als Werbung heraus. (Kanzleiteam Janke 2021)

Gesetzgebung und Rechtsprechung versuchen ganz offensichtlich mit der Digitalisierung der Kommunikation und den daraus entstehenden neuen werblichen Möglichkeiten Schritt zu halten, tun sich aber weiterhin schwer, im sensiblen Spannungsfeld von Meinungsfreiheit und Interesse der Konsumierenden klare Grenzen zu umreißen. Faktisch hat sich die Situation aber zumindest im Bereich des Werberechts deutlich geklärt. Vergütete Werbung in den sozialen Medien ist explizit als solche zu kennzeichnen und von übrigen redaktionellen Inhalten zu trennen. Follower haben das Recht zu erfahren, wenn eine bestimmte Information nicht neutral und objektiv ist, sondern darauf abzielt, sie zum Kauf eines Produktes zu bewegen. Diese in den klassischen Medien längst etablierte Kennzeichnungspflicht gilt nun auch in sozialen Netzwerken, Blogs, Videos, Podcasts und Blogbeiträgen. In werblichen Beiträgen sollten daher an prominenter Stelle – beispielsweise am Anfang eines Textes oder oben in einem Bild- oder Videobeitrag – Begriffe wie „Werbung", „Anzeige", „Bezahlte Kooperation", „sponsored", „paid partnership" platziert werden. Allein den Hashtag „#ad" in einem Instagram-Post weit hinten in den Hashtags zu platzieren ist keine ausreichende Werbekennzeichnung. Dies gilt im Übrigen auch für Storys. Auch hier sollte die oben genannte Kennzeichnung im Video deutlich sichtbar sein (Kanzleiteam Janke 2021).

Nun ist diese Art der Darstellung zwar korrekt, jedoch muss man die Anzeigenkennzeichnung häufig noch mit der Lupe suchen. Es ist durchaus fraglich, inwieweit gerade die jungen Zielgruppen diese Mischung aus Expertise, Selbstdarstellung und Werbung ihrer Social Media Heldinnen und Helden durchschauen. Deshalb befasst sich mittlerweile ein ganzer Zweig der Kommunikationswissenschaft in der Medienpsychologie mit der Einflussnahme von Influencern auf ihre Community.

8.3 Der Einfluss von Influencern auf gesellschaftliche Themen

Influencer sind keine werblichen Testimonials, sondern ihre eigene Marke. Mit ihrer Persönlichkeit, ihren Hobbys oder ihren Interessen stehen sie für bestimmte Themen und nutzen diese, sofern sie ihre Profile als

Beruf nutzen, wie oben beschrieben, in den meisten Fällen auch für Werbebotschaften, um sich zu finanzieren. Dabei gehört immer auch dazu, dass Influencer Privates mitteilen und den Usern einen „Einblick" in ihr privates Ich geben. So erzeugen sie die notwendige Nähe und Sympathie, um glaubwürdig zu sein.

Diese Glaubwürdigkeit nutzen einige Influencer auch, um sich zu sozialen, gesellschaftlichen oder politischen Themen zu äußern, die sie umtreiben. Obwohl es sich dabei nun zunächst schlicht um die Privatmeinung Einzelner handelt, gewinnen ihre Ansichten durch ihren Bekanntheitsgrad eine gewisse Reichweite. Da ihre Community in der Regel ohnehin ein Fan des Profils ist, ist eine hohe Zustimmung in den allermeisten Fällen vorprogrammiert, solange es sich um leicht nachvollziehbare Zusammenhänge handelt. Manche Influencer entwickeln dabei sogar missionarischen Eifer (wie das Beispiel Rezo zeigt) und können sich über eine hohe Reichweite auf Social Media freuen, die vereinzelt sogar bis in die etablierten Medien schwappt und dort erst recht Aufmerksamkeit erzielt.

Das Geheimnis dahinter: Es gibt eine gefühlt größere Nähe zum Influencer als zu den tatsächlichen Entscheiderinnen und Entscheidern vieler Themen. Alle, die ein Smartphone besitzen, können ihre Meinung in Echtzeit ins World Wide Web stellen und dabei potenziell eine nahezu unbegrenzte Rezipientenzahl erreichen. Hinzu kommt ein weiterer wichtiger Faktor: Influencer bringen ihre Meinung in einer authentischen, verständlichen Sprache auf den Punkt, die sowohl Personen in der Politik als auch Journalisten und Journalistinnen in ihrer kommunikativen Blase meist verlernt haben. Louisa Dellert bringt dies in einem Interview mit der Zeitschrift Fachjournalist auf den Punkt: „Ich glaube, das macht einfach die Persönlichkeit. Besonders die junge Zielgruppe ist inzwischen so gepolt, dass sie a) nicht mehr ellenlange Texte lesen will und b) unterhalten werden will. Die Aufmerksamkeit geht einfach runter; das sind so acht Sekunden, die man gefühlt noch hat, um Interesse zu wecken. In dieser Zeit muss das sitzen. Das sieht man ja daran, was auf YouTube abgeht oder auf TikTok. Diese Mischung aus Privatem, womit man sich identifizieren kann, plus die Themen, die ich anspreche. Das bringt die Leute dazu, mit am Start zu bleiben." (Bremm 2021)

Louisa Dellert hat ihre 474.000 Follower auf Instagram mit Beiträgen zum Thema Fitness gewonnen. Zukünftig möchte sie aber jungen Menschen über die sozialen Medien politische Themen nahebringen. Sie führt dort regelmäßig Interviews mit Spitzenpolitikerinnen und -politikern und fokussiert sich dabei vor allem auf umweltpolitische Fragestellungen. Zudem ist sie gern gesehener Gast in Talkrunden wie „Hart aber fair". Ein Grund für ihren Erfolg ist vermutlich, dass sie sich als Übersetzerin für ihre Community definiert. Diese versteht in vielen Fällen gar nicht, „was in der Süddeutschen Zeitung steht oder was da im Bundestag abgeht, wenn da Debatten geführt werden" (Bremm 2021). Louisa Dellert versucht daher „[…] das, was im Bundestag gesagt wird, in einer anderen Sprache wieder[zu]geben, damit meine Community es versteht." (Bremm 2021). Sie probiert im Internet Brücken zu bauen zwischen ihrer Community und Themen, die nicht bei ihrer Community ankommen würden, wenn sie sie nicht behandeln würde." (Bremm 2021).

Dieser Brückenbau ist eigentlich ein Hauptthemenfeld des klassischen Journalismus. Wenn dieser jedoch das Feld nicht oder nicht ausreichend besetzt, gehen neue und häufig unprofessionelle Kommunikatorinnen und Kommunikatoren an den Start. Inwieweit die Beiträge von Louisa Dellert einem demokratischen, überparteilichen und unabhängigen Grundethos verschrieben sind oder inwieweit ihre eigene persönliche Meinung einfließt, vermag wohl nur sie selbst zu beurteilen.

Doch warum lassen sich Spitzenpolitikerinnen und -politiker darauf ein und geben einer jungen fitnessbegeisterten Frau ein solches Interview? Sie erhoffen sich, dadurch Zielgruppen zu erreichen, an die sie sonst nicht mehr herankommen. Die große Politikmüdigkeit der Bürgerinnen und Bürger äußert sich auch darin, dass die Nutzung klassischer Informationsmedien – wie an vielen Stellen beschrieben – zunehmend abnimmt. Louisa Dellert hat zudem eines erkannt, was viele Profis im Journalismus immer noch nicht wahrhaben wollen: Die Aufmerksamkeitsspanne gerade in der jüngeren Generation ist deutlich gesunken, ebenso wie die Bereitschaft, sich länger auf ein Thema zu konzentrieren. Ein Phänomen, das wir als Hochschullehrende seit etwa einem Jahrzehnt bei unseren Studierenden jede Woche selbst beobachten können. Es ist nahezu unmöglich geworden, 90 min Vorlesung durch das klassische „Vorlesen" zu bestreiten. Interaktion, Übungen, Videos oder Gruppenarbeiten müssen die Vorlesung auflockern, damit die Studierenden bei der Stange bleiben. Gerade die Corona-Pandemie und die Onlinelehre hat diesen Effekt noch verstärkt.

Doch erst seit kurzem beginnen die klassischen Medien, auf diese veränderten Nutzungsgewohnheiten zu reagieren. Neuere und jüngere Formate wie die heute Show, die Nachrichten eher auf spöttische Weise vermittelt, erfreuen sich dabei eines hohen Zulaufes und zeigen, dass der Unterhaltungscharakter, den junge Menschen aus den sozialen Medien gewohnt sind, ihnen in der klassischen Berichterstattung häufig fehlt.

Statt dass die journalistischen Medien nun aber endlich anfangen, diese Lücke zu füllen, überlassen sie die Ansprache junger Zielgruppen kampflos Fitnesstrainerinnen oder Informatikern mit hohem Sympathiewert und guter Rhetorik, die wenig bis gar keine Ahnung von klassischer Recherche und journalistischem Ethos haben. Letztlich fördert diese Art der Berichterstattung vor allem eines: die Bekanntheit der betreffenden Influencer und Blogger.

8.4 Professionalität und Ethik als Basis einer gemeinsamen medialen Zukunft

Influencer-Bekanntheiten werden von den klassischen Medien häufig als Eindringlinge wahrgenommen. Sie machen Journalisten und Journalistinnen ihre angestammte Rolle als Gatekeeper streitig, verfügen meist über keine professionelle Ausbildung und sind an keine medienethischen Selbstverpflichtungen gebunden. Das Fehlen rechtlicher Vorgaben für die sozialen Medien hat in der Vergangenheit eine Kommunikationspraxis hervorgebracht, welche dieses Vorurteil in einer Vielzahl von Fällen durch unverblümte Schleichwerbung, die Vermischung von redaktionellen und werblichen Inhalten sowie die Weitergabe fragwürdiger, ungeprüfter Informationen bestätigt hat. Im Gegenzug müssen sich Journalistinnen und Journalisten daran erinnern lassen, dass es letztlich die Rezipierenden sind, welche die Entscheidung über ihre Medienauswahl treffen. Wenn sich die sozialen Medien für ganze Generationen zum bevorzugten Informationskanal entwickeln, ist das eine Tatsache, an der auch berechtigte Qualitätskritik nichts ändert. Die klassischen Medien müssen sich vielmehr fragen, an welcher Stelle und aus welchen Gründen sie einen großen Teil ihrer Zielgruppen verloren haben und sich auf Basis dieser Erkenntnisse verbessern.

Mittlerweile hat sich der Konflikt durch die Weiterentwicklung von Gesetzgebung und Rechtsprechung zumindest teilweise entschärft. Es stellt sich also weniger die Frage, was man sich wechselseitig vorwerfen kann, als was man voneinander lernen könnte. Für die klassischen Medien bedeutet dies, dass sie akzeptieren, auf Augenhöhe im Wettbewerb mit neuen Akteuren zu stehen. In der hart umkämpften Aufmerksamkeitsökonomie des World Wide Web werden sie sich nur behaupten, wenn sie die Interessen ihrer Zielgruppen bedienen, ihre Sprache sprechen und ihnen verlässlich einen spürbaren Mehrwert bieten. Influencer wiederum müssen die Verpflichtungen akzeptieren, die sich aus ihrer Reichweite ergeben. Dies geht deutlich über die rechtskonforme Kennzeichnung von werblichen Beiträgen hinaus. Je stärker sie in ihren Beiträgen durch Nachrichten oder Kommentare journalistisch arbeiten, umso stärker müssen sie sich auf die Arbeitsweisen und ethischen Vorgaben des Journalismus einlassen. Wenn Influencer Schlüsselfunktionen im politischen und gesellschaftlichen Diskurs einnehmen möchten, kann von ihnen auch die im Journalismus etablierte Professionalität verlangt werden.

Für die Zukunft entscheidend wird es deshalb sein, nicht nur voneinander zu lernen, sondern konstruktiv zusammenzuarbeiten. Das gemeinsame Ziel beider Seiten ist es, relevante Themen für die Öffentlichkeit zu erschließen. Influencer könnten dabei auf die Kontakte und Recherchenetzwerke der klassischen Medien zurückgreifen, Journalisten und Journalistinnen von den Erfahrungen der Social-Media-Experten und -Expertinnen im Umgang mit jungen, print- und rundfunkfernen Zielgruppen profitieren. Nicht zuletzt addieren sich in der Kooperation die Reichweiten der Akteure. Ansätze hierfür sind bereits heute Realität. „Es gibt immer mehr Influencer:innen in den Medien, im Fernsehen, in Talkshows. Sie arbeiten mit Medienhäusern zusammen, weil diese gemerkt haben: Wir haben so ein bisschen verschlafen, die junge Zielgruppe anzusprechen, und können von den Influencer:innen noch eine Menge lernen." (Bremm 2021). Influencer machen nicht allein die Medien von morgen. Sie werden diese aber auf jeden Fall mitgestalten.

8.5 Recap mit einer Mikro-Influencerin

Wurde in diesem Kapitel die Daseinsberechtigung von Influencern teils kritisch beleuchtet, so kann man ihnen eine Gatekeeper-Funktion in den Sozialen Medien nicht absprechen. Sie unterhalten Tausende von Menschen und schaffen es teilweise, durch ihre Einfachheit in der Kommunikation verschiedenste Themen bei ihrer Zielgruppe zu platzieren. Trotz einigen Optimierungsbedarfes machen sie Plattformen wie Instagram oder YouTube zu dem, was sie sind: Virtuelle Stammtresen, an denen man zu seinen Interessensfeldern spannende Beiträge und Videos mit Unterhaltungswert findet und jederzeit die Möglichkeit hat, mitzudiskutieren und mitzufiebern. Im Folgenden haben wir mit einer von Ihnen gesprochen:

„Schlussendlich bereichern Influencer das Netz – und genau deswegen bin ich auch eine von ihnen. Mein Name ist Jil Selina Schröter und ich bin als Influencerin auf Instagram aktiv. Ich habe mich der Herausforderung gestellt, zu diesem Kapitel beizutragen und meine Arbeit im Netz durchaus auch kritisch zu hinterfragen.

Neben meinem alltäglichen Job in der Unternehmensberatung bin ich vor allem eins: Fitness- und Lifestyle Influencerin. Auf meinem Profil (@sporty_spice_92) begeistere ich über 40.000 Fans mit Fitness- und Ernährungscontent. Ich werde von verschiedenen Firmen gesponsert und werde im Folgenden meine persönlichen Erfahrungen mit dem „Influencer Game" einfließen lassen. Und eins noch: Ich bin vor allem dafür bekannt, kein Blatt vor den Mund zu nehmen. „Im folgenden Interview mit Prof. Dr. Alexander Güttler (AG) erzähle ich sehr offen, wie ich (JS) meine Rolle im Kommunikationsgeschäft interpretiere und lebe."

Prof. Dr. Alexander Güttler: Jil, ich habe kürzlich in einer Diskussion den Satz gehört „Ein Influencer ist nichts anderes als ein Testimonial mit Sender, also eine Werbefigur mit eigenem Medienkanal. Wie würdest du das beschreiben? Ist das falsch? Ist das richtig? Ist das anders?

Jil Selina Schröter: Für mich muss man beides klar voneinander trennen. Hier sind für mich die Kanäle und die Art und Weise wie kommuniziert wird, der große Unterschied. Testimonials sind bekannte und prominente Personen, die ihre Werbebotschaften über klassische

Kanäle wie TV, Print oder Radio verbreiten. Also Leute, die einen hohen Bekanntheitsgrad in der Gesellschaft haben und dann von Marke xy eingesetzt werden, um das Markengesicht zu spielen. Damals zum Beispiel Verona Pooth für den Spinat mit dem Blubb. Die hatte ja mit einem Blubb absolut nichts zu tun, wurde aber eingesetzt, um die Marke im Fernsehen bekannt und groß zu machen. Testimonials sollen viel Aufmerksamkeit bringen und das erzählen, was im Drehbuch vorgeschrieben ist. Influencer produzieren die (Werbe-)Inhalte selbst und betten die Markenwelt in ihren Alltag ein. Sie kommunizieren auf ihre eigene Art und Weise und wirken somit authentischer, finde ich.

AG: Der erste Gedanke ist ja schon mal wichtig. Viele Influencer machen sich selber durch die Inhalte, die sie senden, erst bekannt. Das heißt, sie sind vorher „No Names". Voraussetzung für das Dasein als Influencer wäre also, Spaß daran zu haben, in irgendeiner Weise über irgendeinen digitalen Kanal die persönliche Meinung zu einem Thema nach außen zu tragen?

JS: Genau. Und das hat auch immer viel mit Personality zu tun. Also einfach nur Meinung rausblasen ist ja nicht so das, was die Leute irgendwie heiß darauf macht, dir zu folgen – sondern deine Persönlichkeit. Also was man erzählt und wie man es erzählt.

AG: Und sich dann eine Fanbase schaffen. Also eine Gemeinde, die sich für dich und dein Thema interessiert. Aber erzähl du doch mal, wie du darauf gekommen bist, dass du dich überhaupt anderen mitteilen willst.

JS: Also gestartet hat das bei mir eigentlich, als ich irgendwann gesagt habe, ich hebe dieses Fitness-Hobby noch mal eine Stufe höher und gehe in einem Wettkampf auf die Bühne. Das war mein erster Schritt. Quasi weg von der Sportbegeisterten hin zur echten Athletin. Naja und ich bin halt ein sehr mitteilungsbedürftiger Mensch und weiß, dass alle Leute, die mich kennen oder kennenlernen, mich immer lustig und sehr einnehmend finden. Deshalb habe ich ja auch Journalismus und Public Relations studiert, weil mich der Umgang mit und in den Medien interessiert. Außerdem kann Ich gut erzählen und habe mir gedacht, dass es ja eigentlich cool wäre, wenn ich einen Instagram-

Kanal aufmache und die Leute quasi bei meiner Vorbereitung auf diesen Wettkampf mitnehme. Das war 2016. Also zu einem Zeitpunkt, an dem Instagram noch nicht so lange durch die Decke ging und es hat halt direkt gut funktioniert. Ich habe schnell gemerkt: Okay, es gibt total viele Leute, die sich offenbar für so ein nischiges Thema wie Fitness und vor allem Athletendasein irgendwie interessieren.

AG: **Also die Triebfeder ist, dass man für eine Sache wirklich brennt und ich will, dass andere mich entweder intellektuell, körperlich, sportlich oder künstlerisch bewundern? Ob es nun Fitness oder Käsekuchen ist. Man braucht einen Hang zum Exhibitionismus und den Drang, sich nach außen mitteilen zu wollen?**
JS: Ja, auf jeden Fall. Das hat natürlich auch schon viel mit Selbstliebe zu tun. Wenn ich mich selbst nicht feiere, würde ich auch niemals auf die Idee kommen, solche Bilder von mir zu präsentieren. Oder bei fast allem, was ich so im Leben oder im Alltag mache, die Menschen teilhaben zu lassen. Also es hat schon damit zu tun, dass man sich vielleicht auch ganz gerne zeigt und reden hört (lacht).

AG: **Gibt es für dich dabei Grenzen? Als Sport- Influencerin zeigst du auch relativ sexy Fotos auf deinem Kanal. Mit welchen Reaktionen musst du umgehen? Gibt es Dinge, die dir peinlich wären und was sind so deine Do's und Don'ts?**
JS: Also erst mal sage ich immer, es gibt eigentlich nichts, was für mich zu doll ist, solange das halt noch mit meinem Content-Schwerpunkt zu tun hat. Also Fotos, wo man halt viel vom Körper sieht, die aber ästhetisch sind und die auch noch irgendwo den sportlichen Aspekt widerspiegeln oder trainierte Körperteile zeigen, sind für mich fein. Als ich damit angefangen habe, wusste ich natürlich auch, dass das in meinem Freundes- und Bekanntenkreis jeder bzw. jede sieht. Und da musste ich mir natürlich auch von einigen Leuten einiges anhören. Da kam schon mal: „Boah, wie kannst du das machen? Ich würde das niemals machen. Das sieht doch auch dein Arbeitgeber." Ich verstehe natürlich, dass nicht jeder verstehen kann, warum ich solche Fotos mit der Welt teile. Aber für mich gehört das voll zu diesem Sport dazu. Es heißt ja Bodybuilding. Und wenn ich nicht zeige, was ich „gebuildet" habe, dann hat das ja alles wenig Sinn.

AG: Wie hat dein Freund darauf reagiert? War deine Offenherzigkeit ein Problem?

JS: Es sind im Vorfeld tatsächlich einige Beziehungen daran gescheitert. Für mich war es aber immer super wichtig, mir niemals irgendwas verbieten zu lassen. Mit meinem Freund hatte ich die Diskussion zu Anfang unserer Beziehung natürlich auch. Dass mich jeder Mann freizügig sehen kann, musste er erst mal schlucken. Aber im Laufe der Zeit konnte er darüber etwas sachlicher denken und hat verstanden, dass es sowas wie ein zweiter Job für mich ist. Das hat so ein Jahr gedauert und dann war es eigentlich okay.

AG: Du kannst ja nicht nur zeigen was du hast, sondern brauchst auch Content drumherum: Bereitest du da so etwas wie einen Redaktionsplan vor? Ist das eine Sache von Planung oder ist es bei dir ganz spontan?

JS: Das ist tatsächlich sowohl als auch. Mein Sport hat unter anderem viel mit Masseaufbau oder Diäten zu tun. Da ist es mir zum Beispiel wichtig, dass ich den Leuten erzähle, was für verschiedene Diätmethoden es gibt, welche Sinn machen oder auch nicht. Welche Produkte, also Supplements, würde ich im Aufbau oder bei der Diät empfehlen und so weiter. Auf der anderen Seite kommt ja immer irgendein Feedback von der Community. Sei es auf eine Story oder einen Post. Esse ich zum Beispiel mal einen Tag mehr Kohlenhydrate als sonst, kommen schon die ersten Nachrichten rein: „Sind das nicht zu viele? Du bist doch auf Diät." Und zack habe ich direkt ein Thema für mich. Wäre in diesem Beispiel „Warum man für eine effektive Diät auch Kohlenhydrate braucht."

AG: Schaut man sich Influencer oder Prominente mit vielen Followern an, scheint Instagram eine Art Lebensbegleiter. Ist das stressig oder ist das sogar ein Genuss?

JS: Das Handy ist das wichtigste Utensil. Ohne geht gar nix. Viele Leute denken, Influencer arbeiten nicht und genießen nur das Leben mit all seinen Vorzügen. Aber das stimmt halt absolut nicht. Es ist ein richtiger Job. Obwohl ich es zum Beispiel nur nebenher mache, nimmt es mindestens vier Stunden am Tag für mich in Anspruch. Und für Leute, die nur davon leben, sind es halt auch wirklich 8 bis 10 Stunden. Es ist wohl manchmal Fluch und Segen zugleich. Man sieht viele schöne Orte, bekommt viele tolle Sachen, muss dafür aber auch 365 Tage im Jahr am Start sein.

AG: Was können Erfolgsfaktoren sein, warum sich ein Thema durchsetzt?
JS: Ich glaube, man muss vor allem anders sein und vielleicht auch etwas Glück haben. Über das Thema Abnehmen kann halt jeder Hinz und Kunz erzählen, aber er oder sie kann es vielleicht nicht so rüberbringen wie ich. Ich mache das dann halt lustig. Das ist so das Erste. Man muss irgendwie die Leute umhauen. Und das Zweite ist diese Kontinuität, dass man halt wirklich produziert, produziert, produziert. Man muss immer wieder was Neues posten, sich da keine Pausen gönnen oder mal zwei Wochen nichts machen zum Beispiel. Das könnte schon fatal sein. Also man muss einfach dranbleiben und Ahnung haben von dem, was man erzählt.

AG: Das hieße im Grunde genommen, man muss eine Rampensau sein, mit einem guten Gefühl für Dramaturgie und viel Disziplin?
JS: Definitiv. Leute, die auf Instagram echten Erfolg haben, bringen das alles mit. Auch wenn mal Pappnasen dazwischen sind (lacht). Die meisten wissen, was sie erzählen. Und wenn sie mal irgendwie was machen, was halt schlecht gelaufen ist, dann kriegen das halt direkt Zehntausende Menschen mit. Und dann hat man die nächsten Tage oder auch Wochen erst mal einen Shitstorm und spätestens dann hat man daraus gelernt.

AG: Apropos Shitstorm. Wie gehst du mit negativen Nachrichten oder Kommentaren um?
JS: Ein Stück weit muss man halt damit leben. Man muss sich aber nicht alles sagen lassen und hat das gute Recht, böse Kommentare unter seinen Posts zu löschen. Auf meinem Kanal habe ich das Hausrecht und entscheide, mit wem ich mich auseinandersetze. Meistens nehme ich es mit Humor. Männer, die aussehen wie Zahnstocher, haben eben keine Ahnung von meinem Sport, sonst würden sie anders aussehen. Weißt du was ich meine? Wenn sich so jemand lustig machen will, kann ich es nicht ernst nehmen. Und bei Frauen ist es halt, muss man schon sagen, leider oft der Neid.

AG: Ich war kürzlich auf einer Diskussionsveranstaltung mit einer prominenten Influencerin und deren Managerin. Die hatten einen klaren Plan, welche Werbung sie für den Kanal wollen. Wieso braucht es das?

JS: Das braucht es ab einer gewissen Professionalität einfach. Ich habe jetzt seit einiger Zeit ein Management. Irgendwann kommen so viele Anfragen rein, dass man selber gar nicht die Zeit hat, das irgendwie alles zu verarbeiten, zu bearbeiten, zu beantworten … Und dass man vielleicht auch, gerade wenn man da noch nicht so viel negative Erfahrungen gemacht hat, gar nicht weiß, was ist jetzt ein guter Deal, was ist ein schlechter? Das heißt, ich bin irgendwann an dem Punkt: Okay, ich könnte gut Geld verdienen, schaffe das aber irgendwie nicht alleine, sondern brauche da Unterstützung. Und das ist dann der Punkt, wo man sagt, ich denke mal über ein Management nach. Das verdient natürlich bei jeder Kooperation mit. Dafür unterstützen sie dich bei der Kommunikation, deinen Statements und deiner Positionierung. Die prüfen vorher, ob es ein guter Deal oder ob es ein schlechter Deal ist. Wenn es ein gutes Management ist, fällt es auf einen schlechten Deal nicht rein. Passiert natürlich aber auch. Aber das ist eigentlich der Weg dahin, dass man dann wirklich richtig gut Geld damit verdient. Man muss sich um den lästigen Krempel nicht mehr kümmern, sondern nur noch das Handy aufmachen, seine Beiträge veröffentlichen und damit Geld verdienen.

AG: Und im Extremfall hat man dann eine Mediaplanung wie Medien mit ihren Werbekunden im Grunde auch. Und was würde passieren, wenn du wirklich nur als Werbung auftrittst?

JS: Wenn ich nur als Werbung auftreten würde, dann hätte ich ja gezwungenermaßen auch mit Produkten und Firmen zu tun, die mich wahrscheinlich nicht so sehr interessieren. Dann mache ich nur dafür Werbung, weil ich Geld dafür kriege. Das würde dafür sorgen, dass es irgendwie mega unauthentisch ist. Ich mache es aber auf meine Art und lasse mir immer erst die Produkte schicken. Die müssen zu meinem Content passen und ich will wissen, wo die herkommen und wo die produziert werden. Gerade was Supplements angeht, ist das super wichtig. Ich will für keine Firma Werbung machen, die irgendwo im Ausland billig Nahrungsergänzungsmittel produziert. Ich hole mir immer viele Infos rein, teste aus und empfehle erst dann. Das ist mir sehr wichtig und das ist glaube ich auch meine eigene Art! Ich habe auch schon super oft kommuniziert, wenn etwas scheiße war. Momentan sieht man ja auf endlos vielen großen Profilen dieses Zahnbleaching. Die Marke nenne ich jetzt mal nicht, aber wer aufmerksam schaut, wird auf Insta schnell fündig. Was das genau ist? Im Grunde ein Licht, das du ans Handy anschließt und dann in den Mund steckst. Es ist einfach bewiesen, dass es der letzte Mist ist und die angeblichen Rabatte über die Influencer total geschönt sind. Ich wurde auch schon angefragt und für kein Geld der Welt würde ich so etwas zusagen. Aus Spaß habe ich dann meine Community abstimmen lassen. Natürlich hatte niemand an so einem Produkt Interesse gehabt.

AG: Also werden auch die Follower in die Entscheidung für oder gegen eine Kooperation mit einbezogen?
JS: Ja, das finde ich wichtig. Meistens weiß ich aber selbst genau, ob das Produkt die Menschen interessiert. Und da wären wir wieder bei dem Punkt, dass das nur dann der Fall ist, wenn es zu meinem Content passt und für gute Qualität steht.

AG: Die Influencer sind also für den Content mitverantwortlich. Sie sind dann ein Teil des Werbeprozesses …
JS: Sie sind nicht nur mitverantwortlich, sondern am Ende des Tages die Treiber mit ihren Interessen. Ich selbst entscheide für mich, für was ich Werbung machen will oder welche Standpunkte ich vertrete. Da kommt es dann auf das Match an. Klar, es gibt immer irgendwo ein Briefing, wie eine Firma eine Kooperation gerne hätte. Und es gibt oft auch ein Management, das Anfragen beantwortet und Kooperationsempfehlungen ausspricht. Aber im Kern werde ich als Mensch gebucht und habe selbst zu entscheiden, wie und für was ich Werbung mache. Wenn mein Management eine Kooperation annehmen will und die Firma laut Briefing möchte, dass ich positiv über ihr Produkt berichte, muss das Produkt aber auch positiv sein. Für kein Geld der Welt würde ich Dinge erzählen, hinter denen ich nicht stehe. Und ich kennzeichne Werbung immer eindeutig. „Eure Kriterien (im vorherigen Kapitel, Anm. d. Red.) finde ich sehr gut, klare Kennzeichnungen würde ich ergänzen."

AG: Danke Dir für diese Einblicke.
JS: Gern geschehen.

Literatur

BGH (2021). Urteil im Prozess um Schleichwerbung durch Influencer. I ZR 126/20, I ZR 90/20, I ZR 125/20

Birkner, H. (2021). So stark beeinflussen Influencer die Kaufentscheidungen junger Menschen. https://www.horizont.net/marketing/nachrichten/social-media-atlas-so-stark-beeinflussen-influencer-die-kaufentscheidungen-junger-menschen-192611 (abgerufen am 26.04.2022)

Bremm, U. (2021). Sind Influencer:innen die Medienmacher:innen von morgen? https://www.fachjournalist.de/sind-influencerinnen-die-medienmacherinnen-von-morgen/ (abgerufen am 08.06.2022)

Ionos (2021). Was ist ein Influencer? Definition und Bedeutung. https://www.ionos.de/digitalguide/online-marketing/social-media/was-ist-ein-influencer/ (abgerufen am 26.04.2022)

InfluenceMe (o. D.). Influencer: Typen und Kategorien. https://influenceme.de/arten-und-kategorien-von-influencern (abgerufen am 27.09.2022)

Kanzleiteam Janke (2021). Guidlines: Richtige Kennzeichnung von Influencer-Werbung. https://www.medienrecht-urheberrecht.de/medienrecht/885-richtige-kennzeichnung-von-influencer-werbung.html (abgerufen am 08.06.2022)

Lammenett, Erwin (2019): Praxiswissen Online-Marketing, 7. Auflage, Roetgen/Rott, Deutschland, Springer Gabler: 149

Menger, J. (2021) Die 7 bekanntesten Instagram-Influencer Deutschlands. https://www.einstein1.net/instagram-influencer-deutschland/ (abgerufen am 26.04.2022)

Merten, K. (1994) Wirkungen von Kommunikation. In: Merten, K.; Schmidt, S.J.; Weischenberg, S. (Hrsg.): Die Wirklichkeit der Medien. Eine Einführung in die Kommunikationswissenschaft. Springer Fachmedien, Wiesbaden: 291–328

Merton, R.K. (1948). Patterns of influence: A study of interpersonal influence and of communications behavior in a local community. Communications research. In: Lazarsfeld, P.F.; Stanton, F. (Hrsg.): Communications Research 1948–1949. Harper & Brothers, New York: 180–219

Rassek, A. (2020). Mere-Exposure-Effekt: Je öfter, desto lieber. https://karrierebibel.de/mere-exposure-effekt/ (abgerufen am 27.09.2022)

UWG (2022). Gesetz gegen den unlauteren Wettbewerb. https://dejure.org/gesetze/UWG/5a.html (abgerufen am 16.06.2022)

VAUNET – Verband Privater Medien e. V. (2021). Bundesgerichtshof urteilt zur Kennzeichnungspflicht bei Influencer-Werbung. https://www.vau.net/medienregulierung/content/bundesgerichtshof-urteilt-kennzeichnungspflicht-influencer-werbung (abgerufen am 08.06.2022)

9

Ein Blick in die Glaskugel – wie es weitergeht mit professioneller Kommunikation

Kein klassisches Fazit – stattdessen ein Kommentar voller Meinung
Zum Glück haben wir eine Glaskugel. Sonst wäre es jetzt schwierig, Ihnen, liebe Leserinnen und Leser, hinreichend Zukunftsprognosen und Gewissheiten zu liefern, wie Sie es von Büchern wie diesem mit Recht erwarten dürfen. Und so wollen wir schließen mit einem Ausblick auf das, was wir in der weiteren Debatte um die Rolle der professionellen Kommunikation für sehr wahrscheinlich halten.

Natürlich erscheinen einige Trends halbwegs klar. Doch sind sie verlässlich? So manches, was in der Welt der Medien wie eine allgemein akzeptierte Wahrheit daherkam, wurde und wird durch die technologischen und digitalen Entwicklungen flugs ins Gegenteil verkehrt. So schien der Journalismus das Aushängeschild „Meinungsmacher" über ein halbes Jahrhundert sicher für sich gepachtet zu haben. Gatekeeper, Agenda-Setting – die verschiedenen Facetten, die damit einhergingen, haben wir intensiv beleuchtet. Und auch benannt, worin die Wurzeln für die heutige Kommunikationskrise der Medien liegen: Gerade in Deutschland war die vierte Gewalt im Staate, das Mediensystem, immer schon auf ein eher harmonisches Verhältnis zu den Mächtigen aus Politik und Wirtschaft aus. Zuletzt in Deutschland in der Corona-Pandemie ein viel diskutiertes Thema war die mangelnde Distanz zur Politik in der Krise.

Das war auch lange alles gar nicht schlimm. Nach der mörderischen Propaganda und Gleichschaltung der Nazimedien erlebte insbesondere die Tageszeitung nach dem Zweiten Weltkrieg einen unglaublichen Aufschwung, gemeinsam mit öffentlich-rechtlichem Radio und Fernsehen. Dies war im Printbereich auch in Amerika und in vielen anderen westlichen Ländern ganz ähnlich. Im Verlauf der zweiten Hälfte des vergangenen Jahrhunderts konsolidierte sich dann die Medienbranche immer mehr auf das, was durch Anzeigen und Verkäufe auch wirtschaftlich finanzierbar war. Und hier kommen Sie selbst ins Spiel, liebe Leserin und lieber Leser: Es zeigte sich, dass andere Konzepte, wie der investigative, aber häufig reißerische angelsächsische Journalismus, bei den Menschen in Deutschland nicht gut ankam. Man bevorzugt bis heute scheinbar ausgewogene Diskussionen, bei denen alle Positionen eine Stimme bekommen, sei sie auch noch so abwegig. So klingen extreme Ansichten im Kanon der Meinungen ebenso laut, wie die der Mehrheit. Damit sind kritische Distanz, harte eigene Standpunkte in und von Medien, kein Mainstream in Deutschland geworden, sondern bis heute eher die Ausnahme in Redaktionen und beschränkt auf Qualitätsmedien. Und dann wundert man sich in der Branche, warum die Glaubwürdigkeit der Berichterstattung leidet. Unsere Glaskugel sagt hier: Glaubwürdig ist, wer faktenbasiert statistisch signifikante Trends und Themen gut recherchiert und knackig aufbereiten kann. Einzelfälle als emotionale Anker können bleiben, sollten aber als das dargestellt werden, was sie sind: Besondere Schicksale, die nicht auf die breite Masse übertragbar sind. Es ist ja so einfach, ein herzzerreißendes Schicksal aufmerksamkeitsstark aufzubereiten, große journalistische Kunst ist das nicht. Die Alltagserfahrung der Mehrheit unterhaltsam aufzubereiten, dagegen schon. Wie häufig wurden eigentlich Jugendliche portraitiert, die Corona mit leichtem Schnupfen und langweiliger Selbstisolation überwunden haben? Und die dabei vielleicht kreative Ideen entwickelt und umgesetzt haben? Sehen Sie.

Die Konzentration auf den Einzelfall hat in Deutschland Tradition, seitdem das Privatfernsehen Ende der 1980er-Jahre aufkam. Hier entstand für den Qualitätsjournalismus ein ganz anderer Wettbewerb, nämlich der um die beste „Quote". Wenn man sich auf Masse statt Klasse fokussiert, ist die traurige Wahrheit: Trash gewinnt. Anderen beim Streiten vor Gericht oder noch größeren Peinlichkeiten zuzuschauen, schafft Entlastung für die eigenen Probleme. Information verliert zugunsten von Ablenkung, Unterhaltung lassen sich viele Formate ja kaum noch nennen. Belohnt wird Masse mit Geld. Werbetreibende investieren dort, wo sie die größte Reichweite haben. Und wenn die durch Trash erzielt wird – nun ja. Auch der Fan von „Der Bachelor" muss Waschmittel kaufen. Die Folge: die Finanzierung von weniger unterhaltsamen, mehr informativen Formaten wird immer schwieriger.

Was viele klassische Medien zudem an den Rand des Ruins brachte, war die „alles umsonst"-Mentalität im frühen Internet. Journalismus wurde kostenlos. Für die Qualität hochgefährlich. Heute erleben wir immer mehr erfolgreiche Medien, die ihren Schwerpunkt sukzessive ins Web verlegen und seriösen und damit auch teuren Qualitätsjournalismus nur hinter Bezahlschranken anbieten. Es spricht viel dafür, dass dies ein langfristiger Trend ist.

In dieser dynamischen Entwicklung haben viele Medien lange Zeit den kritischen Qualitätsjournalismus auf dem Altar von Unterhaltung und Kommerz geopfert. Chefredakteurinnen und -redakteure als Leihgabe für die Unternehmensfeier, großartige Weindepots und Kulturreisen aller Art – die Suche nach Einnahmequellen und der Kampf ums Überleben machte auch verständlicherweise erfinderisch. Das Ergebnis ist heute eindeutig. Der Vertrauensverlust in der deutschen Öffentlichkeit ist da. Der Journalismus ist selbst zum Problem geworden, aber kann er auch zur Lösung beitragen?

Der kritische Journalismus, immer wieder gefordert, ist schwer finanzierbar, außer vielleicht in den öffentlich-rechtlichen Sendeanstalten, die noch den Spielraum für hinreichende Recherche oder experimentellere Formate haben. Hier findet man auch gelungene Experimente, um auch jungen Menschen Informationen schmackhaft zu machen und dies häufig mit spannenden Formaten zielgruppengerecht im Web. Klassischer informatorischer Content ist nicht das Problem oder unattraktiv für die kommenden Generationen, es kommt auf die Darreichung an: Noch viel zu häufig setzen die meisten Absender darauf, mit aufmerksamkeitsstarken Überschriften oder Ankündigungen die Nutzerinnen und Nutzer zum Kauf eines Inhaltes oder Abschließen eines Abos zu bewegen. Wenn man sich dagegen ansieht, wie Redaktionen auf Kommentare zu ihren Inhalten reagieren, findet man meistens – nichts. Das widerspricht zunehmend den in Social Media geübten Nutzungsgewohnheiten der Menschen. Die müssen mitgedacht und einbezogen werden, soll Journalismus eine Rolle im Leben der Menschen spielen.

Unsere Glaskugel sagt: Partizipation statt Sendungsbewusstsein! Nur wer sich künftig als Partner seiner Rezipientinnen und Rezipienten versteht, diese mitnimmt und ihnen nicht nur Inhalte hinwirft, sondern auf die Reaktionen dazu öffentlich eingeht, der wird sein journalistisches Angebot dauerhaft verankern und eine Zahlbereitschaft erwirken können. Kreativität bei Verlagen und Sendeanstalten ist deshalb heute mehr gefragt denn je. Ein Beispiel, wie es gehen kann: als die Chatplattform Clubhouse herauskam, hat die Redaktion der „Zeit" sehr schnell eine Morgenkonferenz angeboten, an der die User teilnehmen konnten, und die Redakteurinnen und Redakteure berichteten, worüber sie schreiben wollen. Die User wurden dann gefragt, welche konkreten Fragen oder Anmerkungen sie zu diesen Themen haben und die Redaktion griff diese dann nicht immer, aber häufig auf. Es ist keine Glaskugel notwendig, um zu dieser Schlussfolgerung zu kommen: wer sich einbezogen fühlt, der vertraut einem Medium eher – die Voraussetzung für Glaubwürdigkeit und Nutzung.

Aktuell bieten viele etablierte Medien ihre Nachrichten „snackable" in kurzen Videoclips auf TikTok und bunten Bildchen auf Instagram an. Natürlich kostenlos. Das Öffentlich-Rechtliche schafft eigene Formate á la Funk und Puls mit dem Ziel, die nachwachsende Internetgeneration an ihre Marken zu binden. Ja, dieses „Amuse-Gueule" schmeckt der Generation XYZ – reicht ihr aber auch meist schon. Ziel verfehlt? Da wird man noch einmal nachdenken müssen; auch Snacks haben Wert. Die Filmbranche macht es vor: kostenlose Teaser, die nicht alles verraten, sondern Lust machen auf mehr. Auch und gerade hier wird Interaktivität der Schlüssel zum Erfolg sein, auch wirtschaftlich.

Mit dem Internet war die Schlacht um die Werbeetats für die klassischen Medien endgültig verloren. Mit immer größerer Reichweite wanderte die Werbung auf die verschiedenen Online-Plattformen und insbesondere auch in Social Media. Heute dreht sich das Verhältnis immer mehr von Klassik auf Digital. Zielgruppen können auf Social-Media-

Plattformen oft treffsicherer erreicht werden, da die Plattformen sich von Anfang an als genau das verstanden haben: als riesige Datensammelmaschinen für Werbekunden mit unterhaltsamem Content, den die User praktischerweise auch noch selbst beisteuern.

Das Web ist heute der größte Marktplatz der Welt. Für nahezu alle Informationen und jedes Bedürfnis. Die sprunghaft steigenden Server- und damit Übertragungskapazitäten unterstützen dies ganz erheblich. Bilder, Filme, umfangreiche Dokumente – alles kein Problem mehr und in hoher Geschwindigkeit verfügbar.

Es ist aber auch der Gnadenloseste. Wer heute kein Facebook- oder Instagram-taugliches Gesicht hat, wer sich mit Selbstdarstellung schwertut, hat halt Pech gehabt und kann höchstens noch als Lurker (Liken ohne Kommentare oder eigenen Content) mittun. Social hat mit sozial nun rein gar nichts zu tun.

Doch derartige Kritik ist für ganze Generationen längst kalter Kaffee. Ein großer Teil der nachwachsenden Weltbevölkerung erlebt sich selbst und andere nicht nur mehr in der realen Welt, sondern genauso und vielleicht oft auch wichtiger in der virtuellen Welt. Ein Trend, der gerade erst am Anfang steht. Diesen mitzugehen, tun sich etablierte Medien und Marken oft schwer. War es doch so einfach, ansprechende Werbung zu produzieren, über Mediaagenturen einen Streuplan für die Massenmedien aufsetzen zu lassen und dann in aller Ruhe abzuwarten, dass die Konsumenten ihre Kaufentscheidung trafen. Heute gilt: um eine Marke oder ein Thema bekannt zu machen, leisten die Massenmedien nach wie vor gute Dienste, vor allem in älteren Zielgruppen. Um die Menschen zum Kauf zu bewegen, muss dann aber ein Mix her von klassischen und Internetmedien. Jüngere Zielgruppen erreicht man höchstens noch über Hörfunk oder Kino, ansonsten braucht es eine gute Aussteuerung der Mediaaktivitäten im Internet. Marketer haben allerdings schon viel besser verstanden, dass die Zielgruppe mitgenommen werden will, wie ausgezeichnete Kampagnen beweisen (wir verweisen hier gerne z. B. auf die „Effie"-Auszeichnungen oder den Cannes-Löwen). Vielleicht, weil Kreativität schon immer das Markenzeichen der Werbebranche war? Aber Art Director hin, Creative Director her – auch hier gilt: gute Werbung für Porsche, Dom Perignon oder Lacoste machen kann jede bzw. jeder. Da, wo das Produkt auf den ersten Blick nicht sexy ist und zudem der Werbeetat noch gering ist, zeigt sich die wahre Kunst des Marketing. Unsere Glaskugel sagt hier: Authentizität ist der Schlüssel zum Erfolg. Nachhaltigkeit und transparente Warenketten, glaubwürdige Influencer und der intensive Dialog mit Followern sowie schnelle Reaktionen auf Kommentare sind gefragt.

Es hat sich damit eine neue Szene der Meinungsmacher gebildet, die im Web sind und anders als die Testimonials alter Tage zwar Prominenz suchen, aber zudem ihre eigenen, oft thematisch fokussierten Kanäle mitbringen. Wir beobachten bei den „Influencern" zwei interessante Dinge.

Zum einen ist das Gros der Influencer auf den eher leichter verdaulichen Themen des Alltags unterwegs. Hier geht es um Schönheit, Schminktipps, Ernährung, Sport, Partnergewinnung und Lebensführung. Selbstverständlich werden im Ausnahmefall, wie bei dem prominenten Blogger Rezo, auch politische Inhalte diskutiert und eine große Volkspartei „zerstört". Es bleibt jedoch bei Einzelfällen.

Zum anderen sind Influencer sehr häufig in der Lage, ausgesprochen gut mit Technologie umzugehen, arbeiten sehr stark im Bewegtbild und bringen sich als Persönlichkeiten für ein Thema glaubwürdig, „authentisch" und zielgruppenadäquat ein.

Inzwischen sind Influencer, Blogger, YouTuber etc. in der Mitte der Gesellschaft angekommen. An den Hochschulen unterrichten wir Influencer-Marketing und sogar ins Kanzleramt werden Influencer als Interviewer und Gesprächspartnerinnen eingeladen. Sind jüngere Generationen also politikverdrossen und reden nur über das, was ihnen Spaß macht? Jein. Zumindest das mit dem Spaß war immer schon so!

Nun ist es aber auch eine Binse, dass Influencer selten Kriegsreporterinnen und -reporter sind. Es gibt eben Themen, die für demokratische Rechtsstaaten von größter Bedeutung sind, die bislang meist den klassischen Medien und ihrem gut ausgebildeten Personal vorbehalten bleiben. Und das ist vielleicht ganz gut so.

Zum Schluss also doch noch ein kleines Fazit: Die Medienlandschaft ist heute vielfältiger, wirtschaftlich unter Dauerdruck: im Umbruch der Digitalisierung, mit einer geringeren Anzahl von Verlagshäusern und einer stärkeren Kommerzialisierung bzw. Ausrichtung auf Unterhaltung. In vielen Fällen können Verlage ohne ergänzende Aktivitäten nicht überleben. Gerade jüngere Menschen befriedigen ihre Informations- und Kommunikationsbedürfnisse immer mehr im Web. Bald wird die ausführliche Zeitung nur noch ein Medium der Informationseliten sein, allen anderen reicht eine komprimierte Zusammenfassung der News des Tages. Unsere Glaskugel sagt dazu klipp und klar, dass sich das Mediennutzungsverhalten nicht mehr ändern wird und dass dieser Trend eine hohe Kraft hat, die noch nicht annähernd ausgereizt ist. Hier müssen Möglichkeiten gefunden werden, Themen kompakt und verständlich an den Zuschauer oder die Leserin zu bringen. Eine große Zukunft haben dabei (bewegte) Infografiken, die Schwieriges übersichtlich zusammenfassen.

Was die Politikverdrossenheit angeht, ist die Lage schon deutlich komplizierter. Die Digitalisierung zwingt Medien nicht nur ins Internet, sie ist eine Riesenchance, den Journalismus grundsätzlich zu reformieren und wieder sehr viel stärker an die Bürgerinnen und Bürger – auch unterschiedliche Altersgruppen – heranzurücken und anzupassen. Der Journalismus wird nur zur Lösung beitragen können, wenn er sich selbst deutlich verändert.

Dies meint deutlich mehr Diskurs und eigene Standpunkte, nicht nur in der großen Politik, sondern auch lokal vor Ort. Lokaljournalismus ist nicht nur die Berichterstattung über den örtlichen Kaninchenzuchtverein, sondern eine verständliche, umfassende und lebensnahe Berichterstattung, die die Menschen auf Augenhöhe einbezieht und eine wichtige Hilfe im Alltag der Menschen bietet. Und dies natürlich real, digital und mit vielen Hybridangeboten. Dabei kann der Journalismus von bewährten Strategien der Unternehmenskommunikation lernen, insbesondere was die Zielgruppenorientierung angeht. Auch wenn man für alle schreibt oder filmt, sollte klar sein: wen geht das Thema tatsächlich konkret an? Auf was für einem Vorwissen lässt sich aufbauen – oder eben auch nicht? Welche Fragen oder Sorgen haben Menschen konkret bei bestimmten Themen? Wie lassen sich darauf Antworten finden?

Auf der anderen Seite lernt nicht nur der Journalismus von der vielfältig bunten Kommunikation im digitalen Raum, sondern es geht auch umgekehrt.

Spielregeln sind hier gemeint – nicht nur im juristischen Sinne, wie die Kennzeichnung von werblichen Inhalten. Dies ist inzwischen auch für Influencer geltendes Recht. Es geht eigentlich darum, dass es in den Medien ausgezeichnete wie etablierte Vorgehensweisen gibt, von denen man lernen kann.

Hierzu gehören Transparenzgebote, die Quellen zu nennen oder zumindest zu prüfen, immer den anderen Teil zu hören und sich nie nur auf die eine Meinung oder Sichtweise zu verlassen - oder auch die klare Trennung von Fakten und Kommentar: Fakten sind heilig, Kommentar ist frei, soweit er die Rechte Dritter nicht verletzt. Diese Regeln sind allesamt so selbstverständlich, logisch, sinnvoll und eingängig, dass man damit bei jeder Grundschulklasse Verständnis findet. Die Frage einer frühen wie konsequenten Medienbildung, als Voraussetzung einer digitalen Gesellschaft, ist in Deutschland erst in Ansätzen angekommen und wäre ein eigens Buch wert.

Wie bringen wir jetzt Influencern und über die Medien kommunizierenden Expertinnen und Experten aus nicht-kommunikationswissenschaftlichen Disziplinen diese einleuchtenden, aber kompakten Regelwerke nahe? Ganz ehrlich: Das erscheint gar nicht so schwierig und vieles ist längst in der digitalen Szene angekommen. Vom wissenschaftlichen Standpunkt aus würden wir natürlich sagen, es braucht den Dialog auf der „Metaebene", also den Diskurs darüber, wie wir kommunizieren und wie wir hier als Gesellschaft ein besseres und gemeinschaftlicheres Verständnis erreichen können. Aufgrund des bestehenden Organisationsgrads erscheint es uns nicht abwegig, dass hier Medienhäuser in Verbindung mit Instituten, Stiftungen, Hochschulen und Schulen etc. den Anfang machen und entsprechende Initiativen anstoßen.

Statt über fehlende Kommunikation als Problem müssen wir mehr über Kommunikation als gestaltende Kraft reden. Das kann in den nächsten Dekaden mehr Wirkung entfalten als jede neue Krise. Wir brauchen den gesamtgesellschaftlichen Dialog, damit der Journalismus in der Demokratie sein einordnendes, bewertendes Regulativ weiter entfalten kann und nicht ganze gesellschaftliche Gruppen in zu viele Filterblasen abdriften, in denen sich selbst verstärkende Meinungen oft in vollkommen abstruser Form gehegt und gepflegt werden. Der daraus entstehende soziale Sprengstoff kann nur in einer aufgeklärten, diskursiven und toleranten Gesellschaft entschärft werden.

Ausgangsbasis könnte für alle Beteiligten die Erkenntnis sein, dass diese Welt nicht heil und perfekt sein kann und dies auch nie sein wird. Wenn wir etwas verbessern wollen, dann müssen wir erst einmal einander besser verstehen, andere Meinungen zulassen, leichten Lösungen misstrauen und auf ein gemeinsames Ergebnis hinarbeiten.

Viel verlieren können wir dabei nicht, außer vielleicht einige Vorurteile.

GPSR Compliance

The European Union's (EU) General Product Safety Regulation (GPSR) is a set of rules that requires consumer products to be safe and our obligations to ensure this.

If you have any concerns about our products, you can contact us on

ProductSafety@springernature.com

In case Publisher is established outside the EU, the EU authorized representative is:

Springer Nature Customer Service Center GmbH
Europaplatz 3
69115 Heidelberg, Germany

www.ingramcontent.com/pod-product-compliance
Lightning Source LLC
LaVergne TN
LVHW011006250326
834688LV00004B/104